U0514221

天门石家河考古报告之二

邓 家 湾

湖北省文物考古研究所
北京大学考古学系 石家河考古队
湖北省荆州博物馆

总主编 严文明
主 编 杨权喜

文物出版社
北京·2003

封面设计：周小玮

责任印制：王少华

责任编辑：张庆玲

图书在版编目（CIP）数据

邓家湾：天门石家河考古报告之二／湖北省文物考古研究所，北京大学考古学系，湖北省荆州博物馆编著．
—北京：文物出版社，2003.6
ISBN 7-5010-1355-1

Ⅰ．邓…　Ⅱ．①湖…②北…③湖…　Ⅲ．新石器时代文化－文化遗址－发掘报告－天门市　Ⅳ．K872.63

中国版本图书馆 CIP 数据核字（2002）第 037848 号

天门石家河考古报告之二

邓 家 湾

湖北省文物考古研究所

北 京 大 学 考 古 学 系　石家河考古队

湖 北 省 荆 州 博 物 馆

*

文 物 出 版 社 出 版 发 行

北京五四大街 29 号

http://www.wenwu.com

E-mail：web@wenwu.com

北 京 安 泰 印 刷 厂 印 刷

新 华 书 店 经 销

787×1092　16 开　印张：28.25　插页：3

2003 年 6 月第一版　2003 年 6 月第一次印刷

ISBN 7-5010-1355-1／K·603　定价：290.00 元

ARCHAEOLOGICAL WORK
AT SHIJIAHE, TIANMEN (Ⅱ)

DENGJIAWAN

(*WITH AN ENGLISH ABSTRACT*)

Joint Archeological Team at Shijiahe
of
Institute of Archaeology of Hubei Province
Archaeology Department, Beijing University
Jingzhou Museum of Hubei Province

Editor-in-chief: Yan Wenming
Editor: Yang Quanxi

Cultural Relics Publishing House
Beijing·2003

目　录

表 格 目 录

插 图 目 录

彩色图版目录

黑白图版目录

邓家湾考古的收获（代序）

严 文 明

　　记得在 1987 年，北京大学考古学系同湖北省博物馆和荆州博物馆合组石家河考古队，全面规划石家河遗址群的考古工作的时候，邓家湾遗址的勘探与发掘是首选项目之一。这个遗址之所以被特别看重，是因为在历年的考古调查与试掘中，曾经不止一次地出土过陶塑小动物和陶筒形器等特殊物品，而且相当集中地分布在墓地的旁边，这种情况在别的遗址是很少见的。为了深入了解邓家湾遗址的性质及其在整个石家河遗址群中的地位与作用，我们决定对它进行重点发掘。1987 年春、秋两个季度的发掘，发现在遗址的西部有一个屈家岭文化和石家河文化的墓地，同时发现有一大批宗教性遗迹，从而确立了邓家湾遗址的特殊性质与地位。1990 至 1991 年春对石家河遗址群的全面勘探，首次发现了石家河古城，并且基本上弄清了城址的范围、结构与形状大小，其中西城垣和南城垣的西段至今仍然高耸于地面之上。根据城垣的走向，邓家湾遗址应当位于古城以内的西北角，但是在遗址边的地面上毫无城垣踪迹，估计是后来改造田地和建设村舍时被破坏了。虽然地面看不到城垣遗迹，地面下应该还有残留的城基。为了证实这一推断，同时也为了把遗址的西部边缘弄清楚，于是在 1992 年春进行了补充发掘和局部的勘探。先后几次考古的结果相当喜人，主要收获是进一步确定了石家河古城的年代、城垣的基本结构，以及在西北角的走向发现了一大批颇具特色的宗教性遗迹，同时还揭示了一个从屈家岭文化到石家河文化的比较完整的墓地，基本上弄清了从屈家岭文化到石家河文化的演变轨迹。

　　1990 年春首次发现并确定石家河古城时，主要是根据地面暴露的城垣和钻探的结果，还有西城垣因为挖窑破坏而看到的剖面，再结合整个遗址群主要文化堆积等情况，推定城垣的始建年代应该在屈家岭文化于当地有了一定程度的发展之后，古城的繁荣时期主要在石家河文化早期，到石家河文化晚期也许城垣依然存在，但是原有城内的格局和功能都发生了明显的改变，意味着当时也许发生了某种重大的社会变动。通过邓家湾的发掘，进一步证实了这一判断的正确性。在第 6 至第 8 号探方发现的一段城墙残迹，其下部叠压着屈家岭文化的地层和 104 号墓葬，又被屈家岭文化晚期晚段即本报告第二期的文化层和多座墓葬叠压或打破，足见其始建年代是在屈家岭文化于当地发展一个时期之后。由于城墙紧贴墓地，所以在使用时期某些墓葬挖破城脚是可以理解的，并不意味着城墙在屈家岭文化晚期之末就废弃了。事实上邓家湾的墓地和宗教性遗迹基本上不越出屈家岭文化晚期和石家河文化早期，这也就是石家河古城兴盛的时期。通过发掘，这个问题总算更加明确了。而关于古城在西北角的结构与走向也获得了一些新的认识。

邓家湾遗址的宗教性遗迹是一项重大的发现。虽然保存不很理想，但是通过发掘和资料整理与分析，还是可以获得一个基本的认识。在屈家岭文化时期，主要的宗教性遗迹有似乎是祭坛的地方、筒形器和相关的房屋建筑等，它们很可能是一个互有联系的整体，范围几乎遍及整个发掘区的大部，而中心当在 T10、T11 及其附近不足 100 平方米的区域。在那里发现有两个小土台，其中一个的中部有被烧过的石头，周围的灰烬中有烧过的骨头，还有石斧和彩陶杯等；另一个有两层红烧土面，可能曾经两次建造。它的中部和近旁有三个柱洞，有的柱洞中还残留有烧过的木柱痕迹。这三根木柱与房屋建筑毫无关系而立于烧土台之上，应当是与宗教活动有关的遗迹。特别是在这两个小土台的北面有一片排列有序的扣碗和盖鼎，旁边还有小孩骨架；南面则有许多筒形器残片，其宗教性遗迹的特征就更加清楚了。至于这两个小土台南边与西边的房屋遗迹，在层位上要比小土台晚一些。其中 3 号房屋北边有规律地摆放着八口陶缸，似乎也应当视为宗教性遗迹。因为整个邓家湾遗址西部就是一个墓地和宗教活动场所，不是人们日常居住生活的地方。有一两所小房子即使能够临时住人，也应当与祭祀祖先或其他宗教活动有关才是。

至于中心区域以外的宗教性遗迹则主要是陶筒形器。这种器物早在 20 世纪 50 年代初发掘屈家岭遗址时就发现过，只有一件，上细下粗，通体甚高，外面有三十四道箍状附加堆纹，上端有子母口，表明上面还应该连接别的器物。由于不明用途，无以名之，就根据形状名曰筒形器[1]。从那以后发现的屈家岭文化遗址不下千处，经过发掘的也有好几十处，除了邓家湾，就再没有发现过这种器物。这本身就是一个十分值得注意的情况。邓家湾不但有这种器物，而且品种齐全，数量极多，还有成组排列的现象，特别能引起人们的注意。

邓家湾的筒形器有三种，一种是粗筒形器，形状和在屈家岭发现的基本相同，只是高矮粗细稍有差别，外面的箍状附加堆纹则从十余道至三十余道不等。一种是细筒形器，又细又长，外表为素面，顶部有尖圆形封口。还有一种筒形器明显分为三段，上部

---

[1] 中国科学院考古研究所：《京山屈家岭》64 页和 61 页图四八：9，图版伍贰：2，科学出版社，1965 年。

像细筒形器，下部像粗筒形器，中部像球形鼓出，球面上有许多长乳钉，可称之为乳钉筒形器。三种筒形器往往在一起出土，而且粗筒形器上有子母口，说明它们是结合在一起使用的。根据器形推测，理想的结合方式应该是粗筒形器在下，细筒形器在上，乳钉筒形器在中间。或者乳钉筒形器在下，细筒形器在上，因为乳钉筒形器下部可以代替粗筒形器。第三种结合方式可以是粗筒形器在下，乳钉筒形器在上，因为乳钉筒形器上部可以代替细筒形器。最简化的方式就是只用一个乳钉筒形器，三者都可以代表了。不过这种推测从出土的情况得不到证明。

筒形器在邓家湾出土的地点至少有十五处，绝大多数出在灰坑中。其中集中出土的地点有五处，一处在中央土台南边，因为太碎，摆放方式不明。一处在离中心土台不远的 AT6，一处在东部的 AT607，一处在西南部的 H28，最后一处在东南部的 H59，后两处的情况比较清楚。H28 出土有七八件粗筒形器的碎片，其中可以复原的有四件，下面压着一件长达 95 厘米的乳钉筒形器，旁边还有三件细筒形器，其中两件相互套接。H59 及其近旁出土大体平行摆放的三组筒形器，第一组是三件细筒形器相互套接，第二组是两件乳钉筒形器互相套接，第三组是四件粗筒形器两两对接，另外还有两件素面的残片，似是细筒形器。假如第一和第二组还可以竖立起来的话，第三组无论如何是竖立不起来的。由此可知灰坑中筒形器摆放的情况并不一定是实际使用时相互套接的情况，而可能是后掩埋时随意扔弃的情况。恐怕我们在前面推测的三种筒形器依粗细相互套接竖立起来使用的可能性还是比较大的。而多数灰坑中的筒形器碎片，则可能是每次宗教性活动后将筒形器砸碎掩埋的结果。

总之，邓家湾在屈家岭文化时期是一处重要的宗教活动场所，主要的宗教道具是三种陶筒形器。由于这个宗教活动场所与同时期的墓地几乎重合，很容易把它理解为墓祭的遗迹。假如真是如此，当时应该有用筒形器举行墓祭的风俗，别的墓地就应该有筒形器遗迹，而事实上并非如此。要么邓家湾墓地的死者有特殊的身份，因而才有这种特殊的安排。但邓家湾都是中小型墓葬，埋葬方式上也看不出有什么特殊的地方，因此也难以说通。看来邓家湾的宗教性遗迹在屈家岭文化中是非常特殊的，是只有像石家河古城这种规格的遗址中才可能有的设施。与它同在一起的墓地如果有关系的话，则可能是与这种宗教活动有关人员的葬地。换句话说，邓家湾首先是宗教活动的圣地而不是墓祭的场所，墓葬中的死者可能是为宗教活动服务的而不是主体。

邓家湾作为重要的宗教活动场所到石家河文化时期达到了更加突出的地步。这时主要的宗教活动遗迹有经过平整的场地，在场地上摆放大量的陶缸，还有数量极多的陶偶和陶塑动物等。场地是用黄土或黄褐土羼红烧土末和碎陶片等筑成的，由于后期的破坏，现在只剩下一些残片。不知道原先是一整片还是分成几片。其中最大的一片在遗址西边紧贴城墙的地方，南北长有 20 多米，上面放置成组的陶缸。其中北面和南面的陶缸均已压成碎片，摆放的方式已不大清楚。中间的陶缸大体完整，缸口多朝西横置，也有少数朝东的。推测原先可能是竖立的，就像肖家屋脊 JY7 的情况一样。在发掘区的东南和东部各有一片经过平整的场地，边上横置许多陶缸互相套接，陶缸高度与地面平齐。东南部的陶缸有三排，平面略呈反 S 形，长约 10 米，两端都没有到头，原先应该更长一些。有些陶缸已经破碎或被扰动，中间的一排保存较好，有二十四口陶缸相互套接。东部的陶缸有两排，东西排列，基本上成一直线，只是略微向北弯曲。延长有 9 米多，两端也都没有到头，原先应该更长一些。在这两组相互套接的陶缸上覆盖有红烧土、碎缸片、红陶杯和陶塑动物等。

上述陶缸造型相当一致，一般是夹粗砂红褐陶制，尖圜底或小平底，胎壁极厚，越近底部越厚，最厚处可达 5 厘米以上。体形较大，多数高达 0.5 米左右。样式像缸，但如果真是做缸来用，似乎不必把底部特别增厚，所以《肖家屋脊》报告称之为臼[①]。摆放整齐的陶缸，比较完整的就有一百二十多件，如果把大量破碎的陶缸计算在内，不啻有大几百件，那是多么壮观的一个场面！这样多的陶缸集中在一起，而且许多是相互套接的，明显不是用来做缸盛物的，在邓家湾这种场合也不像是实际用来舂米的。至于本来的用途，似乎两者都有可能。这些陶缸的外表一般分为上下两段，上段多饰篮纹，下段素面，有时下段的上半部也饰篮纹。有些陶缸的上半部刻划一个符号。邓家湾陶缸上的符号有十几个，比较突出的有镰刀、杯子和类似号角的图形。杯子的造型跟遗址中的红陶杯十分相似，只是里面插了一根细棍。邓家湾的红陶杯成百上千，大概是跟祭祀活动有关的用品。在石家河文化中，类似的陶缸虽然不是第一次发现，但是像邓家湾那样集中，又有特殊刻划符号的，确实绝无仅有。只有同属于一个遗址群的肖家屋脊才有类似的情况，但规模也小一些。这是非常值得注意的现象。

在邓家湾，与上述宗教性遗存相关的还有大批陶偶和陶塑动物。这个遗址最初被引起注意就是因为在那里采集到了大量的陶塑动物。这些陶偶和陶塑动物除了与红陶杯和碎缸片等一起出自覆盖陶缸的堆积中外，还大量地出自灰坑和洼地。据统计，至少有十七个灰坑出土陶塑动物，其中单是 H67 就出土数千个，H69 的出土物也数以千计，H116 不仅出土陶塑动物同时还出土了铜矿石（孔雀石）碎块。在发掘区西南角的一片洼地的底部也出土成堆的陶塑动物。由于许多陶偶和陶塑动物已经被挤压成碎块，难以精确统计，只能作出大概的估计，其总数当在一万件以上。过去在石家河文化的遗址中曾经多次出土陶塑动物，多只几件或十几件，肖家屋脊也只有几十件（包括混入晚期地层的），像邓家湾这样巨大数目的陶偶和陶塑动物是绝无仅有的。

①　湖北省荆州博物馆、湖北省文物考古研究所、北京大学考古学系石家河考古队：《肖家屋脊》169～172页，文物出版社，1999 年。

邓家湾的陶偶数以百计，姿态各异。绝大多数头戴浅沿帽，身着细腰长袍，也有不戴帽和露胳膊露腿的。一般头后挽髻，耳、鼻显著，眼、嘴等细部往往被忽略。有的跨腿站立，有的举腿起步，有的挥手抬足似舞蹈状，而绝大多数为跪坐抱鱼式：双膝跪坐，左手托鱼尾，右手按鱼头，显得端庄而虔诚，像是在上祭的样子。

陶塑动物的种类甚多，其中家畜有狗、绵羊、山羊和猪，野兽有大象、猴、兔、狐狸等，家禽有鸡，飞禽有雉、猫头鹰、短尾鸟、宽长尾鸟和分叉长尾鸟等。水族有龟鳖类和鱼类。其中以狗、象、鸡和长尾鸟的数量最多。石家河文化的动物骨骼中常见的家畜水牛和捕猎最多的鹿在陶塑动物中不见踪影，应该不是偶然现象而可能是有意思的回避。动物的造型往往突出特征而忽略细部，例如象突出长鼻、大耳、柱足和长长的门牙，羊突出卷曲的角，雄鸡突出鸡冠等，所以绝大部分动物容易辨认。也有极少数动物难以确认种属，有些做得既像禽又像兽，还有尾部连在一起的连体鸟等，也可能是有意做成的。

当时的陶工还特别着意表现不同动物的各种姿态。例如狗的姿态就非常多，有昂首翘尾站立的，有拖尾行走的，有俯身卷卧的，有侧卧翘首的，有的背上驮一只小狗，有的嘴里好像叼一大块肉，有的像是在汪汪叫，真是千姿百态，活灵活现。大象的姿态也很多，有抬头伸鼻卷物的，有低头伸鼻寻物的，有大门牙前伸作攻击状的，有伫立憨厚可掬的。我想当时长江中游一定有许多大象，而且一定跟人们的生活发生了密切的关系，不然人们不会那么熟悉大象的特征和行为举止。雄鸡的数量特别多，大概是因为雄鸡的特征比较容易把握，各种姿态的表现也非常丰富，同时还有母鸡和小鸡，其特征也是一望可知的，足证人们对鸡特别熟悉又特别喜爱。鸟的数量之多超过了鸡，分叉长尾鸟和宽长尾鸟尤其多，但究竟是什么鸟难以确指，其中也许有孔雀，很难说哪一种更像一些。

所有这些陶偶和陶塑动物都可以看作是艺术的杰作，但它们那样集中，又同宗教性遗迹联系在一起，那么它们的意义和价值就不仅仅是在艺术方面，还应该是某种宗教活动的重要物品。

综合邓家湾石家河文化时期的宗教性遗存，可能是反映一种庆贺丰收的祭祀活动。大批陶缸或陶臼摆放在那里虽然不是实际用来盛放食物（粮食或米酒）或舂米的，却可能是在重大的祭典中代表丰盛的粮食收获和加工场面。陶缸上刻划的镰刀也具有同样的意义。陶缸上刻划的杯子和遗址中成百上千的红陶杯可能是一种祭具，而大量的陶塑动物则可能是代表祭祀时用的牺牲。那些抱鱼跪坐的陶偶可能是代表祭祀者的形象，他们那种端庄肃穆和虔诚奉献的神态给人以深刻的印象。作舞蹈等各种姿态的陶偶完全是另外一种表情，可能表现庆贺的场面。我们甚至还可以设想，这种庆贺丰收的大典不是任何地方的任何人都可以举行的。因为至今在上千处石家河文化的遗址中，还只有石家河古城中的邓家湾和城外边的肖家屋脊发现这样的遗迹，而邓家湾的规模和内容都要超过肖家屋脊。可见这种宗教性活动具有独占性和垄断性，这是在文明起源过程中才会发生的现象。童恩正在论述原始宗教在文明和国家起源过程中的作用时说："在原始社会后期，宗教仪式的举办和宗教场所的兴建可以说是组织和影响群众最方便的手段，这种凝聚力有时连生产和战争活动也难以比拟。在从事以宗教为目的的社会活动的过程中，氏族的上层集团得以逐渐地掌握了控制人力和资源的方法和途径，并使之制度化和经常化"[1]。邓家湾大规模宗教场所的设置，是与贵族集团为了组织和影响群众，进而控制人力和物质资源的需要相适应的。这对于认识石家河古城在整个屈家岭—石家河文化中的地位，进而研究屈家岭—石家河文化的社会发展水平和意识形态的特点，都是有重要意义的。

　　邓家湾考古的收获是多方面的，在此不必一一细述。最后只想提一下1987年秋发现的那件铜片和铜矿石碎块。在我国史前文化中发现小件铜器已经不是新鲜的事了，但在长江流域还一直是个空白，就连良渚文化发展水平那样高的遗存中至今也还没有发现铜器。人们怀疑长江流域在史前时期可能根本就不知道制造铜器。如果真是那样，那么把石家河文化和良渚文化等划归铜石并用时代就失去了根据。邓家湾的发现加上肖家屋脊的铜矿石碎末，正好填补了这一缺环，证明我们过去把长江流域相应阶段的史前文化划归铜石并用时代是正确的。那件铜片可能是一把残铜刀，铜矿石的发现证明当时已经懂得冶炼的技术，这对于理解石家河文化的技术和生产力发展水平是很有帮助的。

---

　　① 童恩正：《中国古代的巫、巫术、巫术崇拜及其相关问题》，载《长江中游史前文化暨第二届亚洲文明学术讨论会论文集》312页，岳麓书社，1996年。

第一章 前言

第一节 地理位置与自然环境

邓家湾遗址位于江汉平原北缘的天门市石河镇（原称石家河镇）北约2.5公里处。遗址西南边紧靠邓家湾村舍，南距谭家岭村约500米，东距土城村约100米，北距京山县边界约2公里，西北距著名的京山屈家岭遗址约20公里（图一）。

邓家湾遗址为石家河新石器时代遗址群之一。石河镇以北、东河和西河之间，大约5平方公里的范围内即为该遗址群的分布区。它包括肖家屋脊、贯平堰、罗家柏岭、杨家湾、石板冲、蓄树岭、黄金岭、敖家泉、毛家岭、弯前、田家冲、土城、邓家湾、谭家岭、三房湾、仓铺湾等新石器时代遗址数十处。遗址群中部保存了城垣和城壕遗迹，西垣至今仍保存于地面，保存部分长约1000米，加上北端夷平部分共长约1200米。西垣外侧有明显的凹沟，应为西城壕。经过调查和钻探，整个城址平面近似方形，城内面积约1.2平方公里[①]，称为石家河古城。城中心在谭家岭一带，邓家湾正位于石家河古城城内西北角。

邓家湾遗址为不规则的长形岗地，北部较高，南部和东部偏低。东西长约500米，南北宽约120米，面积达6万平方米。遗址之外，南部和东南部为城内平地，比城外地势略高；西部和北部是城壕，现为农耕水稻田，城壕外侧为袁家山。东部有由西北向东南走向的低冲，现为水稻田（图版一，1；图二）。

---

① 遗址集中区范围和城址面积，根据武汉测绘科技大学所测1：5000地形图估计。主要遗址的分布参阅北京大学考古学系等：《石家河遗址群调查报告》，《南方民族考古》第5辑，1992年。

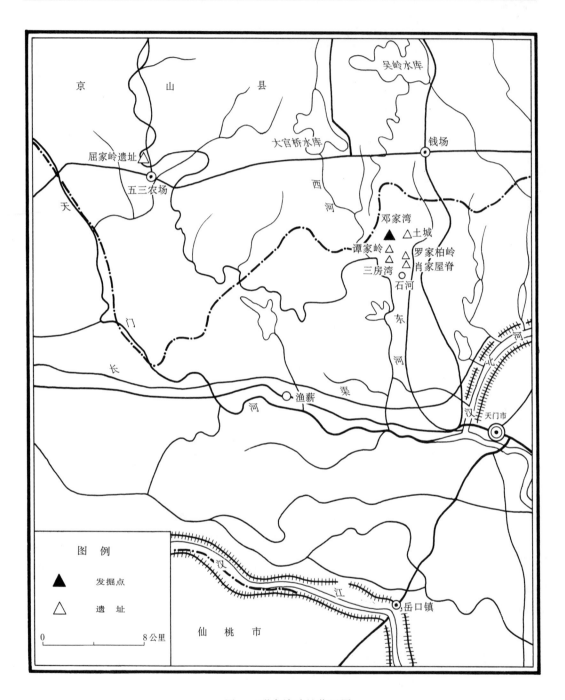

图一 邓家湾遗址位置图

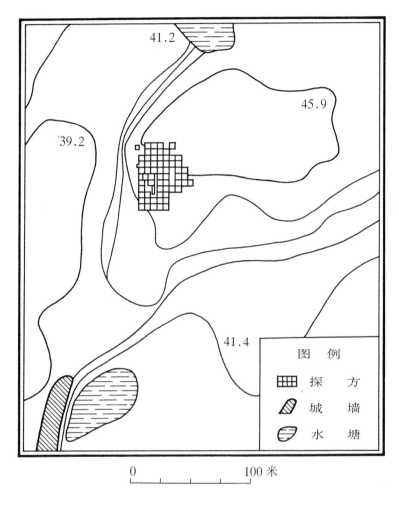

41.2

45.9

39.2

41.4

图　例

▦　探　　方

▨　城　　墙

▱　水　　塘

0　　　　　　　　100 米

图二　邓家湾遗址地形与探方位置图

第二节　遗址调查发掘经过

　　早在 1954 年冬，湖北省文化局组织文物考古人员，配合石龙过江水库渠道工程（水库位于京山县西南部，渠道自水库修至天门市中部，接汉北河）进行考古调查，在调查中发现了石家河遗址群。接着，1955 年湖北省文化局组织湖北省文物管理委员会（下称文管会）、武汉市文管会、省和市文史馆、荆州专署文管会、天门县文化馆、京山县文化馆、钟祥县文化馆和荆门县文化馆的文物工作者，成立了石龙过江水库指挥部文物工作队，由中国科学院考古研究所（今属中国社会科学院）王伯洪、张云鹏任队长。

1955年至1956年，对渠道工程涉及的贯平堰、石板冲、三房湾和罗家柏岭共四处遗址先后进行了两次发掘，总发掘面积约1600平方米[①]，其中罗家柏岭发掘面积1147平方米[②]。通过这两次发掘，初步了解到石家河遗址群的部分文化内涵，所获资料是以后提出"石家河文化"的主要依据。1955年以来，特别是1973年以后，石龙过江水库指挥部文物工作队、湖北省博物馆、荆州地区博物馆和天门县文化馆部分文物干部曾多次到邓家湾遗址作过地面调查，并采集到陶塑动物、红陶杯等文物。1978年，荆州地区博物馆在邓家湾西部进行了首次发掘，开探沟1条，面积仅30平方米（探沟位置在92T13～T15之间），出土了陶筒形器等重要文物。1987年春，北京大学考古学系、荆州地区博物馆在邓家湾遗址西部进行了第二次发掘。开5米×5米的探方13个（T20、T21、T26～T28、T30、T31～T37），面积300平方米，发现墓葬15座、瓮棺2个、灰坑29个[③]。1987年夏，为了对石家河遗址群进行有计划的系统发掘、研究和配合北京大学考古学系教学实习，北京大学考古学系、湖北省博物馆（1989年以后为湖北省文物考古研究所）和荆州地区博物馆三方联合组成以严文明教授为队长的石家河考古队。并于1987年9月至12月，对邓家湾遗址进行了第三次发掘。这次发掘规模比较大，将遗址分为A、B两个发掘区（A区和B区的分界线在遗址的南边，分界线之南的B区属遗址边缘区），共开5米×5米的探方35个（图三），分布在第一、二次发掘的外围，均属A区的西部，揭露面积900平方米，发现墓葬60座、瓮棺11座、残房基2座、灰坑71个，出土遗物十分丰富[④]。此次发掘的遗迹与1987年春季发掘的遗迹统一编号。为了进一步了解邓家湾遗址的文化内涵和该遗址西部资料的完整性，石家河考古队决定对遗址西端保存部分再作一次（第四次）补充性发掘，发掘工作由湖北省文物考古研究所负责。第四次发掘于1992年4月至6月进行，在遗址西边布方9个（92T1～T9），在第一次发掘点所保留未掘部分布方6个（92T10～T15），并将78T1包括在内，发掘面积共375平方米。清理不同时期的新石器时代墓葬29座、瓮棺25座、灰坑14个、建筑遗迹5处，暴露了石家河古城的西北角墙体，出土遗物也相当丰富[⑤]（图版一，2）。

　　第二次发掘工地负责人为张绪球，参加人员有何德珍、肖玉军、胡木成、赵永红、樊力、李刚；第三次发掘工地负责人为张江凯、杨权喜、张绪球，参加人员有赵朝洪、李天元、王红星、胡木成、刘德银、张昌平、李文森、倪婉、王宏、张万高、陈官涛、

①　石龙过江水库指挥部文物工作队：《湖北京山、天门考古发掘简报》，《考古通讯》1956年3期。
②　湖北省文物考古研究所等：《湖北石家河罗家柏岭新石器时代遗址》，《考古学报》1994年2期。
③　荆州地区博物馆等：《天门邓家湾遗址1987年春发掘简报》，《江汉考古》1993年1期。
④　石河考古队：《湖北省石河遗址群1987年发掘简报》，《文物》1990年8期。
⑤　石河考古队：《湖北天门市邓家湾遗址1992年发掘简报》，《文物》1994年4期。

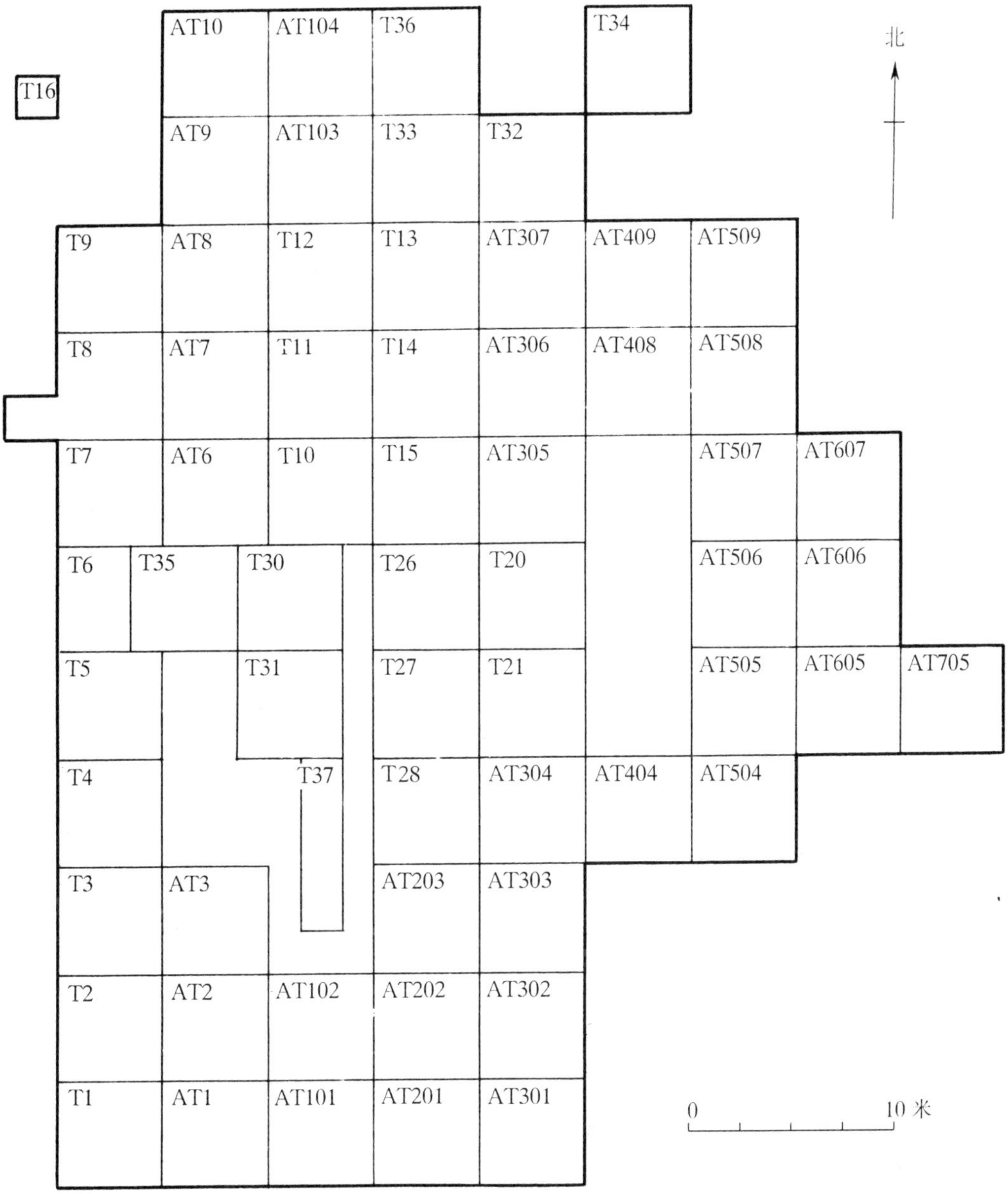

AT10	AT104	T36		T34		
T16						
AT9	AT103	T33	T32			
T9	AT8	T12	T13	AT307	AT409	AT509
T8	AT7	T11	T14	AT306	AT408	AT508
T7	AT6	T10	T15	AT305	AT507	AT607
T6 T35	T30	T26	T20		AT506	AT606
T5	T31	T27	T21		AT505	AT605 AT705
T4	T37	T28	AT304	AT404	AT504	
T3	AT3	AT203	AT303			
T2	AT2	AT102	AT202	AT302		
T1	AT1	AT101	AT201	AT301		

北

0　　　　　　　　　　10 米

图三　邓家湾遗址发掘探方分布图

肖玉军、郑中华、王福英、祝恒富、黄文娟以及北京大学考古学系1985级学生王子林、王光尧、罗文华、祖世龙、张广如、蒋迎春、庄岩、邵群、黄卫东、路畅、杨民伟、贾汉清、牛世山、宋国、梁振晶、蒋卫东、冯晓波、马俊材、胡进驻、郭宝发、李秀珍、暨远志、李军；第四次发掘工地负责人为杨权喜，参加人员有孟华平、李文森、周国平、潘佳红、胡文春、肖平、周世本。

1991年5月，石家河考古队召开队长扩大会议，决定石家河遗址群的发掘暂告一段落而转入资料的整理编写工作，并进行了责任分工。邓家湾发掘资料的整理和报告的编写工作主要由湖北省文物考古研究所具体承担，并指定杨权喜为这项工作的负责人。在严文明教授的统一安排和指导下，整理工作于1991年9月正式开始，参加整理工作的有孟华平、李文森、杨权喜、肖平、田立新、杨红艳。在此之前参加修复、绘图和部分资料整理工作的有张绪球、何德珍、郑中华等。整理工作正式开始以后，由于第四次发掘和其他任务耽搁，中间停止了一年多，全部资料整理工作于1994年6月完成，俟后即转入发掘报告的编写和修改。

第二章　地层堆积

第一节　概况

　　邓家湾遗址的四次发掘都集中在1987年下半年所划分的A区西部，即整个遗址的西面。遗址的这一部分（下称"发掘区"），地势由东北向西南倾斜，地面受雨水冲刷比较严重，局部堆积存在层次"倒转"情况。发掘区又紧靠村庄，除在AT3北部、AT4、AT5（后两个探方未发掘）位置上有较大的现代坟堆以外，还有人为动土取土现象，所暴露的遗物较多，是历年来石家河陶塑动物、红陶杯和其他陶器的主要采集区。

　　发掘区的文化堆积层次比较复杂，遗迹遗物均相当丰富，由于堆积土中黏性土所占比例较大，各层之间互相结合非常紧密，故发掘清理难度相当大。文化堆积总的可分为屈家岭文化层和石家河文化层，并由东向西倾斜。文化层厚度，总趋势为西厚东薄，东边多在2米左右，西边约为2.5米左右。屈家岭文化堆积偏于东部，向西逐渐变薄。石家河文化堆积则西部较厚，东部较薄。周代遗物仅见于西南角耕土层中。

第二节　发掘区东部堆积

　　发掘区东部地势略高，原有南北向的土路穿过，所保存的文化堆积一般较薄，上部堆积存在晚期破坏现象。现以AT506西壁和南壁为例，将东部堆积情况说明如下（图四）。

　　文化堆积共分六大层，总厚度为1.45～1.75米。

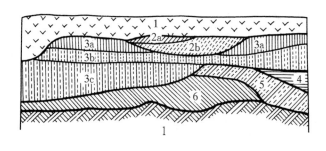

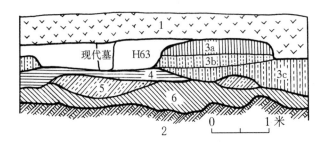

图四　AT506西壁和南壁剖面图
1. 西壁　2. 南壁

第1层　现代层，包括耕土层和现代扰土层。厚0.25～0.75米，黄褐色土，质地较松软，内含少量红烧土。遗物主要有新石器时代的红陶杯、灰陶罐残片和残石器。同时存在较多现代瓦片、瓷片。探方东北角有一枯树根，南壁下有一座现代墓葬，东南角下压H63。

第2层　仅分布于探方西北部，又分两小层。

2a层　厚0.15～0.5米，黑色土，质地较松软，杂物极少，有少量碎陶片，不见近现代遗物。

2b层　厚0.35～0.5米，浅黑色土，含较多烧土块，土质较硬，夹有较多的灰陶碎片。

第3层　红褐色土。由三小层组成。

3a层　厚0.15～0.35米，分布较广泛，土质较松，夹红烧土块和木炭。出土较丰富的方格纹陶片，还有较多的薄胎红陶片。

3b层　厚0.1～0.5米。分布情况与3a层相似。土质结构较紧密，所含红烧土块较少，无木炭。陶器中有彩陶和方格纹陶器。

3c层　厚0～0.7米，分布于探方西南部，土质较硬，含大量红烧土。陶器中有较多的红陶筒形器和红衣彩陶，还有灰陶鼎、厚胎红陶杯。此层下压一灰色烧土面和一灰黑色夹层。

第4层　灰褐色土，厚0.1～0.3米，分布于探方北半部分，内含少量黑炭和腐殖质。出土黑陶鼎、器盖和石斧等。

第5层　黑灰色土，厚0～0.5米，土质较软，夹大量红烧土。出土陶器丰富，有较多的筒形器和鼎、壶形器、罐、碗、彩陶纺轮等。

第6层　褐色土，厚0.15～0.57米，土质坚硬，含少量红烧土。出土陶筒形器、蘑菇形纽器盖、罐和石斧等。

第6层以下为紫色生土。

以上第2～3层属石家河文化，第4～6层属屈家岭文化。

第三节　发掘区西北部堆积

　　发掘区西北部即遗址西北角，也是石家河古城西北角。外缘略呈弧形，并有现代小水渠绕过，水渠外侧为陡坎，坎下为稻田（为城壕遗迹）。以下介绍92T7东壁和北壁剖面（图五）。并分层加以说明。

　　文化层总厚度 2.5～2.7米，共分11层：

　　第1层　表土层。黄褐色土，厚 0.3～0.5 米，南薄北厚，土质较纯净，包含物较少。此层下压现代墓和祭2、W14。

　　第2层　即祭2。厚0.08～0.7米。包括大量陶缸及残缸片、红烧土堆积层和黄土活动面。

　　第3层　褐红色土，厚0.15～0.53米，西南部较薄。土质较硬，夹大量陶片。出土陶鼎、盆、圈足碗、器盖和器座等。

　　第4层　灰褐色土，厚0.05～0.4米，分布于探方西北部。结构较松散，包含物较少。有较多的泥质灰陶罐、盆、碗。下压G2。

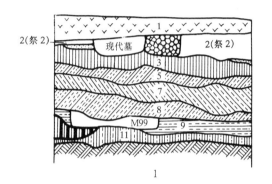

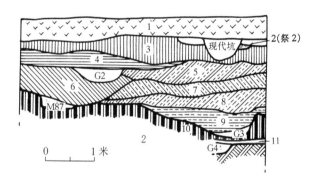

图五　92T7东壁和北壁剖面图
1. 东壁　2. 北壁

　　第5层　黄褐色土，厚0.1～0.48米，东厚西薄，土质较硬。出土夹砂红陶缸片，泥质灰陶豆、罐等。

　　第6层　褐黄色土，带黑斑点，厚0～0.75米，仅分布于西部，土质较硬，内含灰烬。出土陶器以黑陶最多，主要器形有曲腹器、鼎、彩陶纺轮、圈足豆等，该层下压M87、M94和城墙。

第7层　浅褐灰色土，厚0.25～0.7米，分布于探方东部，土质较软，具有黏性。出土陶器有灰陶和红陶，器形主要有圈足豆、彩陶纺轮等。

第8层　灰黄褐色土，厚0.1～0.5米，土质较硬，有黏性。内含陶片以灰陶片较多、红陶较少，几乎皆为泥质陶。有圈足盘、罐、碗、曲腹器等。M99、W34开口于此层底。

第9层　深褐色土，厚0.1～0.5米，分布于探方东部，土质较软，有黏性。内含陶片以泥质灰陶、红陶为多，器形有曲腹器、碗、罐等。此层下压城墙和G3。

第10层　即城墙。

第11层　黄褐色土，厚0.35～0.5米。土质较密，包含物少。被城墙所压，G4开口在此层下。

第11层以下是紫色生土。

以上第2～6层及G2属石家河文化，第7～11层及G3、G4、M87、M94、M99、W34属屈家岭文化。

第四节　发掘区西南部堆积

发掘区西南部为A区西南角，靠近邓家湾村，地势较低，而文化遗存较丰富。文化堆积总厚度为2～2.5米，可分五层。以AT1东壁和南壁为例（图六）将各层情况叙述如下：

第1层　扰土层，厚0.6～0.7米。据其土质松紧，还可分成三小层。1a层为浅灰色农耕土，下压现代墓；1b层和1c层土色近似，为灰黄色土。三小层均出近现代瓷片，并夹有较多的陶塑动物和少量周代灰陶片。

第2层　褐色土，厚0.05～0.3米，分布于探方东部。土质较硬，夹少量草木灰和较多的红陶缸、厚胎斜壁红陶杯、红陶塑动物和灰陶直领罐、宽折沿盆、高柄杯、大圈足盘、圈足大口杯、纺轮等。

第3层　据土质、土色又分三小层。

3a层　黄褐色土，厚0.25～0.6米，土质硬，含有较多的红烧土粒和灰土块。出土陶器较丰富，有陶塑动物、厚胎红陶缸和杯、折腹壶形器、扁锥形足鼎、黑陶高领罐、捏流鬶、细柄豆等。

3b层　红褐色土，厚0.2～0.6米，土质也较硬，内含红烧土。出土陶器有厚胎斜壁红陶杯和灰陶鼎、高领罐、盆形甑、高柄杯、大口圈足杯等。

3c层　红烧土层，厚0.2～0.3米，主要分布在探方东、北部。含大量红陶缸片和碎陶片。此层下压 M18、M57。

第 4 层　灰褐色土，厚 0.15～0.5 米，土质较松。出土陶器以素面陶为主，有红陶杯、喇叭形圈足豆、高领罐、彩陶折腹壶形器、红衣小杯、三足形纽器盖、凿形足鼎、敛口钵、彩陶纺轮等。

第 5 层　褐黄色土，厚 0.1～0.4 米，土质较纯。出土陶片较少，有高领罐、盆和薄胎红陶杯、小罐形鼎、扁圆腹壶形器、三足形纽器盖等。

以上第 2 层、第 3 层及 M18、M57 属石家河文化，第 4 层、第 5 层属屈家岭文化。

上述几个剖面基本概括了发掘区不同部位的文化堆积情况。

其余各探方的地层及其所属文化可列成下表（表一），供参考。

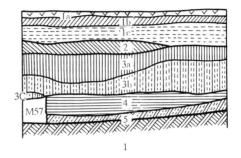

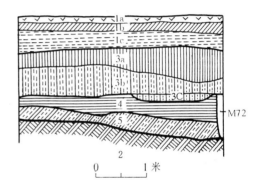

图六　AT1 东壁和南壁剖面图
1. 东壁　2. 南壁

表一　　　　邓家湾遗址各探方地层关系对照表

探方 \ 地层 \ 文化	屈家岭文化	石家河文化
AT1	④、⑤	②、③a、③b、③c
AT2		②a、②b、②c、③a、③d、④、⑤
AT3		①、②、③、④、⑤、⑥
AT4		
AT5		
AT6	⑫、⑬、⑭	②、③、④、⑤、⑥、⑦、⑧
AT7	⑧、⑨、⑩、⑪、⑫	②、③、④、⑤、⑥
AT8	⑧、⑨、⑩、⑪、⑫、⑬	②、③、④、⑤、⑥、⑦
AT9	⑦、⑧、⑨、⑩、⑪、⑫	②、③、④、⑤、⑥
AT10	⑥、⑦、⑧、⑨、⑩	②、③、④、⑤
T1	④	②、③

续表一

探方　地层　文化	屈家岭文化	石家河文化
T2	④	③
T3		②、③、④
T4	⑤、⑥、⑦、⑧	②、③、④
T5	④、⑤、⑥、⑦	②、③
T6	④、⑤、⑥、⑦、⑧、⑨、⑪	②、③
T7	⑦、⑧、⑨、⑪	②、③、④、⑤、⑥
T8	⑦、⑧、⑨、⑩、⑪	②、③、④、⑤、⑥
T31	④、⑤、⑥	②、③
T10	③	②
T11	④、⑤、⑥、⑦、⑧	②、③
T12	⑥、⑦、⑧	②、③
T20	④、⑤	②、③
T21	④	③
T26	④、⑤	②、③
T27	③、④	②
T28	④、⑤	②、③
T30	④、⑤、⑥、⑦	②、③a、③b
T32	④	②、③
T33	④、⑤、⑥、⑦、⑧、⑨、⑩	②、③
T35	⑤	②、③、④
T36	④、⑤、⑥、⑦	②、③a、③b
T37	③、④	②
AT101		②a、②b、②c、②d、②e、②h
AT102		②a、②b、②c、③、④、⑤、⑥
AT103	⑦、⑧、⑨、⑩、⑪、⑫	②、③、④、⑤、⑥
AT104	⑨、⑩、⑪、⑫	③、④、⑤、⑥、⑦a、⑦b、⑦c、⑧a、⑧b、⑧c
AT201		②a、②b、②c、②d、③a、③b
AT203	⑥、⑦、⑧	②a、②b、③a、③b、④a、④b、⑤
AT305	④、⑤a、⑤b、	②、③a、③b
AT306	⑥、⑦、⑧、⑨、⑩、⑪、⑫	②、③、④、⑤

续表一

地层／文化　探方	屈家岭文化	石家河文化
AT307	⑤、⑥、⑦	②、③、④
AT301	④	②、③
AT302	④	②、③
AT303	⑤	②、③、④
AT304	⑤、⑥	②、③、④
AT404	⑤、⑥	②、③a、③b、④
AT409	⑤、⑥a、⑥b、	②、③、④
AT505	④、⑤a、⑤b、⑥	②、③
AT506	④、⑤、⑥	②a、②b、③a、③b、③c
AT508	④、⑤、⑥a、⑥b	②、③a、③b
AT509	④、⑤、⑥a、⑥b	②、③a、③b
AT605	②b、③a、③b、④	②a
AT607	③、④、⑤、⑥、⑦	②
T34	④、⑤、⑥	②、③
AT408	④a、④b、⑤a、⑤b、⑥	②a、②b、③
AT504	③a、③b、④a、④b	②
AT507	④、⑤、⑥、⑦	②、③
AT606	③、④、⑤、⑥	②

第三章　屈家岭文化遗存

第一节　遗迹

屈家岭文化的遗迹除墓葬之外，有城墙、房址、灰坑、灰沟及祭祀遗迹等，其中灰坑比较丰富（图七）。

一　城墙

石家河古城是石家河考古队成立以后，多次进行勘查，于1991年5月初步判定的。城址平面大体呈不规则方形，南北长约1200、东西宽约1000米，其西城垣中南段及南城垣西段保存较好，城外有城壕。东城垣中段也比较清楚，北段被晚期的土城破坏。该城西垣北段的走向表明，其北垣应在邓家湾遗址的范围内。但据现在的地形，有在遗址南部和北部通过的可能性。1992年，对邓家湾遗址西北部进行的补充发掘中，在T6、T7、T8、T9等探方内出现一段大体为东北—西南呈弧形走向的墙体残迹。它高出西部水田约3~3.5米，西部被断坎所破坏，墙体宽度不明，残高约2.9米。墙体被屈家岭文化的G3、M84、M86、M87、M94、M99、M101等遗迹打破。对T8南部的墙体进行过横向解剖，在2米×7.5米的范围内发现墙体被T8第9层所压，并叠压于M104和T8第10层之上。墙体分成四大层，每一大层又分成若干小层（图八）。各层具体情况如下：

第1a层　紫色土，夹少量黄斑，质地较硬，厚约0.1~0.8米，由西向东倾斜，无包含物。其上被T8第2层和第7层所压。

第1b层　紫色土，质地紧密，经夯打，有夯打所形成的密集小土结块，厚约0.1~

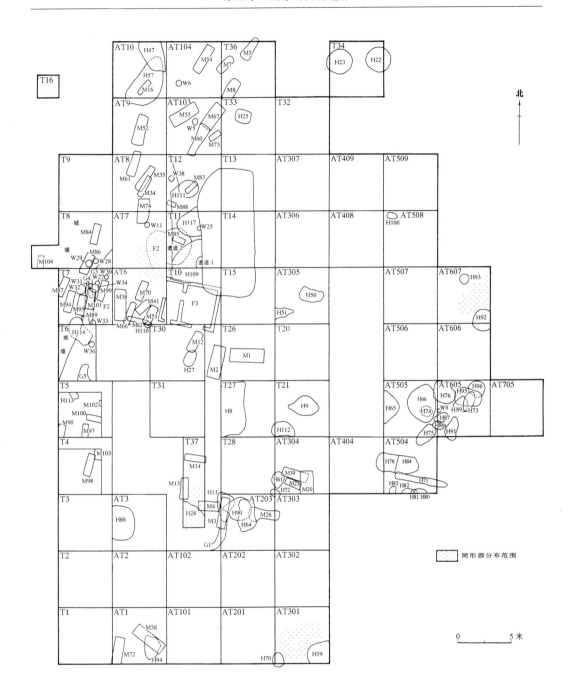

图七 屈家岭文化遗迹分布图

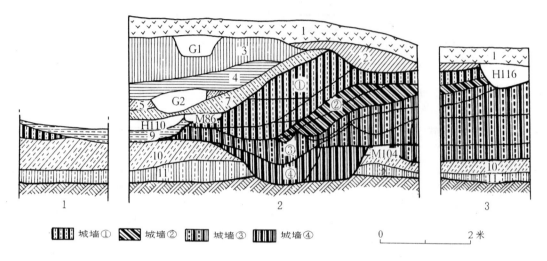

图八　T8南壁与城墙剖面图

1.T8东壁⑧层下剖面　2.T8及其扩方南壁　3.T8西扩西壁

0.6米，由西向东倾斜，无包含物。M86打破此层。

第1c层　紫色土，夹块状褐黄色土，经夯打，较硬，厚约0.1～0.3米，西部较平，往东向下倾斜，无包含物。

第1d层　紫色土，夹块状灰黄色土，经夯打，厚约0.05～0.35米，分布面小，无包含物。

第2a层　黄色土，夹细小的紫色土粒，质地紧密，经夯打，厚约0.05～0.35米，由西往东向下倾斜，无包含物。

第2b层　黄色土，质地松软，厚约0.1～0.4米，呈条状分布，包含物少。

第3a层　灰褐色土，有黄斑，质松，厚约0.1～0.2米，由西往东向下倾斜，无包含物。

第3b层　杂色土，由黄色、紫色、灰褐色土混杂而成，质密，经夯打，厚约0.05～0.5米。

第3c层　灰褐土，夹黄斑，质地较紧密，厚约0.2～0.5米。

第3d层　灰褐色土，夹少量黄斑，黏性较大，厚约0.2～0.55米，含少量陶片。

第3e层　紫色土，灰黄色土块，层层堆筑，层次分明，质密，厚0～0.55米，只分布于西部。

第3f层　黄色土，夹紫色土块，分层堆筑，含砂较多，厚约0.1～0.35米，分布于西部。

第4a层　灰色土，夹少量炭粒，质松，厚约0.05～0.5米，含少量陶片。

第4b层 灰褐色土，质松，黏性重，厚约0.5~0.7米，含少量陶片和石块。

第4a、4b层同时打破T8第10层、第11层和生土，似为墙体内侧基槽填土，基槽大致呈东北—西南走向。

解剖的结果不仅证实了墙体的存在，而且了解到墙体内部的结构及其地层关系。根据发掘所见墙体的大致走向，在与墙体相对的邓家湾遗址西北部现代水塘断面上，见到类似墙体的褐色土、黄色土、紫色土依次相叠的情况。邓家湾遗址西北部至北部一带，现为阶梯状农田，地势偏高，北侧为低洼的池塘，相对高差约为2~8米，因此推测邓家湾遗址北部可能为石家河古城北垣所在。

1992年10月，石家河考古队在邓家湾遗址北部东西长约650、南北宽约40米的偏高位置上进行了全面钻探、勘查，共布探眼（TD）211个，以T8墙体的解剖情况为依据，探明邓家湾遗址北部西段大体在距地表深约0.7米处即见城墙土，东段大体在距地表深约0.5米处即见城墙土。最东端的TD165未见城墙土，在深约0.5米的青泥土下有厚0.2米的河泥土（未见底），这里的地势与遗址北侧池塘的高度相当，可能是古河道入城处。

钻探结果证明，邓家湾遗址北部正是石家河古城的北垣所在，北垣大体从东北略向西南偏斜，恰与T6、T7、T8、T9所见墙体的相对走向相吻合。西北城垣拐角呈弧形。探眼最东的TD165之东地势低洼，应为北垣缺口。钻探发现的北城垣西段长约600米，墙体宽约25~30米，邓家湾遗址则位于城墙以内，即在石家河古城的西北角（图九）。

二 房址

共2座，编号F2、F3，均被破坏。

F3 主要部分位于T10及T11的南部，距地表深约0.7米，被T10第2层叠压，东北部和西部被扰乱，北墙局部被H109打破（图一○；图版二，1）。

F3平面呈长方形，坐北朝南，方向190°，有东、西两室。东室南北长3.4、东西宽2.94米。西室南北长3.4、东西宽1.45米。房址的墙比较清楚，东北墙角被破坏，南墙设有两个门道。东室门道位于东室南墙中部，宽0.92米。西室门道较小，位于西室南墙略偏西，宽0.58米。东、西室之间有一隔墙，隔墙北部距北墙约0.7米处留有宽约0.64米的通道，为两室之间的门道。东室较宽敞平整，地面板结光滑，北部残留红烧硬面。西室较窄小，室内不太平整，西南部也残留红烧硬面，东北部散布一些红陶缸残片、红烧土残面和零散的草木灰。从西墙北部和北墙西部的断面观察，两室之西还有延伸的墙体，但已被破坏。

F3属于地面建筑。在筑墙之前，首先平整房基面，填土为红褐色土（F3②层）。填土主要分布在东室，厚约0.15~0.5米，土质坚硬，无包含物，表面平整。墙壁垒筑在

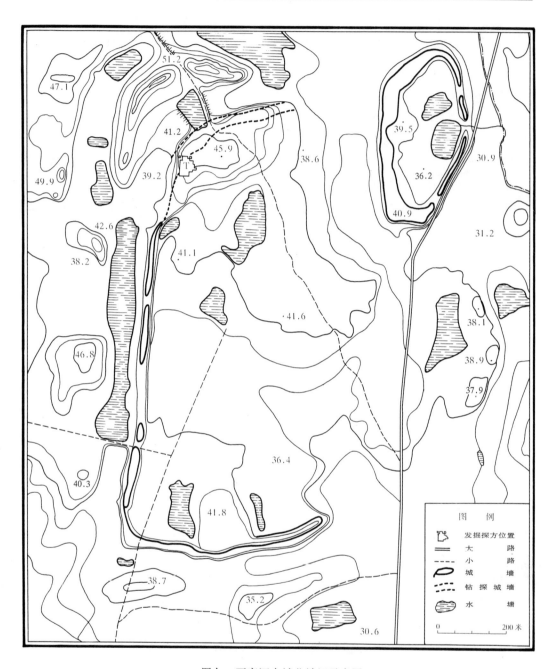

图九　石家河古城北城垣示意图

房基面上，用灰白色土，宽约 0.25～0.27、残高 0.15～0.2 米。垒筑时，可能使用木质夹板。整座房基未见柱洞。在填土面上有一层褐色土（F3①层），厚约 0.26～0.4 米，内含灰黑色陶片，应为 F3 的废弃堆积。

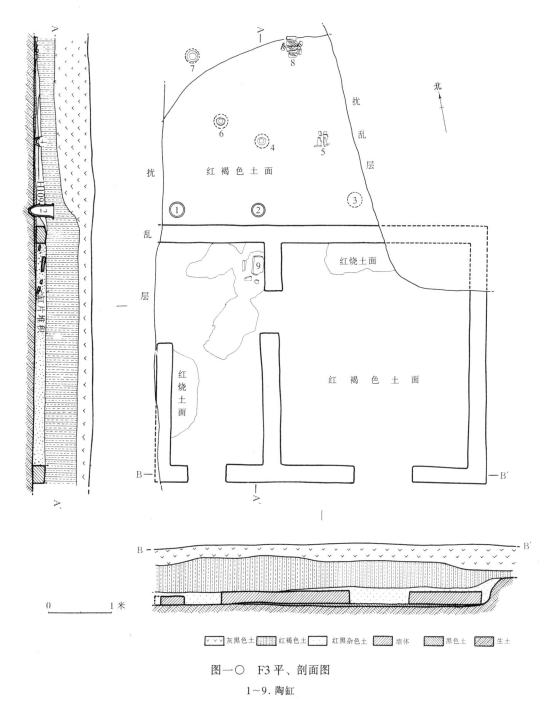

图一〇　F3平、剖面图

1～9. 陶缸

图例：灰黑色土　红褐色土　红黑杂色土　墙体　黑色土　生土

在 F3 北墙以北 2.9 米的范围内，有规律的分布着 8 个陶缸残迹。1、2、3 号缸顺北墙正放，1、2 号缸相距 1.06 米，2、3 号缸相距 1.3 米。1、2 号缸保存完整，为夹砂褐陶深腹小平底缸，上饰篮纹和附加堆纹。3 号缸只见底部残痕。4、6、7 号缸也正放，只残存底部。5、8 号缸倒塌，残存底部。倒塌或移位的缸，大概是被 H109 等灰坑扰乱造成的。这八个陶缸与 F3 在同一层位上，缸底打破了当时的地面，应为 F3 的附属遗存。

F2　位于 AT7 东部，被第 6b 层叠压。破坏严重，形制不明。

三　灰坑

共 50 个（H8、H9、H11、H22、H23、H25～H28、H47、H50、H51、H57、H59、H61、H64～H66、H70～H76、H79～H84、H86～H96、H100、H109～H114、H117）。多数坑的坑边不够清楚，只有少数坑可见人工挖掘痕迹。依平面形状分为圆形、椭圆形、凸形、不规则形和形状不明（包括未清理完毕或被破坏的灰坑）五类（附表一）。

（一）圆形灰坑

共 6 个，即 H22、H23、H74、H93、H96、H110。坑底皆呈锅底状，最大直径 2.5、最小直径 0.5、坑深 0.15～0.75 米。

H22　位于 T34 东北部，开口在第 5 层下，打破第 6 层。坑口距地表深 1.75、最大直径 1.3、坑深 0.75 米。坑内填土松软，呈灰黄色，含大量炭末。遗物有丰富的陶器，包括双腹豆、碗、罐、纺轮、彩陶杯、彩陶球等（图一一）。

H110　位于 AT6 南部，开口在第 13 层下，被 M62 打破，同时又打破第 14 层。坑口距地表深 2.4、最大直径 0.5、坑深 0.15 米。内填疏松的灰色土，含炭末，包含物甚少。主要出土陶器是泥质厚胎筒形器残片（图一二）。

（二）椭圆形灰坑

共 9 个，即 H25、H27、H61、H66、H70、H72、H73、H100、H111。这类坑平面大体呈椭圆形，坑壁不甚规则，坑下部有的为锅底状，有的为桶形，有的为不规则形。最大长径为 3.4、最小长径为 0.86、深 0.22～0.56 米不等。

H66　位于 AT505 东北部，开口在第 4 层下，打破第 5a 层。东西长 2.7、南北长 3.4、最深 0.56 米。东壁较直，坑底呈斜坡状，由西而东向下倾斜。填土呈灰黑色，夹杂黄土、烧土、炭粒和少量碎骨。在东北角出有完整的鼎、圈足豆。坑中还有一层压一层的筒形器碎片，其他遗物有陶碗、器盖和砺石等。

H61　位于 AT304 西南侧，开口在第 4 层下，打破第 5 层。坑口距地表深 0.85、长径 1.5、短径 1、深 0.28 米。坑壁斜直，坑底高低不平。内填疏松的灰色土，含大量炭灰。出土陶器有小鼎、壶、豆、碗等（图一三）。

H70　位于 AT301 西南部，开口在第 4 层下。长径 1.1、短径 0.8、深 0.33 米。坑壁较直，坑底微凹，略呈锅底状。内填松软的深灰色土，包含物较少。陶片以泥质黑陶为主,灰陶次之,有少量彩陶片。器类有鼎、罐等。

H72　位于 AT203 东北部、AT304 西南部和 AT303 的西北部。开口在第 6 层下,打破第 8 层。平面形状近似圆角长方形,坑边呈弧形。坑口东西长约 0.86、南北长约 0.54 米。坑壁斜直,坑底深浅不一,东部较浅,深约 0.22～0.24 米;西部较深,深约 0.4～0.44 米。内填褐色花土。在与东部坑底大致相当的面上放置 5 件完整陶器,包括小鼎 1 件、罐 2 件、相叠的双腹碗 2 件(图一四)。

H111　位于 T12 西部,开口在第 6 层下,打破第 7 层。东西长径 1.9、南北短径 1.6、坑深 0.4 米。坑壁不规整,底呈锅底状。内填灰黑色土,夹少量炭灰。出土物较多。陶器以泥质灰陶和红陶为主,器类有罐、碗、杯等(图一五)。

(三)凸形灰坑

2 个,即 H9、H90。坑口有一凸出部分,平面近似瓢形,均有人工挖掘痕迹。

H9　位于 T21 中部,开口在第 4 层下,西部被 H5 打破,同时打破生土。坑口距地表深 0.9、东西最长 2.8、南北宽 1.6、深 0.8 米。灰坑平面东部略呈椭圆形,西部外突,壁斜直,隐约可见使用工具的痕迹。坑底呈锅底状。填灰色砂质土,内含丰富的红烧土及炭末。遗物丰富,陶器主要有鼎、罐、双腹碗、薄胎杯、小

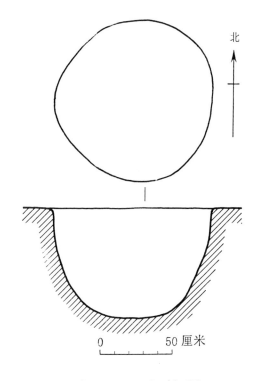

图一一　H22 平、剖面图

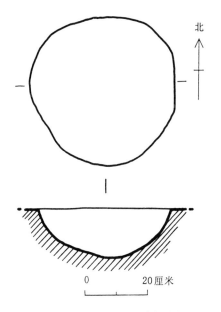

图一二　H110 平、剖面图

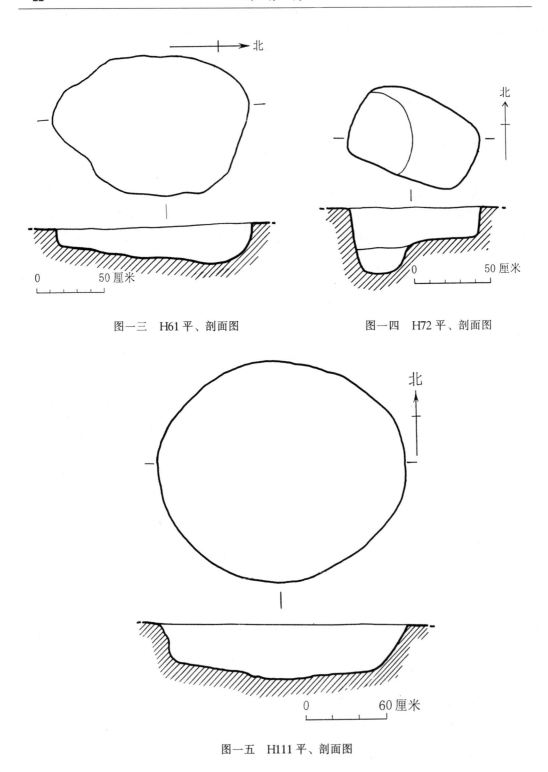

图一三　H61平、剖面图　　　　　　　图一四　H72平、剖面图

图一五　H111平、剖面图

罐、器盖、纺轮等。

H90 位于 AT203 北部，开口在第 6 层下，打破第 8 层，东部被 H64、M26、M59 打破。灰坑平面东部较圆，西部外凸。东西最长 2.66、南北最长 2.12、深约 0.9 米。西、南、北三壁上部呈缓坡状向内倾斜，东壁基本垂直，西壁下部有一阶梯，坑壁上有两条相隔约 0.08 米的凹带，为挖坑工具的痕迹。坑内填土分四层。

第 1 层，厚 0.1~0.2 米。灰绿色土，夹木炭灰，土质较硬。遗物以泥质灰陶为主，黑、红陶次之，器类有鼎、壶形器、碗、罐、杯等。

第 2 层，厚 0.1~0.16 米。松软的黑色土，分布在中西部的小范围内。陶器有双腹镂孔豆、薄胎彩陶杯、高领罐、鸭嘴状鼎足等。

第 3 层，厚 0.1~0.6 米。灰绿色土，土质疏松，含砂较多。包含物以泥质灰陶为主，红、黄陶较多，不见彩陶。

第 4 层，厚 0.1~0.15 米。灰黑色土，质地疏松，分布在东部坑底。包含物较少，主要为筒形器残片（图一六）。

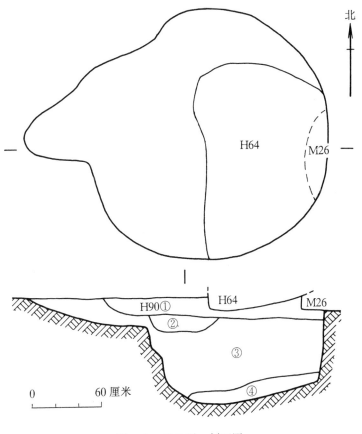

图一六 H90 平、剖面图

（四）不规则形灰坑

共 16 个，即 H11、H50、H57、H64、H71、H75、H76、H79、H86、H87、H89、H91、H94、H95、H112、H114。多数坑较小，形状不规则，底部有锅底形、桶形和凹凸形几种。

H64　位于 AT203 中北部，开口在第 5 层下，打破 M26、H90 和第 6 层，西南部被 M63 打破。平面呈不规则长条形。南北最长 3、东西最宽 1.7、最深 0.45 米。坑壁由东南向西北呈缓坡状向下倾斜，西壁陡直，最深处位于坑的西北部。填疏松的灰黑色土，其内夹杂木炭灰。包含大量陶片，器类有鼎、罐、盖等（图一七）。

H50　位于 AT305 东部，开口在第四层下，打破第 5a 层。平面呈不规则长方形。东西最长 2.2、南北最宽约 1.1、深约 0.4 米。坑壁不规则，底凹凸不平。内填灰褐色土，土质松软，夹大量木炭。包含陶器不多，以灰黑色陶为主，多素面陶，少量饰有篮纹，器类有罐等。

H71　位于 AT504 中部。开口在第 3a 层下，打破第 4a 层。平面大体呈东西向的沟形，南北两边较直。东西长 3.22、南北宽 0.3~0.7、深 0.19~0.4 米。西壁较直，东壁呈缓坡状向西倾斜，填灰褐色土，土质紧密，夹有大量木炭。坑底有一东西向的人骨架残迹，头朝东，仰身直肢。包含物丰富，陶片以灰陶为主，红陶少，器类有鼎、壶形器、罐等（图一八）。

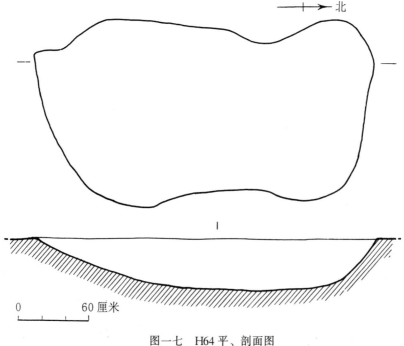

图一七　H64 平、剖面图

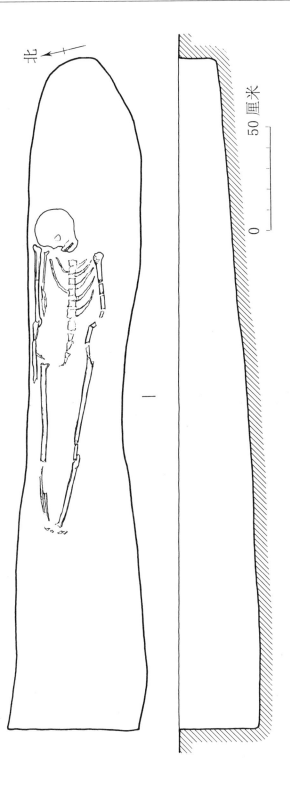

图一八　H71 平、剖面图

H86　位于 AT605 西部，开口在第 2b 层下，打破 H87。坑口为不规则椭圆状，坑口距地表深 0.8、最长 1、宽 0.8、深 0.3～0.36 米。坑壁斜直，底部东边较浅西边较深。填灰色土，质地疏松，含炭末。坑内陶片以泥质黑陶为主，器类有小鼎、罐、双腹碗等。

H89　位于 AT605 北部，开口在第 3a 层下，打破第 4 层。坑口西北边较直，其他边连成弧状。坑口距地表深 1.3、最长 1.3、宽 1.2、深约 0.3 米。坑壁直，坑底平，呈桶形。填灰色土，质地疏松，夹炭粒和烧土块。出土陶器器类有甗、杯、小鼎、碗、器盖。还有石斧等。

H94　位于 AT1 西南角。开口在第 4 层下，打破第 5 层。被 H58 打破。坑口为不规则椭圆形。南北长 2.04、东西长 1.4、深 0.3～0.68 米。坑壁呈阶梯状，坑中部深凹，坑底较平，可见人工挖掘痕迹。填灰黑色土，质地疏松。出土的完整陶器集中于中部坑底，有高领罐、壶形器、双腹豆、鼎、杯、小罐、器盖等（图一九）。

（五）不明形状灰坑

主要包括未清理完毕或被破坏的灰坑，共 17 个，即 H8、H26、H28、H47、H51、H59、H65、H80～H84、H88、H92、H109、H113、H117。一般形制较简单。

H88　位于 AT3 西部。开口在第 6 层下，打破生土。仅清理了东南部，平面似圆形。坑口距地表 1.95～2、坑深 1.05 米。壁斜直，底平缓，呈锅底状，壁底可见清晰的挖掘痕迹。填土分三层。

第 1 层，厚 0.45～0.65 米，填灰色土。包含物丰富，以泥质灰陶为主，夹砂陶少。

第 2 层，厚 0.25～0.55 米，为灰烬层。包含物较多，陶器有盖、壶形器、薄胎杯、彩陶纺轮等。

第 3 层，厚约 0.13～0.15 米，填纯净的灰色土，无包含物。

H109　位于 T10 北部，开口在第 2 层下，打破 F3，东部被扰乱。坑口平面呈不规则半椭圆形。坑口距地表深 0.8、南北长 3.9、东西残长 2.9、深约 0.25 米。底呈锅底状，内填灰黑色土，含大量草木灰和动物骨骼。包含物丰富，主要陶器有罐、鼎、杯、缸、壶形器等。

四　灰沟

共 4 条，即 G1、G3、G4、G5。皆被破坏或未清理完毕，形状不甚规则。

G1　位于 AT203 西南部，开口在第 5 层下，东北部被 H11 打破，打破第 6 层。大体呈东北—西南走向，在西南部折向西方。南部较宽，北部较窄。残长 2.5、宽 0.56～0.84、深 0.47～0.65 米。西壁陡直，而东壁呈坡状，底由北向南倾斜。填灰绿色土，夹大量草木灰。底部有一层陶片，以泥质灰陶为主，黑陶其次，红陶和黄陶较少。器类有高领罐、豆、器盖、双腹碗、鼎、彩陶纺轮等。

G4 位于 T7 东北部,开口在第 11 层下,打破生土。为保留城墙体,其往北延伸部分未清理。平面呈长条形,距地表深 2.5、残长 1.74、宽 0.3～0.34、深 0.12～0.18

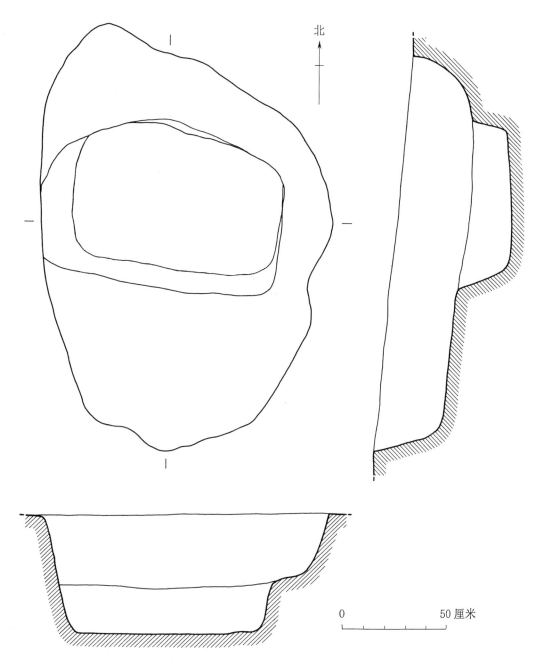

图一九 H94 平、剖面图

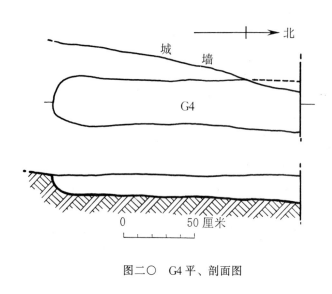

图二〇　G4平、剖面图

米。壁斜，底部较平，北部较浅，南部较深。浅灰色填土，夹少量草木炭，质地较软。包含陶片甚少，且碎小，胎薄，多泥质灰陶，红陶少，可见器类有薄胎红陶杯等（图二〇）。

G3　位于 T7 东部，开口在第 9 层下，打破城墙及第 11 层，被 M101 打破。距地表深 2.15～2.35、残长 4、宽 0.83～0.95、深 0.1～0.24 米。南北向，两边较直，斜壁，底较平，南部较浅，北部较深。内填浅褐色灰土，夹少许灰烬。陶片多泥质灰陶，仅见少量弦纹和篮纹。器类有盆、碗、罐等。

五　宗教遗迹

屈家岭文化遗存中存在不少与宗教活动有关的遗迹，主要有如下几种。

（一）筒形器遗迹

出土的泥质红陶筒形器数量比较多，主要形制有三型，即细长封顶型、粗壮封顶中腹呈球状型和附加堆纹子母口型。出土时，它们往往相互套接，但与其他遗迹的关系不大清楚。从发掘区内筒形器的出土位置及残留迹象看，它们往往集中分布，大体可分为四组：东部以 AT607 为中心构成一组（彩版一），南部以 AT301 为中心构成一组，西南部以 H28 为中心构成一组，西部以 AT6 为中心构成一组。此外，这四组周围的 H90、H110、H79、H74、H66、H65、H86、H96、H71、H11 等灰坑中均有残片出土。这些筒形器原来可能竖立套接，封顶筒形器在上，子母口筒形器在下。现以 AT301 内的筒形器遗迹为例说明如下。

AT301 内的筒形器中心在 AT301 南端，被第 4 层叠压，倒压于 H59 和生土上。整个遗迹分为三部分（图二一；彩版二，1、2；图版二，2）。

第一部分　由 1、2、3 号筒形器组成，残长约 2 米，倒压于 H59 东南角。方向为东南—西北向。1 号底套 2 号口，口朝向西北方，封顶已洞穿。3 号残。均为细长封顶筒形器，器身上往往有圆形镂孔。

第二部分　由 4、5、6、7 号筒形器组成。残长约 2.2 米。位于 H59 的西边，呈西

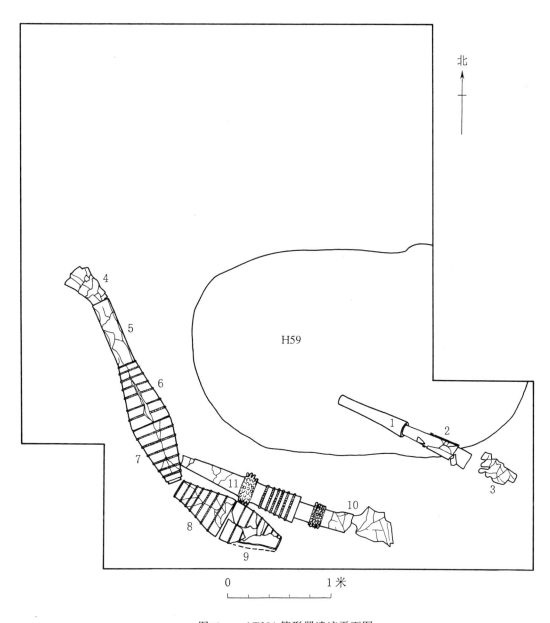

图二一　AT301 筒形器遗迹平面图

北—东南走向。4 号口与 5 号底相套，5 号顶端与 6 号口相接，6 号底与 7 号底相接。5 号形制同 1 号，4、6、7 号为形体粗大的子母口筒形器。

第三部分　位于 H59 南边，第二部分的东南部，大体呈东南—西北向，由两排组成，两者相距约 0.8 米。8、9 号为一排，8 号口靠近第二部分的 7 号口，8 号底与 9 号底相接，残长约 107 厘米。10、11 号为另一排，位于 8、9 号之北，11 号底套 10 号顶端，11 号顶部接近第二部分的 7 号，残长约 209 厘米。8、9 号形制同 6、7 号，10、11 号为粗壮封顶中腹呈球状的筒形器。

3、4、8、9、10、11 号倒置于生土上，5、6、7 号下部地势较低，有熟土填塞，1、2 号在 H59 的坑口上面。它们基本处于同一水平面上。

（二）土台与灰烬遗迹（遗迹 1）

位于 T11 东南部，被该方第 6 层所压，打破第 7 层。遗迹整体平面大概呈圆形，南部未清理，东部被破坏，暴露部分约四分之一，平面半径约 2.5 米（图二二）。遗迹整体可分三部分。

A　底部，为垫土。先挖一锅底状浅坑，然后垫土。垫土分三层。第一层为黄土，较纯，厚 0～0.17 米左右，从边缘往中心呈缓坡状向内倾斜。第二层为灰色黏土，较纯，厚 0～0.15 米，呈缓坡状向内倾斜。第三层为黄色黏土，纯净，厚 0～0.12 米，亦

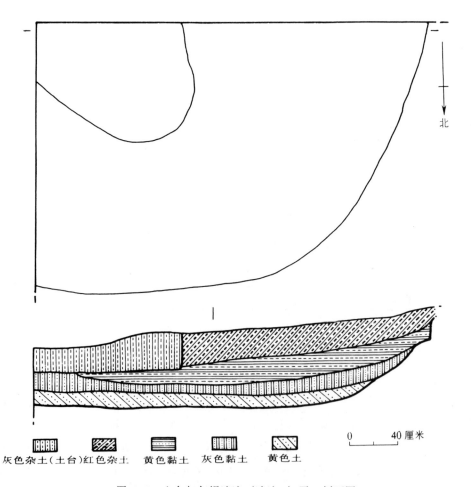

灰色杂土（土台）　红色杂土　黄色黏土　灰色黏土　黄色土

0　　　40 厘米

图二二　土台与灰烬遗迹（遗迹 1）平、剖面图

呈缓坡状向内倾斜。

　　B　中部土台，平面略呈半椭圆形，边缘陡直，东西残长 1.3、南北残长 1、高 0.3
米。土台用灰色黏性杂土堆筑，内含陶片极少。台面上有一层灰烬，台中央的石头被烧
成灰绿色，灰烬中有完整的 5 件彩陶杯、1 件石斧和烧焦的兽骨、动物牙齿等。

　　C　土台外围灰烬，土质较黏，呈红褐色，内杂红烧土和炭末，厚 0.1～0.28、宽
1.2～2.04 米。

　　（三）红烧土、灰烬与柱洞遗迹（遗迹 2）

　　位于 T11 西部，被该探方第 7 层所压，打破第 8 层（黄色土，未清理）。遗迹由红
烧土、灰烬堆积和柱洞组成。灰烬堆积的中心部位平面呈圆形。它由两层红烧土和两层
灰黑色灰烬组成（图二三）。

　　第一层为红烧土面，基本平整。西部被破坏，残留平面似长方形，南北长 1.56、
东西残长 0.84、厚约 0.04 米。

　　第二层为黑灰色灰烬，质地疏松，分布范围遍及 T11 中北部，厚约 0.08～0.16
米。红烧土面（第一层）周围最厚，向东往下倾斜，内夹杂较多陶片。

　　第三层为红烧土面，较平，平面近圆形，南北长 3.1、东西残长 2.26、厚 0.02～
0.08 米。由于第二层在东部向下倾斜，使第三层形成一个相对高出的台面。

　　第四层为灰烬层，厚约 0.02～0.08 米，大体呈圆形分布。

　　共发现柱洞 3 个（D1、D2、D3），分布于该遗迹的北部、东北部和中部偏南处。均
打破第二层（黑灰色灰烬层）。直径分别为 0.24、0.2、0.26 米，深度分别为 0.16、
0.16、0.18 米。其中 D2 内有木柱被火烧毁的痕迹。

　　另外，在 AT6 东部的第 12 层下有一黄土带，其东、北界线不清楚。南侧黄土带呈
"↰"形，其东南段为南北向，残长 2.25、宽 0.25 米。南段西部向北折，构成一南北
向黄土带，残长 0.75、宽 0.35 米。北部西侧的黄土带被破坏，在其东部集中分布了一
层厚约 0.03～0.07 米的陶片层，多为筒形器残片。在东南部黄土带内的同一平面上发
现有石斧和石块等遗物。

　　据推测以上遗迹均与宗教活动有关。由于遗迹的保存情况不佳和发掘的断续进行，
以及发掘者的认识等诸多因素，邓家湾遗址的原始资料比较零散，许多资料之间的有机
联系已被破坏。而作为新石器时代人们群体的宗教活动，应当存在一个相当大的整体范
围。如果将上述这些现象联系起来考察，一种具有神秘色彩的宗教礼仪场面便得以展
现。其中，T11 及其附近是诸多特殊现象的集中点之一。早在 1978 年的"试掘"中这
里就暴露过筒形器残片，那么该探方围绕灰烬呈三角形分布的柱洞，即可能与竖立相套
的筒形器有关。其西部为墓区，那高高屹立的筒形器如果是祖的象征，则这里或许是祭
祀祖先的场所。AT6 内夹陶片的黄土带是被破坏了的祭祖或其他宗教活动地面残迹；

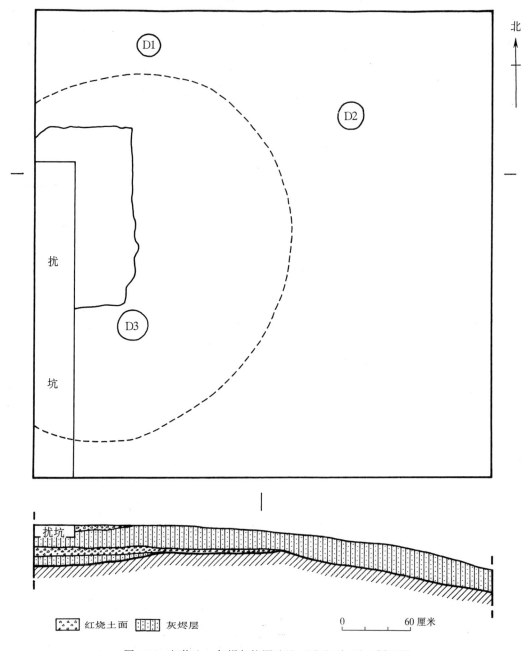

图二三　红烧土、灰烬与柱洞遗迹（遗迹2）平、剖面图

土台、红烧土面大概是陈设祭品的地方。在 T11、T12 的同一层位上还发现了排列有序的扣碗和平置的盖鼎（有的被当作瓮棺处理），它们也当具有祭器的性质。T11、T12 内另外还暴露有错位的小孩骨架（如 M85 的小孩骨架长 120、宽 44～50 厘米。M88 的

小孩骨架长 132、宽 44～48 厘米)。同时发现的还有烧焦的兽骨,这也许与用牲有关。成堆分布的灰烬层显然是祭祀时燃火和焚烧祭品所遗。

第二节　遗物

屈家岭文化的遗物非常丰富,除墓葬随葬品外,共有遗物标本 1298 件。陶器(附表二)占绝大多数,仅少量石器,下面按陶、石等质料分类介绍。

一　陶器

陶器标本共 1261 件。按用途分为容器、生产工具和其他三类。

(一)容器

完整或经过修复可以复原及可辨器形的陶容器共 1105 件。大部分出于灰坑之中。

容器中以泥质陶为主,夹砂陶其次,少量夹炭陶。泥质陶中往往羼少量细砂,陶色以灰色和红色为主。灰陶中有的带青,红陶中有的泛黄。黑陶、黄陶其次,少量褐陶。鼎、罐、器盖、碗、甑、豆等多为灰色和黑色,壶形器、杯、小罐、小盆、筒形器等多为红色和黄色。器物成形以轮制为主,少量小型陶器为手制。

除素面陶外,最流行的纹饰为弦纹、镂孔、附加堆纹,篮纹其次,少量饰戳印纹、划纹、方格纹。鼎、罐、碗、豆等多饰凸弦纹,碗、豆等圈足上多饰圆形、不规则形镂孔及少量盲孔。壶形器、杯等多施红衣黑彩和红彩。彩陶图案以条带纹和网格纹为主,少量弧线纹、圈点纹和菱形纹。筒形器、敛口杯、宽沿碗(双腹)上多饰附加堆纹。篮纹多施于夹砂鼎和罐上。

器物造型规整,盛行折腹和折沿作风。平底器少,多凹底器和圜底器,同时流行圈足器和三足器。器形有鼎、器盖、釜、罐、小罐、壶形器、杯、碗、豆、筒形器、盆、钵、甑、瓮、缸、器座等。其中,鼎、器盖、罐、碗、杯、壶形器、豆、筒形器的数量丰富,并富于特色。

鼎　154 件。分四型。

A 型　144 件。器形小,仰折沿。分三个亚型。

Aa 型　91 件。鼓腹,罐形。分二式。

Ⅰ式　26 件。腹深,圜底。标本 H87:3,泥质灰陶。圆唇,扁圆形足,腹饰一周凸弦纹。口径 10.4、通高 11.2 厘米(图二四,1)。标本 H11:81,泥质灰陶。圆唇,微束颈,圆锥形足。腹部一周凸棱。口径 10.4、通高 11.6 厘米(图二四,2)。

Ⅱ式　65 件。腹较深,底微圜。标本 AT506④:8,泥质红陶。圆唇,下腹有一折棱,扁凿形足。素面。口径10.8、通高11厘米（图二四，3）。标本 AT508⑤：2，泥质黑陶。
圆唇，侧装凿形足。腹饰一周凸弦纹。口径12.8、通高11.2厘米（图二四，4）。

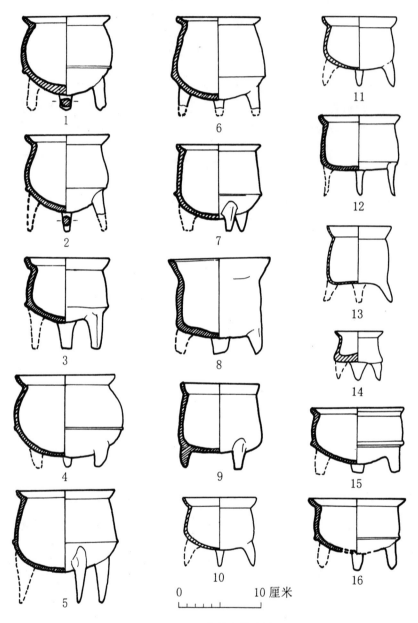

图二四　屈家岭文化陶鼎

1、2.Aa 型Ⅰ式 H87：3、H11：81　3、4.Aa 型Ⅱ式 AT506④：8、AT508⑤：2　5～7.Ab 型
Ⅰ式 H23：2、H11：11、H112：1　8～11.Ab 型Ⅱ式 AT408④：5、H112：5、T7⑧：15、
AT306⑪：3　12.Ab 型Ⅲ式 T21④：6　13、14.Ab 型Ⅳ式 H8：4、T7⑧：16　15、16.Ac 型
H86：4、AT304⑥：1

Ab 型　51 件。垂腹，釜形，分四式。

Ⅰ 式　16 件。腹深，圜底。标本 H23：2，泥质黑皮陶。圆唇，侧装扁足。垂腹处有一周凸棱。口径 12.4、通高 13.6 厘米（图二四，5；图版三，1）。标本 H11：11，泥质灰陶。圆唇，束颈，凿形足残。垂腹处一周凸棱。口径 10.4、残高 12 厘米（图二四，6）。标本 H112：1，泥质黑陶。圆唇，凿形足。下腹有一周凸棱。口径 10.4、通高 10.4 厘米（图二四，7）。

Ⅱ 式　31 件。腹较浅，底微圜。标本 AT408④：5，泥质灰黑陶。圆唇，腹较直，扁凿形足。素面。口径 12.6、通高 11.2 厘米（图二四，8）。标本 H112：5，泥质黑陶。尖圆唇，凿形足。素面。口径 9.6、通高 10.4 厘米（图二四，9）。标本 T7⑧：15，泥质灰陶。圆唇，锥形足。素面。口径 8、通高 8 厘米（图二四，10）。标本 AT306⑪：3，泥质灰陶。圆唇，圆锥形足。素面。口径 9、通高 8.3 厘米（图二四，11）。

Ⅲ 式　2 件。腹较浅，底平。标本 T21④：6，泥质黑陶。圆唇，凿形足。素面。口径 10、通高 9.6 厘米（图二四，12）。

Ⅳ 式　2 件。宽底，底微内凹。标本 H8：4，泥质灰褐陶。尖唇，腹较深，凿形足外撇。素面。口径 7、通高 9 厘米（图二四，13）。标本 T7⑧：16，泥质灰陶。圆唇，浅腹，扁圆锥形足。素面。口径 5.6、通高 5.8 厘米（图二四，14）。

Ac 型　2 件。弧腹，盆形。

标本 H86：4，泥质灰陶。圆唇，腹较浅，圜底，扁凿形足。下腹饰一周凸弦纹。口径 12、通高 8.6 厘米（图二四，15）。标本 AT304⑥：1，泥质灰陶。圆唇，圜底，矮凿形足。下腹饰一周凸弦纹。口径 11.6、通高 8.4 厘米（图二四，16）。

B 型　仅 1 件。长颈，壶形。

标本 H87：8，泥质黑陶。长颈残，鼓腹，宽圜底，足残。腹饰一周凹弦纹。残高 8 厘米（图二五，1）。

C 型　6 件。器形大，仰折沿。分二式。

Ⅰ 式　4 件，口沿与腹的折角较大。标本 AT307⑥：25，夹砂黑陶。斜方唇上有一道凹槽，侧装扁足残。腹饰横篮纹。口径 27.2、残高 29.6 厘米（图二五，2）。标本 H11：86，夹砂褐陶。圆唇下垂，侧装扁凿形足。足侧面饰戳点纹。口径 16.4、通高 20 厘米（图二五，3；图版三，2）。

Ⅱ 式　2 件。口沿与腹的折角较小。标本 H109：20，夹砂灰陶。圆唇，腹残。腹饰横篮纹。口径 20、残高 6 厘米（图二五，4）。

D 型　3 件。子母口，浅腹。分二式。

Ⅰ 式　2 件。敛口。标本 T26④：1，夹砂深灰陶，足部为褐红色。圆唇，斜弧腹残。侧装扁足残。腹饰横篮纹。口径 19.2、残高 14.4 厘米（图二五，5；图版三，3）。

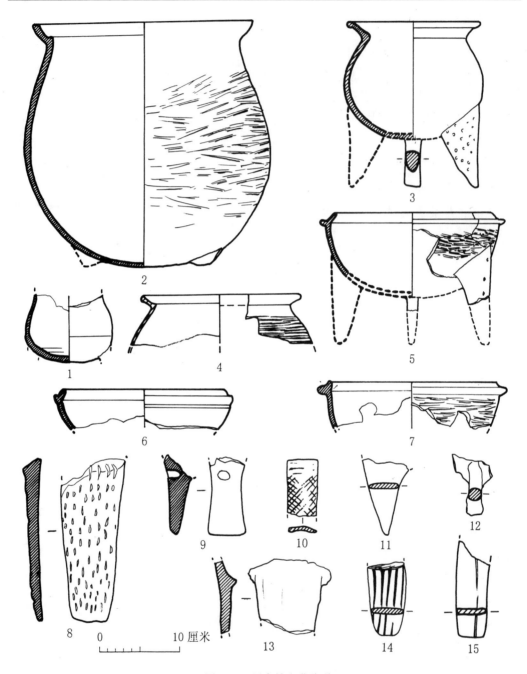

图二五　屈家岭文化陶鼎

1.B 型 H87:8　2、3.C 型 I 式 AT307⑥:25、H11:86　4.C 型 II 式 H109:20　5、6.D 型 I 式 T26④:1、AT506⑤:7　7.D 型 II 式 AT306⑫:2　8～15. 鼎足 AT607④:27、AT607⑤:3、AT409⑤:11、H71:21、H96:7、H64:33、AT506⑤:77、AT506⑤:59

标本 AT506⑤:7，夹砂黑陶。圆唇，斜弧腹残。素面。口径 21、残高 4.8 厘米（图二五，6）。

Ⅱ式 1 件。直口。标本 AT306⑫:2，夹砂黑陶。圆唇，斜弧腹残。腹饰横篮纹。口径 20.8、残高 5.6 厘米（图二五，7）。

鼎足 59 件。标本 AT607④:27，夹砂黑陶。宽扁足。饰戳印点纹（图二五，8）。标本 AT607⑤:3，夹砂红陶。凿形足面上饰一指窝纹（图二五，9）。标本 AT409⑤:11，泥质红陶。宽扁足。饰网格纹黑彩（图二五，10）。标本 H71:21，夹砂红陶。侧装扁足（图二五，11）。标本 H96:7，泥质灰陶。扁圆形凿足（图二五，12）。标本 H64:33，夹砂红陶。宽扁足。足内侧饰三道竖划纹（图二五，13）。标本 AT506⑤:77，夹砂红陶。扁足面饰竖条纹黑彩（图二五，14）。标本 AT506⑤:59，泥质红陶。扁长条形足，足外饰一道竖形刻划纹（图二五，15）。

器盖 182 件。分九型。

A 型 142 件。盖纽呈三角状。分五个亚型。

Aa 型 40 件。覆盘状，敞口。

标本 H71:29，泥质灰黑陶。斜壁内凹。素面。口径 9.6、通高 3.2 厘米（图二六，1）。标本 H88:4，泥质灰黑陶。斜弧壁微内凹。素面。口径 7.6、通高 4 厘米（图二六，2）。标本 AT507⑤:1，泥质灰陶。圆唇，斜壁。素面。口径 9、通高 4.8 厘米（图二六，3）。标本 AT607⑤:6，泥质黑陶。圆唇，斜壁，浅盘。素面。口径 6.8、通高 1.9 厘米（图二六，4）。标本 AT607⑤:4，泥质黑陶。圆唇，弧壁。素面。口径 8.2、通高 3.4 厘米（图二六，5）。

Ab 型 3 件。盖盘卷沿。

标本 AT505④:3，夹砂黑陶。尖唇，斜壁。素面。口径 9.4、通高 3.6 厘米（图二六，6）。

Ac 型 69 件。盖盘外折沿。

标本 H88:20，泥质灰陶。圆唇，斜弧壁。素面。口径 8.4、通高 3.2 厘米（图二六，7）。标本 AT507⑤:2，泥质黑陶。圆唇，弧壁，顶部内凹。口径 8.9、通高 3.6 厘米（图二六，8）。标本 AT506⑤:20，泥质黑陶。圆唇，弧壁，顶部内凹。素面。口径 8.8、通高 3.8 厘米（图二六，9）。标本 H88:17，泥质灰黄陶。圆唇，沿较宽，弧壁。素面。口径 10.8、通高 4 厘米（图二六，10）。标本 H9:12，泥质红陶。圆唇，折沿上翻，弧壁。素面。口径 9.6、通高 3.4 厘米（图二六，11）。标本 H11:64，泥质灰陶。圆唇，折沿近平，斜壁。素面。口径 9.3、通高 3.4 厘米（图二六，12；图版四，1）。标本 H22:9，泥质黑皮陶。圆唇，折沿较窄并上翻，弧壁，盘深。素面。口径 10、通高 4.4 厘米（图二六，13）。

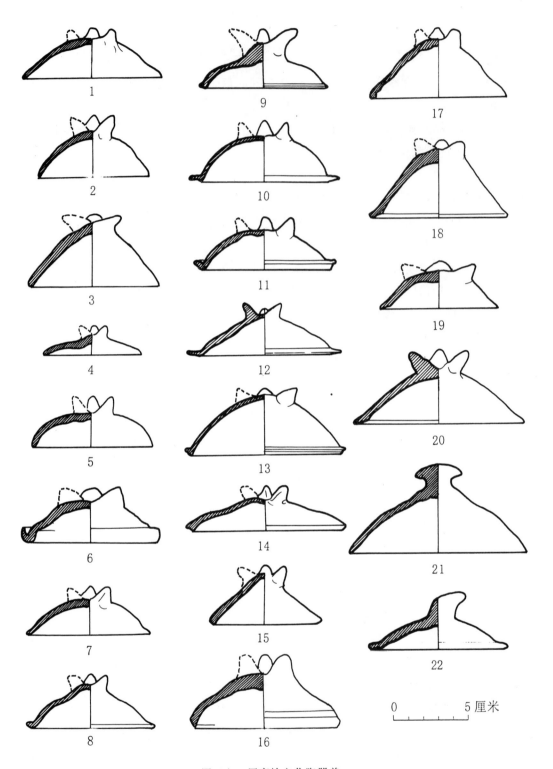

图二六　屈家岭文化陶器盖

1～5.Aa 型 H71:29、H88:4、AT507⑤:1、AT607⑤:6、AT607⑤:4　6.Ab 型 AT505④:3　7～13.Ac 型 H88:20、
AT507⑤:2、AT506⑤:20、H88:17、H9:12、H11:64、H22:9　14～16.Ad 型 H9:37、H9:8、AT607⑥:1　17～
20.Ae 型 H65:6、AT607④:1、AT507⑤:3、H11:90　21.B型Ⅰ式 H88:42　22.B型Ⅱ式 AT506⑤:28

Ad 型　12 件。盖盘敞口，斜方唇。

标本 H9：37，泥质黑皮陶。方唇上有一凹槽，斜壁内收。素面。口径 11、通高 3 厘米（图二六，14）。标本 H9：8，泥质黑陶。方唇上有一凹槽，斜壁。素面。口径 7.6、通高 3.8 厘米（图二六，15）。标本 AT607⑥：1，夹砂灰陶。弧壁。素面。口径 10、通高 4.8 厘米（图二六，16）。

Ae 型　18 件。盖盘敞口，内折沿。

标本 H65：6，泥质灰黑陶。圆唇，斜壁内凹。深盘。素面。口径 9.2、通高 4.4 厘米（图二六，17）。标本 AT607④：1，夹砂红陶。方唇，斜壁。素面。口径 9.2、通高 5.2 厘米（图二六，18）。标本 AT507⑤：3，泥质红陶。圆唇，斜壁，浅盘。素面。口径 8.1、通高 3 厘米（图二六，19）。标本 H11：90，泥质灰陶。圆唇，斜壁。素面。口径 11.6、通高 4.8 厘米（图二六，20）。

B 型　19 件。盖纽呈蘑菇形。分四式。

Ⅰ式　4 件。纽缘下垂。标本 H88：42，泥质黄陶。敞口，圆唇，斜弧壁。素面。口径 12、通高 5.8 厘米（图二六，21）。

Ⅱ式　4 件。纽略呈鸡冠状。标本 AT506⑤：28，泥质黑陶。盘为圆唇。斜壁微内曲，较浅，纽冠斜形。素面。口径 9.4、通高 3.8 厘米（图二六，22）。标本 H11：44，泥质褐陶。子母口，圆唇，斜壁内凹，较深。冠纽残。素面。口径 10.4、残高 9 厘米（图二七，1）。

Ⅲ式　10 件。纽顶外鼓，较端正。标本 AT307⑥：8，泥质红陶。子母口，斜壁。素面。口径 6.5、通高 3.2 厘米（图二七，2）。标本 T5④：13，泥质黄陶。子母口，斜壁较平，纽较高。器表涂红衣黑彩，黑彩大部分脱落。口径 3.6、通高 2.5 厘米（图二七，3）。标本 AT306⑨：13，泥质灰陶。敞口，方唇，斜弧壁。素面。口径 6.8、通高 3.4 厘米（图二七，4）。

Ⅳ式　1 件。高纽，纽顶较尖，略呈柱形。标本 T12⑦：2，泥质红陶。斜壁，方唇，较扁平。素面。口径 6.4、通高 7.4 厘米（图二七，5）。

C 型　4 件。盖纽呈塔状。分二亚型。

Ca 型　2 件。纽塔柱中空，多棱。

标本 AT607⑦：10，泥质红陶。下残。饰附加堆纹。残高 8.8 厘米（图二七，6）。标本 H64：22，泥质灰胎橙黄陶。下残。素面。残高 7 厘米（图二七，7）。

Cb 型　2 件。纽较粗大。单棱。

标本 H65：9，泥质灰胎黑陶。尖顶，实心粗纽柱。饰四个椭圆形戳印纹。残高 7.6 厘米（图二七，8）。标本 AT605⑤：82，夹砂红陶，红衣。尖顶，斜壁，盖顶内凹，盖面残。残高 6 厘米（图二七，9）。

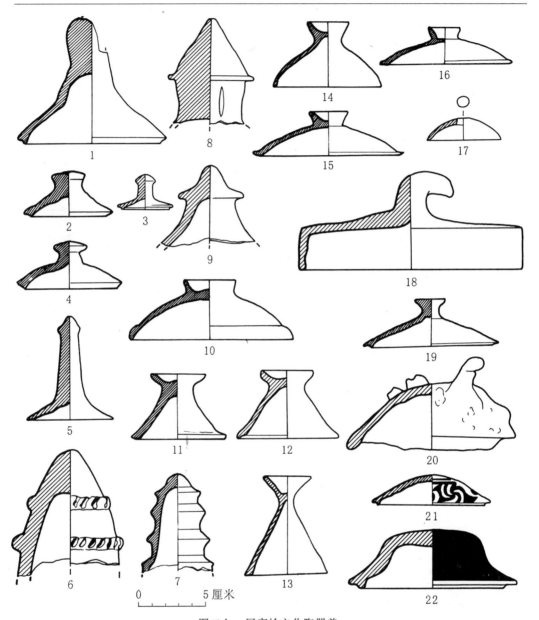

图二七　屈家岭文化陶器盖

1.B型Ⅱ式 H11:44　2~4.B型Ⅲ式 AT307⑥:8、T5④:13、AT306⑨:13　5.B型Ⅳ式 T12⑦:2　6、7.Ca型 AT607⑦:10、H64:22　8、9.Cb型 H65:9、AT605⑤:82　10.Da型 AT505③:3　11、12.Db型Ⅰ式 AT504③b:5、AT506④:3　13.Db型Ⅱ式 T21④:15　14.Dc型 AT505④:1　15、16.Dd型 H65:5、T21④:21　17.E型 H88:35　18.F型 H11:31　19.G型 H65:17　20.H型 H90③:11　21、22.Ⅰ型 H11:33、T30④:4

D型　11件。盖纽为圈形。分四个亚型。

Da型　3件。盖盘为钵形。

标本 AT505③:3，泥质磨光黑陶。厚唇，弧壁。口径 12.2、通高 4.3 厘米（图二七，10）。

Db 型　5 件。盖盘为杯形。分二式。

Ⅰ式　4 件。盖较矮宽，敞口。标本 AT504 ③ᵇ:5，泥质灰陶。厚唇，斜壁。素面。口径 7、通高 4.7 厘米（图二七，11）。标本 AT506④:3，夹细砂黑陶。斜壁。素面。口径 7.6、通高 4.9 厘米（图二七，12）。

Ⅱ式　1 件。盖瘦高。标本 T21④:15，泥质灰陶。斜壁直。素面。口径 6.2、通高 7.2 厘米（图二七，13）。

Dc 型　1 件。盖盘为碗形。

标本 AT505④:1，泥质红陶。圆唇，弧壁内收。较深。素面。口径 8、通高 4.7 厘米（图二七，14）。

Dd 型　2 件。盖盘为盘形。

标本 H65:5，泥质黑陶。敞口，卷沿，尖唇。斜弧壁，较浅。素面。口径 10.4、通高 3.1 厘米（图二七，15）。标本 T21④:21，泥质灰陶。敞口，圆唇，斜壁。素面。口径 10、通高 2.6 厘米（图二七，16）。

E 型　1 件。无纽，纽部为一圆孔。

标本 H88:35，泥质灰陶。圆唇，斜弧壁。素面。口径 5.4、通高 1.6 厘米（图二七，17）。

F 型　1 件。盖纽为弯角形。

标本 H11:31，泥质灰陶。折壁，盖面平，直口。素面。口径 15.6、通高 6.8 厘米（图二七，18；图版四，2）。

G 型　1 件。盖纽为平顶。

标本 H65:17，泥质红陶。盖盘为子母口，斜壁浅盘状。素面。口径 8.8、通高 3.4 厘米（图二七，19）。

H 型　1 件。龟状盖。

标本 H90③:11，夹砂红胎黑陶，盖为子母口，弧壁，壁上有四个捏制的泥突。整器呈龟状。盖高 4.8、通高 6.7 厘米（图二七，20；图版四，3）。

Ⅰ型　2 件。彩陶盖。

标本 H11:33，泥质灰红陶。盖盘子母口，斜弧壁，纽残。饰圆点，弧线三角纹黑彩。口径 8、残高 2.2 厘米（图二七，21）。标本 T30④:4，泥质黄陶，外施红衣。弧形顶，无纽，子母口，斜壁内凹。口径 10.4、通高 4 厘米（图二七，22；图版四，4）。

釜　2 件。较少见，分二式。

Ⅰ式　1 件。深鼓腹，折沿，沿面较宽。标本 AT307⑥:26，夹炭褐陶，质轻。方唇，有一道凹槽。最大腹径偏下，宽圜底。素面。口径 21.6、通高 22 厘米（图二八，1；图版四，5）。

Ⅱ式　1 件。鼓腹，较矮扁。折沿，沿面较窄。标本 H25：1，夹砂褐陶，陶色分布不匀。厚圆唇，内壁折沿处起凸棱，圜底。素面。口径 18.4、通高 17.6 厘米（图二八，2）。

罐　189 件。分八型。

A 型　40 件。小口，高领。分二亚型。

Aa 型　35 件。仰折沿。分二式。

Ⅰ式　8 件。领腹折角较大。沿面宽，领较高。标本 H94：12，泥质灰陶。圆唇，溜肩，弧腹深，凹底。肩饰二道附加泥条，泥条上对称压印一组按窝纹。口径 10.4、通高 18.4 厘米（图二八，3；图版五，1）。标本 AT409⑥：2，夹砂灰陶。圆唇，鼓腹残。腹饰横篮纹。口径 12.4、残高 13 厘米（图二八，4）。

Ⅱ式　27 件。领腹折角较小，沿面窄，领较短，腹较大。标本 H11：63，泥质褐陶。圆唇，鼓腹，凹底。腹饰二道凸弦纹。口径 10.8、底径 5.6、通高 18.4 厘米（图二八，5；图版五，2）。标本 H72：5，泥质灰陶。圆唇，鼓腹，下残。腹饰一组不规则凸弦纹。口径 11.2、残高 17.6 厘米（图二八，6）。标本 H11：42，泥质灰胎红陶。圆唇，鼓腹，凹底。肩饰二周凸弦纹。口径 11、底径 5.2、通高 17.2 厘米（图二八，7）。标本 AT8⑨：13，泥质灰胎黑陶。圆唇，深腹。下残。饰两组不规则划纹。口径 12.4、残高 22 厘米（图二八，8）。

Ab 型　5 件。敞口。分二式。

Ⅰ式　3 件。沿微卷。标本 G1：8，泥质黑胎灰黄陶。圆唇，腹残。口径 12、残高 6.8 厘米（图二八，9）。

Ⅱ式　2 件。唇增厚，无沿。标本 H109：9，泥质灰陶。圆唇，鼓腹残。素面。口径 12、残高 8 厘米（图二八，10）。

B 型　2 件。敛口，腹壁较直。分二式。

Ⅰ式　1 件。口沿内敛。标本 H11：40，泥质灰黄陶。整器较方正。口较大，圆唇，折肩，腹壁微弧，宽圜底，底残。饰条带及网格纹，黑彩，下腹有一周凸棱。口径 12、残高 14 厘米（图二八，11；图版五，3）。

Ⅱ式　1 件。敛口，直沿。标本 H64：20，泥质灰陶。大口，折肩，腹壁略外弧，腹较深。下腹残。肩饰二周凸弦纹并有圆形镂孔。口径 20、残高 20 厘米（图二八，12）。

C 型　60 件。大口，仰折沿。分二亚型。

Ca 型　29 件。厚唇外折。分三式。

Ⅰ式　8 件。唇部上仰，沿面曲形。标本 H64：6，泥质灰陶。厚唇边有一凹槽，

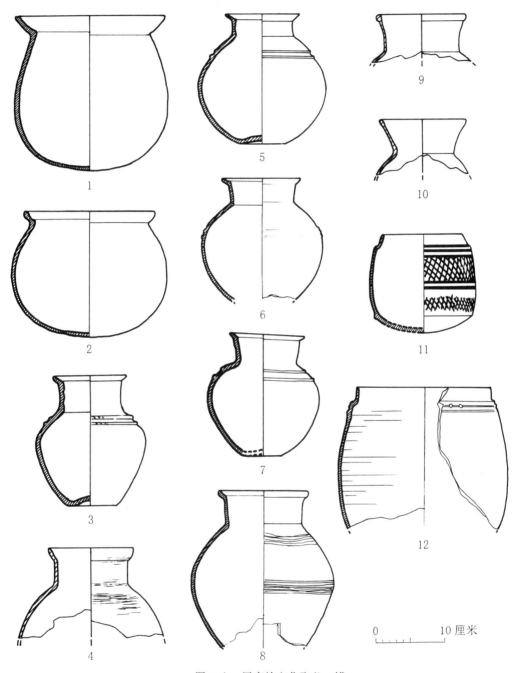

图二八　屈家岭文化陶釜、罐

1. Ⅰ式釜 AT307⑥:26　2. Ⅱ式釜 H25:1　3、4. Aa 型Ⅰ式罐 H94:12、AT409⑥:2　5～8. Aa 型Ⅱ式罐 H11:63、H72:5、H11:42、AT8⑨:13　9. Ab 型Ⅰ式罐 G1:8　10. Ab 型Ⅱ式罐 H109:9　11. B 型Ⅰ式罐 H11:40　12. B 型Ⅱ式罐 H64:20

沿、腹面折角较大，腹残。素面。口径 32、残高 7.6 厘米（图二九，1）。标本 H71：
22，夹砂灰黄陶。腹残。腹饰横篮纹。口径 24、残高 5.6 厘米（图二九，2）。

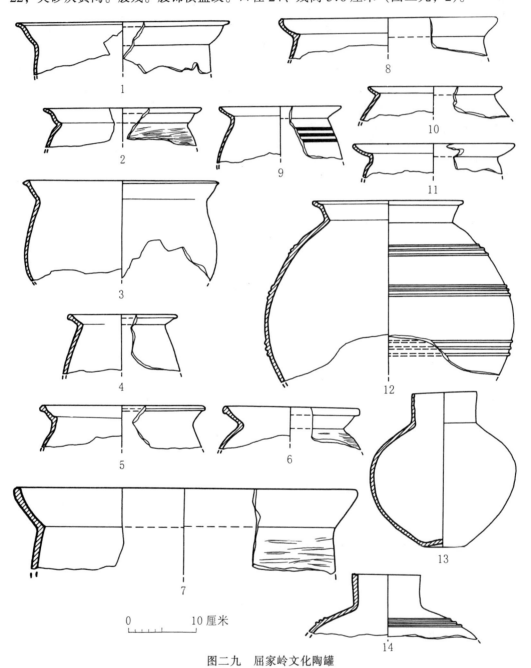

图二九　屈家岭文化陶罐

1、2.Ca 型 I 式 H64：6、H71：22　3～5.Ca 型 II 式 H64：5、H89：7、H86：9　6.Ca 型 III 式 AT306⑥：9　7～
9.Cb 型 I 式 H71：10、AT607⑦：8、H64：41　10、11.Cb 型 II 式 AT1⑤：12、H90②：6　12.D 型 H22：11
13.E 型 I 式 H72：4　14.E 型 II 式 T28⑤：11

Ⅱ式 20件。唇部下垂，沿面内弧。标本H64：5，泥质灰陶。鼓腹下残。素面。口径27.6、残高14.4厘米（图二九，3）。标本H89：7，泥质灰黑陶。鼓腹残。素面。口径16、残高8.4厘米（图二九，4）。标本H86：9，泥质灰陶。方唇，腹残。素面。口径24、残高6厘米（图二九，5）。

Ⅲ式 1件。口沿与腹壁折角较小，唇部下垂近消失。标本AT306⑥：9，泥质灰陶。厚唇，束颈，鼓腹残。腹饰横篮纹。口径18、残高6厘米（图二九，6）。

Cb型 31件。仰折沿，沿面外弧。分二式。

Ⅰ式 21件。口沿与腹壁折角大，标本H71：10，夹砂红胎黑陶。圆唇，腹残。腹饰横篮纹。口径49.6、残高12厘米（图二九，7）。标本AT607⑦：8，泥质灰陶。尖唇，腹残。素面。口径32、残高5.6厘米（图二九，8）。标本H64：41，泥质橙黄陶。圆唇，深鼓腹，下残。肩饰褐色宽带彩。口径18、残高8厘米（图二九，9）。

Ⅱ式 10件。口沿与腹壁折角小，标本AT1⑤：12，泥质灰陶。方唇，鼓腹残。素面。口径19、残高4.8厘米（图二九，10）。标本H90②：6，夹砂红陶。方唇，鼓腹残。素面。口径23.2、残高4.4厘米（图二九，11）。

D型 8件。器形较大。矮领，仰折沿。

标本H22：11，泥质灰陶。圆唇，深鼓腹残。腹饰三组凸弦纹。口径22、残高25.2厘米（图二九，12）。

E型 12件。直口，广肩。分二式。

Ⅰ式 7件。圆唇。标本H72：4，泥质灰陶。圆鼓腹，凹底。素面。口径8.8、底径6.4、通高22.4厘米（图二九，13）。

Ⅱ式 5件。斜唇，唇较厚。标本T28⑤：11，泥质灰陶。斜唇内凹。腹残。腹饰三周凸弦纹。口径9.6、残高9.2厘米（图二九，14）。

F型 4件。为小型罐，小口，束颈。

标本H88：39，泥质黑陶。尖唇，鼓腹，底残。素面。口径4.6、残高5厘米（图三〇，1）。标本AT409⑥：15，泥质橙黄陶。敞口，尖唇，鼓腹微扁，凹底。颈与上腹先施两条红彩带，口及腹部后施黑彩，口沿内侧施一条黑彩带。口径3.2、底径3、通高4.5厘米（图三〇，2）。

G型 55件。为小型罐。敞口，窄腹，内凹底。分二式。

Ⅰ式 25件。束颈，鼓腹。标本AT606④：4，泥质红陶。尖唇，微束颈，底内凹明显。素面。口径8.8、底径4.3、通高9.3厘米（图三〇，3）。标本H86：1，泥质灰黄陶。尖唇，沿微曲，鼓腹微折，底较窄。素面。口径9.6、底径4、通高10.2厘米（图三〇，4；图版五，4）。

Ⅱ式 30件。颈不明显，腹壁较直。标本H11：6，泥质橙红陶。圆唇，颈部微内弧。素面。口径8.8、通高9.6厘米（图三○，5）。标本 AT506⑤：19，泥质红陶。圆唇，颈部微内弧。素面。口径10.2、通高10.2厘米（图三○，6）。标本 H88：6，泥质黄陶。尖唇，腹近直，近方体。素面。口径8.8、底径4、通高10.8厘米（图三○，7）。标本 H9：16，泥质橙红陶。圆唇，底较窄。素面。口径10、通高12厘米（图三○，8）。

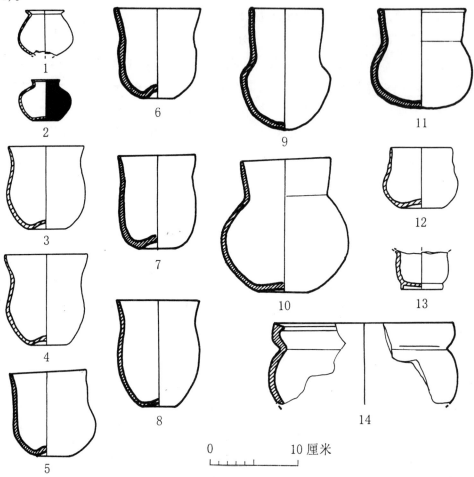

图三○　屈家岭文化陶罐

1、2.F型 H88：39、AT409⑥：15　3、4.G型Ⅰ式 AT606④：4、H86：1　5～8.G型Ⅱ式 H11：6、AT506⑤：19、H88：6、H9：16　9～11.H型Ⅰ式 AT506⑤：10、H61：5、H11：15　12.H型Ⅱ式 H26：2　13、14.特殊小罐 AT506③：5、AT504 ③a：9

H型　6件。为小罐。高领，鼓腹。分二式。

Ⅰ式　4件。领较高。标本 AT506⑤：10，泥质红陶。直口，圆唇，最大腹径偏上，圜底。素面。口径8.4、通高13.6厘米（图三○，9）。标本 H61：5，泥质橙黄陶。圆唇，腹较宽，凹底。素面。口径10.4、底径6、通高15.2厘米（图三○，10；图版六，

1）。标本 H11：15，泥质灰陶。圆唇，腹较扁，圜底。素面。口径 9.2、通高 11.2 厘米（图三〇，11）。

Ⅱ式　2 件。领较矮，肩不明显，弧腹。标本 H26：2，夹砂褐陶。圆唇，领部两道凹槽，腹较宽扁，凹底。素面。口径 7.2、底径 4.8、通高 6.8 厘米（图三〇，12）。

特殊小罐　2 件。

标本 AT506③：5，泥质磨光黑陶。口残，腹较直，圜底矮圈足。素面。底径 4.8、残高 4.4 厘米（图三〇，13）。标本 AT504 ③a：9，夹砂红陶。大口，沿面内折，唇厚，束颈。扁鼓腹，底残。素面。口径 21.2、残高 8.8 厘米（图三〇，14）。

壶形器　61 件。分二型。

A 型　22 件。鼓腹。最大腹径在中部。分四式。

Ⅰ式　5 件。腹较鼓。标本 T36⑥：4，泥质红陶。直口，尖唇，圈足残。饰条带纹组成的黑彩图案。口径 8.8、残高 12.4 厘米（图三一，1）。标本 H27：1，泥质红陶。口残，矮圈足。饰网格纹黑彩。底径 5.6、残高 9.2 厘米（图三一，2）。

Ⅱ式　5 件。鼓腹中部有凸棱。标本 H11：67，泥质黄陶，红衣。直口，圆唇，喇叭形圈足。口径 8.8、底径 9.6、通高 18 厘米（图三一，3）。

Ⅲ式　2 件。腹扁。标本 H71：7，泥质黄陶。直口，圆唇。圈足残。素面。口径 8.8、残高 13.6 厘米（图三一，4）。

Ⅳ式　10 件。折腹。标本 H47：11，泥质红陶。敞口，圆唇，长颈，高圈足。素面。口径 8.4、底径 8、通高 20 厘米（图三一，5；图版六，2）。标本 AT508⑤：4，泥质黄陶。直口，圆唇，粗颈，矮圈足。器身涂红衣，颈施弧线黑彩，黑彩已部分脱落。口径 8、底径 4.8、通高 12 厘米（图三一，6）。

B 型　13 件。鼓肩，最大腹径在腹上部。分四式。

Ⅰ式　5 件。弧肩。标本 H11：66，泥质黄陶。直口，矮圈足。黑彩已脱落。口径 8、底径 5.6、通高 14.8 厘米（图三一，7）。标本 H11：71，泥质黄陶，红衣。直口，圆唇，圈足残。饰网格纹黑彩。口径 8.8、残高 16 厘米（图三一，8；图版六，3）。标本 H11：74，泥质黄陶，红衣。直口，圈足残。施水波纹和网格纹黑彩。直口，圈足残。口径 8.8、残高 12 厘米（图三一，9）。

Ⅱ式　5 件。肩近平。标本 H11：69，泥质黄陶。直口，圆唇，弧腹，矮圈足。饰网格纹黑彩。口径 8.8、底径 6.4、通高 16 厘米（图三一，10；彩版三，1；图版六，4）。

Ⅲ式　1 件。肩平，腹扁。标本 AT506⑤：66，泥质红陶。直口，圆唇，矮圈足。素面。口径 9.6、底径 7.6、通高 14.8 厘米（图三一，11）。

Ⅳ式　2 件。平肩微折，下腹壁内斜。标本 AT409⑤：6，泥质红陶。口与圈足残。饰条带和网格纹黑彩。残高 10 厘米（图三一，12）。标本 AT6⑫：37，泥质红胎黑陶。

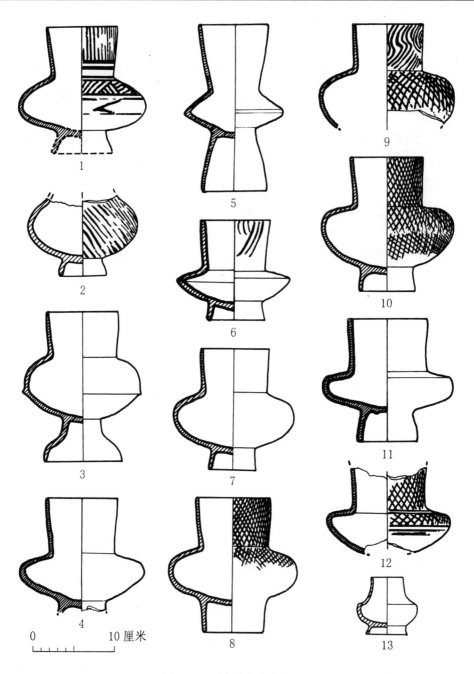

0　　　　　　　　10 厘米

图三一　屈家岭文化陶壶形器

1、2.A型Ⅰ式 T36⑥:4、H27:1　3.A型Ⅱ式 H11:67　4.A型Ⅲ式 H71:7　5、6.A型Ⅳ
式 H47:11、AT508⑤:4　7~9.B型Ⅰ式 H11:66、H11:71、H11:74　10.B型Ⅱ式 H11:
69　11.B型Ⅲ式 AT506⑤:66　12、13.B型Ⅳ式 AT409⑤:6、AT6⑫:37

口微敛，直沿，圆唇，肩、腹之间有折棱。矮圈足。素面。口径 3.8、底径 5.4、通高 6.8 厘米（图三一，13）。

彩陶壶形器残片　26 件。多为条带和弧线、弧线之角。多饰网格纹黑彩，少量红彩。

标本 T5⑦:17，泥质黄陶（图三二，1）。标本 AT9⑧:9，泥质橙黄陶，涂红衣。饰条带和弧线褐彩（图三二，2）。标本 T5④:11，泥质红陶，饰黑彩（图三二，3）。标本 H64:24，泥质黑胎红陶，饰红彩（图三二，4）。标本 T5⑥:20，泥质黄陶，饰黑彩（图三二，5）。标本 T5⑥:30，泥质黄陶，饰黑彩（图三二，6）。

杯　99 件。分六型。

A 型　51 件。敞口，凹底或平底。分二亚型。

Aa 型　31 件。斜壁。分四式。

Ⅰ 式　14 件。口大，通体宽。标本 AT304⑤:1，泥质红陶。圆唇，薄胎，底残。内腹饰圆点、弧线之角和条带纹组成的黑彩图案。口径 11、残高 5.4 厘米（图三三，1）。标本 AT409⑥:1，泥质红陶。圆唇，底微凹。饰条带及十字纹黑彩。口径 10.6、

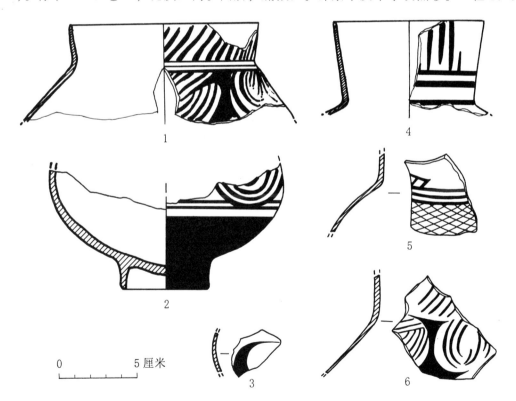

图三二　屈家岭文化彩陶壶形器残片

1.T5⑦:17　2.AT9⑧:9　3.T5④:11　4.H64:24　5.T5⑥:20　6.T5⑥:30

底径 5.2、通高 8.2 厘米（图三三，2）。标本 H11：16，泥质黄陶，红衣。尖唇，凹底。器表刷一层黑彩，内施条带及弧线之角纹黑彩。口径 8.8、底径 5.2、通高 6.2 厘米

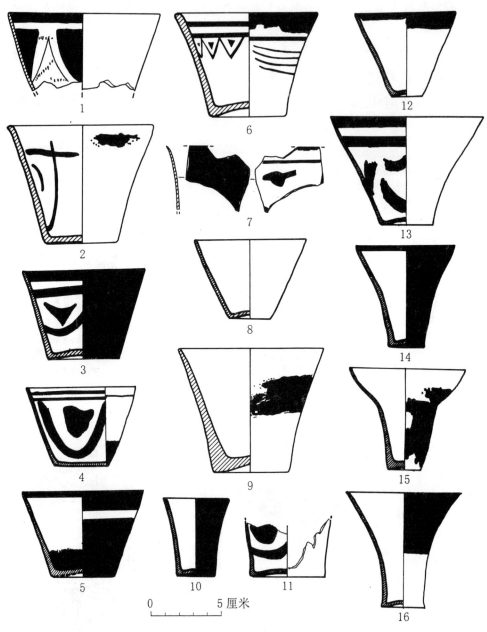

图三三　屈家岭文化陶杯

1~6.Aa 型Ⅰ式 AT304⑤:1、AT409⑥:1、H11:16、H11:2、H22:14、AT508④:5　7、8.Aa 型Ⅱ式 T5⑦:19、H9:17　9.Aa 型Ⅲ式 AT306⑧:1　10.Aa 型Ⅳ式 T11⑧:10　11~13.Ab 型Ⅰ式 H88:22、H88:13、T21④:23　14.Ab 型Ⅱ式 T11⑧:11　15、16.Ab 型Ⅲ式 AT1⑤:8、T21④:18

（图三三，3；图版七，1）。标本 H11：2，泥质红陶，尖唇，平底。饰条带、弧线及弧线之角纹黑彩。口径8、底径4、通高5.6厘米（图三三，4；彩版三，2；图版七，2）。标本 H22：14，泥质陶，颜色上红下灰。尖唇，底微凹。饰红衣黑条带纹彩。口径8.8、底径4.4、通高6厘米（图三三，5）。标本 AT508④：5，泥质灰陶，红衣，薄胎。尖唇，凹底。器表刷黑彩，口沿内壁有条带和弧线之角纹彩。口径10.4、底径5.6、通高7.2厘米（图三三，6）。

Ⅱ式　14件。大口，底径较小，通体高于Ⅰ式。标本 T5⑦：19，泥质橙黄陶，外刷黑衣，内饰黑彩（图三三，7）。标本 H9：17，泥质红陶。尖唇，凹底。素面。口径8、底径3.2、通高5.5厘米（图三三，8；图版七，3）。

Ⅲ式　2件。口较大，通体较高。标本 AT306⑧：1，泥质红陶。尖唇，凹底。器表施黑衣，大部分已脱落。口径10.4、底径5.5、通高8.5厘米（图三三，9）。

Ⅳ式　1件。胎较厚，壁较直，通体较高。标本 T11⑧：10，泥质红陶，器表涂红衣。圆唇，底内凹。口径4.8、底径2.8、通高5.4厘米（图三三，10）。

Ab型　20件。内弧壁，略呈喇叭状。分三式。

Ⅰ式　6件。大口，腹壁微内弧。标本 H88：22，泥质红陶。口残，凹底。内涂灰彩。底径5.2、残高4厘米（图三三，11）。标本 H88：13，泥质橙红陶。方唇，凹底。器表上部及口沿内涂黑衣。口径6.8、底径2.4、通高5.8厘米（图三三，12）。标本 T21④：23，泥质橙黄陶。尖唇，凹底，薄胎。内壁饰条带及弧线纹黑彩。口径11、底径3.8、通高7.5厘米（图三三，13）。

Ⅱ式　9件。弧壁内收，通体较长。标本 T11⑧：11，泥质橙黄陶。底微凹。器表及口沿内壁饰红衣。口径7.2、底径2.6、通高7厘米（图三三，14）。

Ⅲ式　5件。下腹内弧成近直壁。标本 AT1⑤：8，泥质橙黄陶，红衣。尖唇，底微凹。口径8、底径2.4、通高7厘米（图三三，15）。标本 T21④：18，泥质红陶。尖唇，凹底。器表饰宽带黑彩。口径8.4、底径3.2、通高8厘米（图三三，16）。

B型　7件。敞口。圈足。分三式。

Ⅰ式　1件。粗圈足，壁直。标本 H88：29，泥质黑陶。口残，矮圈足。素面。底径5.6、残高5.8厘米（图三四，1）。

Ⅱ式　5件。圈足较细，壁斜。标本 AT404⑥：5，泥质磨光黑陶。圆唇。口径4.7、底径3、通高5厘米（图三四，2；图版七，4）。标本 T26⑤：3，泥质黑陶。尖唇，薄胎，斜壁内收。外施黑衣。圈足饰五个不规则形镂孔。口径9.6、底径5.6、通高10厘米（图三四，3；图版八，1）。

Ⅲ式　1件。圈足细，有柄。标本 T33⑤：1，泥质红陶，施褐色陶衣。圆唇，斜直壁，矮圈足起突棱。口径5.8、底径4、通高9厘米（图三四，4；图版八，2）。

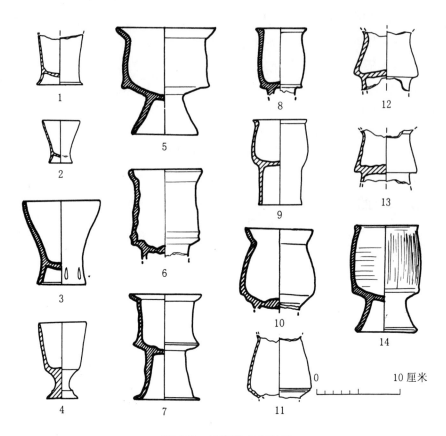

图三四　屈家岭文化陶杯

1.B型Ⅰ式 H88:29　2、3.B型Ⅱ式 AT404⑥:5、T26⑤:3　4.B型Ⅲ式 T33⑤:1　5.Ca
型Ⅰ式 H75:2　6、7.CaⅡ式 H65:14、T33⑨:1　8、9.Ca型Ⅲ式 H47:10、T6④:20
10、11.Cb型Ⅰ式 AT404⑥:1、H76:5　12、13.Cb型Ⅱ式 AT506⑤:48、AT6⑫:17
14.Cc型 AT606③:10

C型　29件。仰折沿，高圈足。分三亚型。

Ca型　12件。直口，口径较大。分三式。

Ⅰ式　4件。弧腹。圜底。标本 H75:2，泥质红陶。尖唇，弧腹下部有一周凸棱，
喇叭形圈足。素面。口径12、底径8、通高12.4厘米（图三四，5）。

Ⅱ式　6件。弧腹近直，底微圜。标本 H65:14，泥质灰黑陶。圆唇，圈足残，下
腹有二周凸弦纹。口径8、残高10.4厘米（图三四，6）。标本 T33⑨:1，泥质灰陶。
圆唇，喇叭形高圈足，折腹处有一周凸棱。素面。口径8.8、底径8.4、通高12.4厘米
（图三四，7；图版八，3）。

Ⅲ式　2件。底平。标本 H47:10，泥质灰黑陶。圆唇，圈足残。素面。口径6、残
高8厘米（图三四，8）。标本 T6④:20，泥质灰陶。圆唇。圈足直，呈筒形。素面。口

径6.4、底径4.8、通高10厘米（图三四，9；图版八，4）。

Cb型 16件。敛口，口径较小。分二式。

Ⅰ式 12件。弧腹下垂，圜底。标本AT404⑥:1，泥质灰陶，圆唇，束颈，圈足残。素面。口径8、残高9.4厘米（图三四，10）。标本H76:5，泥质灰陶。口与圈足均残。下腹饰二周凸弦纹。残高7厘米（图三四，11）。

Ⅱ式 4件。斜腹，平底。标本AT506⑤:48，夹砂红胎黑陶。口、圈足残。素面。残高6.8厘米（图三四，12）。标本AT6⑫:17，泥质深灰陶。口、圈足残。素面。残高6厘米（图三四，13）。

Cc型 1件。

标本AT606③:10，泥质红陶。弧腹微折，圜底。喇叭形圈足。腹饰竖向刻划纹。口径7.4、底径7.6、通高12.6厘米（图三四，14；图版九，1）。

D型 4件。篓形杯。分三式。

Ⅰ式 1件。深鼓腹，厚唇。标本H11:24，泥质黑陶，涂黑衣。方唇上有一凹槽。矮圈足上饰五个三角形镂孔。口径10、底径6.8、通高11.6厘米（图三五，1；图版九，2）。

Ⅱ式 2件。深腹，腹壁较直。标本T26⑤:4，泥质黑陶。圆唇。涂黑衣。下腹饰二周凸弦纹。圈足上饰五个三角形镂孔。口径8.8、底径6.4、通高10.8厘米（图三

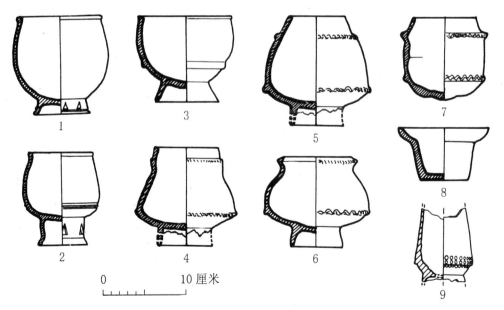

图三五 屈家岭文化陶杯

1.D型Ⅰ式H11:24 2.D型Ⅱ式T26⑤:4 3.D型Ⅲ式AT508④:4 4～7.E型H11:68、H11:67、H11:120、H73:12 8.F型T307⑤:2 9.残杯AT6⑬:12

五，2；图版九，3）。

Ⅲ式 1件。斜弧腹，腹较浅。标本AT508④:4，泥质黄陶，施红衣。口微残，下腹有一道折棱，矮圈足。口径11.2、底径7.6、残高10.2厘米（图三五，3）。

E型 6件。敛口。

标本H11:68，泥质红陶。圆唇，鼓腹略扁。圈足残。饰附加堆纹。口径7.2、残高9.2厘米（图三五，4；图版九，4）。标本H11:67，泥质红陶。圆唇，垂腹，圈足残。腹部上、下饰两道附加堆纹。口径6.4、残高10厘米（图三五，5；图版一〇，1）。标本H11:120，泥质橙黄陶。圆唇，束颈，鼓腹，矮圈足。饰附加堆纹。口径8.4、底径6.4、通高10.8厘米（图三五，6）。标本H73:12，泥质红陶。圆唇，深弧腹，圈足残。口径8、残高9.6厘米（图三五，7）。

F型 1件。曲腹。

标本AT307⑤:2，泥质红陶。器形较矮扁。敞口，圆唇，平底。素面。口径11.2、底径5.9、通高6.2厘米（图三五，8）。

另有一杯，残。标本AT6⑬:12，泥质灰胎黑陶。口残，弧腹下垂，圈足残。腹饰三周圆圈纹。残高8.8厘米（图三五，9）。

碗 102件。分六型。

A型 40件。双腹。分二亚型。

Aa型 28件。敞口，圈足较矮。素面。分三式。

Ⅰ式 20件。双腹明显。圆唇，圈足较矮小。标本AT506⑤:65，泥质黑陶。圆唇，矮圈足。口径21.4、底径8、通高10.4厘米（图三六，1）。标本H23:1，泥质灰陶。口径21.6、底径8.8、通高10厘米（图三六，2；图版一〇，2）。标本H72:3，泥质灰胎黑皮陶。口径21.6、底径7.2、通高9.2厘米（图三六，3；图版一〇，3）。

Ⅱ式 7件。双腹较明显，圆唇，矮圈足。标本H11:48，泥质灰陶。口径19.2、底径7.2、通高9.6厘米（图三六，4；图版一〇，4）。标本AT506④:2，泥质灰陶。口径22、底径7.6、通高10厘米（图三六，5）。

Ⅲ式 1件。双腹几乎消失。标本T26⑤:1，泥质灰陶。圆唇，圈足略高。口径19.2、底径7.2、通高10厘米（图三六，6；图版一〇，5）。

Ab型 12件。圈足较瘦高，上腹呈宽沿状，腹部饰附加堆纹。分二式。

Ⅰ式 11件。腹深。标本H22:1，泥质红陶。上腹外侈并内凹，尖唇，圈足较矮。口径14、底径7.2、通高9.7厘米（图三六，7）。标本H90②:10，泥质红陶。上腹外侈并内凹，圆唇，腹较小，喇叭形圈足。器形不规整。口径13.6、底径8、通高10.4厘米（图三六，8）。标本H112:3，泥质红陶。口及圈足残，残高7厘米（图三六，9）。

Ⅱ式 1件，腹浅，似双腹。标本H11:28，泥质红陶。圆唇，圈足残。口径14.4、

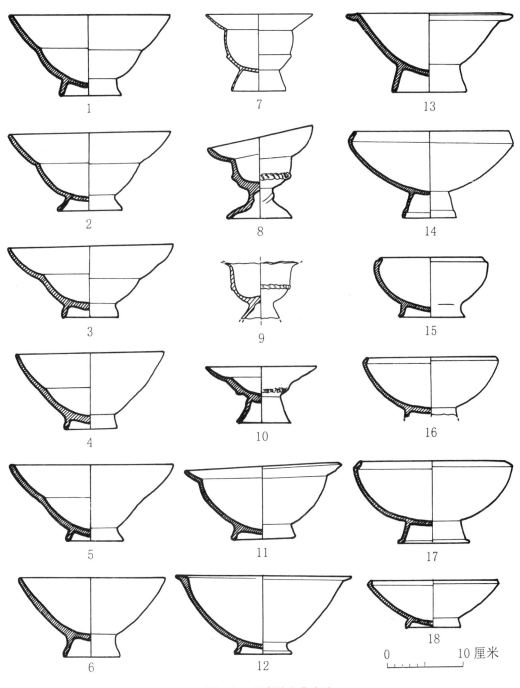

图三六 屈家岭文化陶碗

1~3.Aa 型 I 式 AT506⑤:65、H23:1、H72:3 4、5.Aa 型 II 式 H11:48、AT506④:2 6.Aa 型 III 式 T26
⑤:1 7~9.Ab 型 I 式 H22:1、H90②:10、H112:3 10.Ab 型 II 式 H11:28 11.B 型 I 式 H88:3 12.B 型
II 式 T34④:15 13.B 型 III 式 AT506③:4 14~17.C 型 I 式 T34⑤:8、AT505⑤:2、H11:61、H112:19
18.C 型 II 式 H66:1

高 7.2 厘米（图三六，10；图版一○，6）。

B 型　3 件。折沿，斜弧腹，矮圈足。分三式。

Ⅰ式　1 件。仰折沿，腹深。标本 H88：3，泥质灰红陶。方唇，素面。口径 20、底径 8、通高 9.2 厘米（图三六，11）。

Ⅱ式　1 件。仰折沿近平，腹较深。标本 T34④：15，泥质黑陶。沿面上有两周凹槽，圆唇，斜弧腹，圈足，径较小。素面。口径 22.8、底径 7.2、通高 10 厘米（图三六，12）。

Ⅲ式　1 件。仰折沿近平，腹较浅。标本 AT506③：4，夹细砂灰陶。圆唇，斜腹，圈足较高大。素面。口径 22.4、底径 10、通高 10 厘米（图三六，13）。

C 型　12 件。敛口。分二式。

Ⅰ式　7 件。敛口内折。标本 T34⑤：8，泥质灰陶。尖唇，斜弧壁，圈足径较小。素面。口径 22、底径 7.2、通高 11 厘米（图三六，14）。标本 AT505⑤：2，泥质黑陶。圆唇，斜弧壁，矮圈足，圈足径较大。素面。口径 13.8、底径 8.8、通高 7.6 厘米（图三六，15）。标本 H11：61，泥质红胎黑皮陶。圆唇，圈足残。素面。口径 17.6、残高 7.6 厘米（图三六，16）。标本 H112：19，泥质灰陶。斜弧腹，圈足稍高。素面。口径 21.2、底径 9.6、通高 10.4 厘米（图三六，17；图版一一，1）。

Ⅱ式　5 件。口微敛，整器矮扁。标本 H66：1，泥质灰黑陶。斜直壁。矮圈足。素面。口径 16.8、底径 7.2、通高 6 厘米（图三六，18；图版一一，2）。

D 型　24 件。卷沿，弧壁，矮圈足。分三式。

Ⅰ式　11 件。卷沿下垂。标本 H61：1，泥质黑陶。沿面内凹，腹饰三周凸弦纹。口径 16、底径 7.6、通高 8.8 厘米（图三七，1）。标本 H9：19，泥质红胎黑皮陶，尖唇。斜弧腹。素面。口径 18、底径 9.2、通高 7 厘米（图三七，2；图版一一，3）。标本 H22：12，泥质黑陶。斜弧壁，圈足矮。素面。口径 16、底径 6.4、通高 5.6 厘米（图三七，3；图版一一，4）。

Ⅱ式　10 件。卷沿较明显，沿面近平。标本 T12⑧：31，泥质灰陶。敞口，平沿内凹。素面。口径 17.6、底径 7.2、通高 9.6 厘米（图三七，4）。标本 H47：5，泥质红胎黑皮陶。敞口，尖圆唇。圈足矮，腹饰零星篮纹。口径 16.8、底径 7.6、通高 8.6 厘米（图三七，5；图版一一，5）。

Ⅲ式　3 件。微卷沿。标本 AT408⑤：2，泥质黑陶。敞口，圆唇。素面。口径 18.8、底径 8.8、通高 9.6 厘米（图三七，6）。

E 型　1 件。敞口，腹较浅，矮圈足。

标本 AT505④：2，泥质磨光黑陶。尖唇，斜弧腹。素面。口径 9.5、底径 3.8、通高 3.1 厘米（图三七，7）。

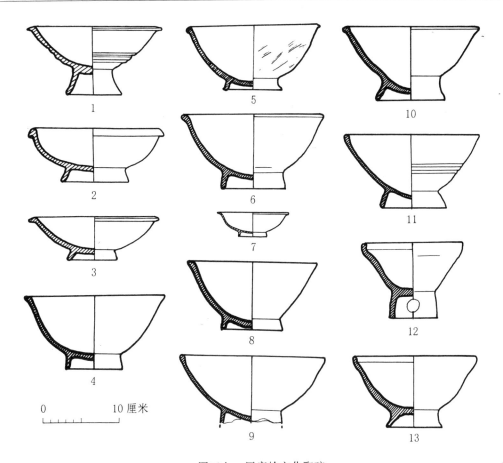

图三七 屈家岭文化陶碗

1~3.D 型Ⅰ式 H61:1、H9:19、H22:12 4、5.D 型Ⅱ式 T12⑧:31、H47:5 6.D 型Ⅲ式
AT408⑤:2 7.E 型 AT505④:2 8、9.F 型Ⅰ式 AT506⑤:18、AT605③:5 10、11.F 型
Ⅱ式 H25:4、T27④:39 12、13.F 型Ⅲ式 AT408⑤:3、H25:5

F 型 21 件。斜壁，唇部内折。分三式。

Ⅰ式 15 件。唇部微内折。标本 AT506⑤:18，夹细砂灰陶。尖唇，矮圈足。素面。口径 17.2、底径 8、通高 8.8 厘米（图三七，8）。标本 AT605③:5，夹砂灰陶。圆唇，圈足残。素面。口径 19.6、残高 8.7 厘米（图三七，9）。

Ⅱ式 4 件。唇部内折较明显。标本 H25:4，泥质灰陶。方唇，矮圈足外撇。素面。口径 17.6、底径 8.8、通高 9.6 厘米（图三七，10）。标本 T27④:39，泥质黑陶。厚圆唇，矮圈足外撇。腹饰四道凹弦纹。口径 18.4、底径 8.8、通高 9.6 厘米（图三七，11）。

Ⅲ式 2 件。唇部内折成直口。标本 AT408⑤:3，夹砂红陶，红衣大部脱落。圆唇，斜腹，平底，矮圈足。圈足上饰圆形镂孔。口径 14、底径 6.2、通高 10 厘米（图三七，12）。标本 H25：5，泥质灰陶。圆唇，斜腹，平底，矮圈足。素面。口径 16.4、底径 7.6、通高 9.2 厘米（图三七，13）。

另有一件形制特殊的碗。标本 AT606④：3，泥质褐陶。口残，折腹，矮圈足，腹部及圈足饰平行弦纹和戳印纹。口径 8、底径 5.4、通高 3.4 厘米（图三八，1）。

彩陶碗圈足　58 件。

标本 H11：109，泥质黄陶，圈足上饰红衣和条带菱形纹黑彩（图三八，2）。标本 H71：42，泥质黄陶，器表涂红衣，碗底饰黑彩（图三八，3）。标本 H71：43、H71：52、H71：53，碗底均饰黑彩（图三八，4～6）。

黑彩碗片　2 件。

标本 H65：33，泥质灰胎黄陶，饰方格纹彩（图三八，7）。标本 H71：54，泥质黄陶，饰圆点方格纹彩（图三八，8）。

豆　17 件。分五型。

A 型　10 件。双腹。分二式。

Ⅰ式　6 件。双腹明显，腹深。标本 H26：3，泥质红陶，施红衣，口微敛，圆唇，圈足残。口径 16、残高 8 厘米（图三九，1）。标本 H94：1，泥质灰陶。圆唇，矮圈足，圈足饰圆形镂孔和盲孔。口径 21.6、底径 11.2、通高 13.2 厘米（图三九，2；图版一二，1）。标本 H11：70，泥质黑陶。圆唇，高圈足。圈足饰三组圆形镂孔。口径 20.8、底径 11.2、通高 14.8 厘米（图三九，3）。标本 H71：1，泥质灰黑陶。圆唇厚，圈足残。腹饰一周凸弦纹，圈足上饰圆形镂孔。口径 20、残高 12.4 厘米（图三九，4）。

Ⅱ式　4 件。双腹较明显，腹浅。标本 H65：3，泥质灰黑陶。圆唇，高圈足残。腹饰一周凸弦纹，圈足上饰圆形镂孔。口径 22.4、残高 12.4 厘米（图三九，5）。标本 AT508④：6，泥质黑陶。尖唇，圈足外撇。腹饰一周凸弦纹。圈足饰三组圆形镂孔。每组两排，每排两孔，组与组之间有一圆形镂孔。口径 20、底径 12、通高 13.2 厘米（图三九，6）。标本 AT508⑤：5，泥质灰陶。圆唇，圈足外撇。腹饰一周凸弦纹，圈足饰两组圆形镂孔，每组各四孔。口径 17.2、底径 9.2、通高 8.8 厘米（图三九，7）。标本 AT508④：2，泥质灰陶，圆唇，圈足外撇。腹饰一周凸弦纹，圈足饰三组圆形镂孔，分别为一、五、八孔。口径 20.8、底径 12.4、通高 10 厘米（图三九，8；图版一二，2）。

B 型　1 件。敛口。

标本 H22：2，泥质灰陶。尖唇，斜弧腹，高圈足，底沿外折。圈足上饰三组圆形镂孔。口径 19.5、底径 11.2、通高 12 厘米（图三九，9；图版一二，3）。

C 型　2 件。折沿，斜弧腹。分二式。

Ⅰ式　1 件。外折沿，腹较深。标本 AT506⑤：81，夹砂灰黑陶。尖唇，圈足残。腹饰四道凸弦纹。口径 26、残高 11.4 厘米（图三九，10）。

Ⅱ式　1件。腹较浅。标本 AT506④：4，夹细砂灰陶。方唇内凹。喇叭形圈足，下腹饰一组凸棱。口径 22.8、底径 14、通高 14 厘米（图三九，11）。

D型　1件。卷沿，高圈足。

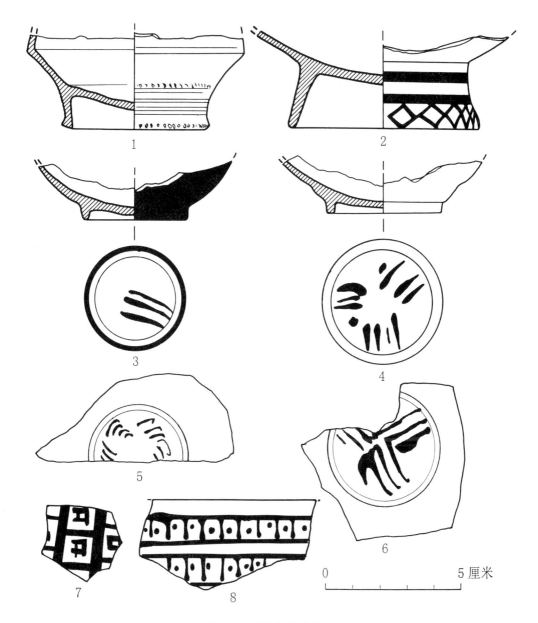

图三八　屈家岭文化陶碗

1. 特殊陶碗 AT606④：3　2～6. 彩陶碗圈足 H11：109、H71：42、H71：43、H71：52、H71：53

7、8. 黑彩碗片 H65：33、H71：54

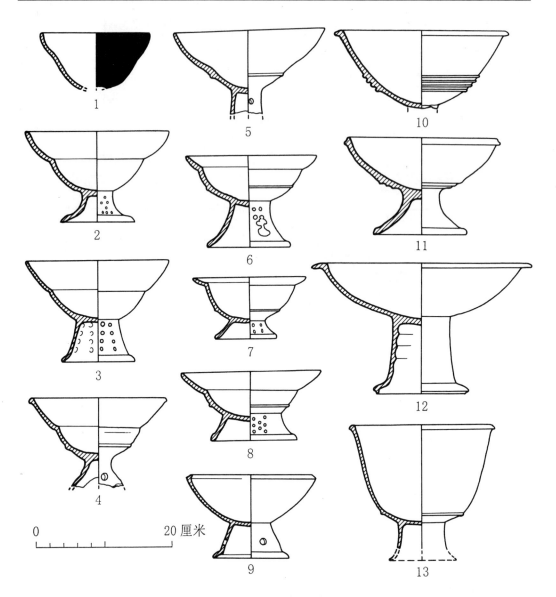

图三九　屈家岭文化陶豆

1～4.A 型 I 式 H26:3、H94:1、H11:70、H71:1　5～8.A 型 II 式 H65:3、AT508④:6、AT508⑤:
5、AT508④:2　9.B 型 H22:2　10.C 型 I 式 AT506⑤:81　11.C 型 II 式 AT506④:4　12.D 型 H47:
8　13.E 型 T21④:20

　　标本 H47:8，泥质灰陶。敞口，圆唇，斜弧壁，高圈足内折。素面。口径 28、底径 13.6、通高 19 厘米（图三九，12；图版一二，4）。

　　E 型　3 件。深腹。

　　标本 T21④:20，泥质灰陶。方唇，圈足残。下腹饰一周泥条附加堆纹。口径

21.6、残高 14 厘米（图三九，13）。

豆圈足　75 件。

标本 AT8⑧：39，泥质灰陶。圈足上饰圆形镂孔四个，并间饰指甲形戳印纹四组，每组两个（图四〇，1）。标本 H96：5，泥质灰黑陶。圈足较矮。圈足上饰三组圆形镂孔，每组五个。底径 9.2 厘米（图四〇，2）。标本 T36⑥：5，泥质黑陶。饰圆形镂孔和"Ⅴ"形划纹（图四〇，3）。标本 H88：12，泥质灰胎黑陶。饰三组圆形镂孔，每组两个，组之间饰月牙形戳印纹（图四〇，4）。标本 AT605 ②b：9，泥质灰陶。圈足较高。饰圆形镂孔和戳印纹（图四〇，5）。标本 AT409⑥：4，泥质黑陶。饰圆形镂孔（图四〇，6）。标本 AT506⑤：4，泥质黑陶。饰长条形戳印纹（图四〇，7）。

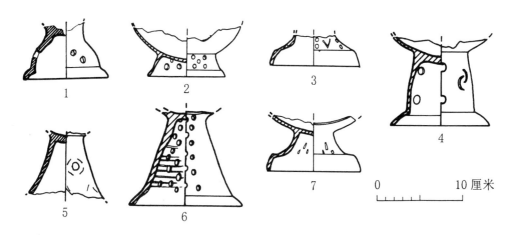

图四〇　屈家岭文化陶豆圈足

1.AT8⑧：39　2.H96：5　3.T36⑥：5　4.H88：12　5.AT605 ②b：9　6.AT409⑥：4　7.AT506⑤：4

筒形器　32 件。分五型。

A 型　3 件。瘦长，弧形封顶，直壁。

标本 H28：10，泥质褐红陶。底部直口，平沿。器身上有圆形镂孔。口径 13.6、通高 71.2 厘米（图四一，1；彩版四）。标本 AT607④：39，泥质红陶。顶残，底部直口，平沿。器身上有三个圆形镂孔。口径 16、残高 61.6 厘米（图四一，2）。标本 AT607④：40，泥质红陶。顶残。底部器型略外撇，直口，平沿。器身上饰一个圆形镂孔。口径 14.4、残高 48 厘米（图四一，3）。

B 型　2 件。瘦长，弧形封顶，器身中部呈球状外鼓。

标本 AT301④F：11，泥质红陶。底部直口，斜唇内凹。上部筒身饰二个圆形镂孔，中部球体上布满乳钉，下部筒身外表有六周附加堆纹。口径 17.6、中腹径 20.8、通高 94 厘米（图四二，1；彩版五）。标本 H28：4，泥质红陶。形体较大。口径 19.2、中腹

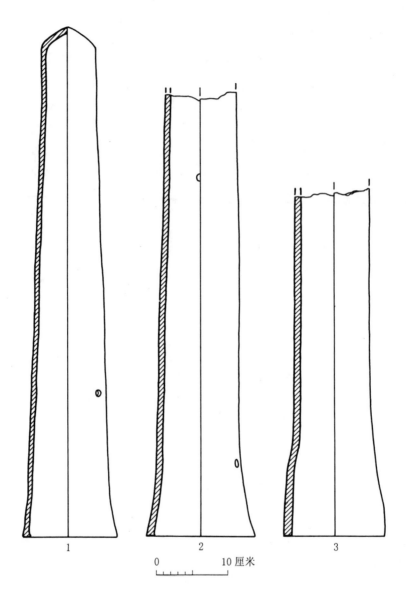

图四一　屈家岭文化 A 型陶筒形器

1.H28:10　2.AT607④:39　3.AT607④:40

径 26.4、通高 96.4 厘米（图四二，2）。

C 型　22 件，略呈喇叭形筒状，不封顶，上部子母口，斜直壁，底部平口。

标本 AT301④F:6，泥质红陶。外饰八圈压印附加堆纹。上口径 9.6、下口径 29.6、通高 58.8 厘米（图四三，1）。标本 AT301④F:7，泥质红陶。上口沿面内凹，器身外饰七圈压印附加堆纹。上口径 9.2、下口径 32.4、通高 61.2 厘米（图四三，2；

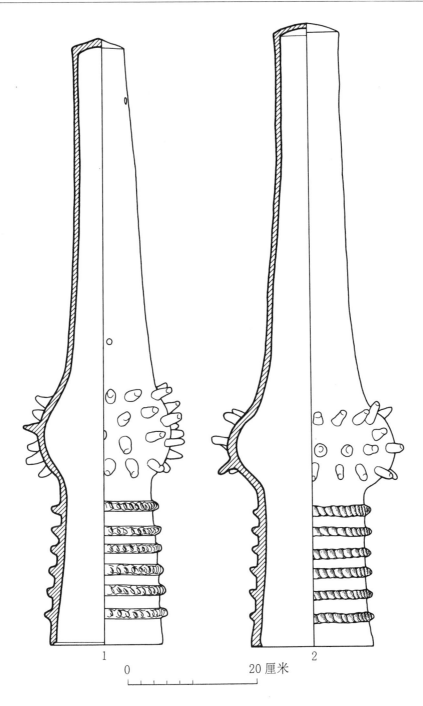

图四二　屈家岭文化 B 型陶筒形器

1. AT301④F:11　2. H28:4

彩版六；图版一三，1）。标本 H28：3，泥质红陶。外饰十九圈压印附加堆纹。上口径
11.6、下口径 31.2、通高 69.2 厘米（图四四，1；彩版七；图版一三，2）。标本 H28：
2，泥质红陶。上口平沿面内凹，外饰二十圈压印附加堆纹。上口径 11.6、下口径
29.6、通高 70 厘米（图四四，2）。标本 H28：1，泥质红陶。外饰二十一圈附加堆纹。
上口径 11.2、下口径 32、通高 67.6 厘米（图四五，1）。

D 型　4 件，上部外鼓近直，子母口。

标本 T34⑤：9，泥质灰胎红陶。中部筒壁略外斜。上部外鼓壁上有三圈乳钉，中间
饰三周附加堆纹和一圆形镂孔。底部残。上口径 9.6、残高 36 厘米（图四五，2）。标

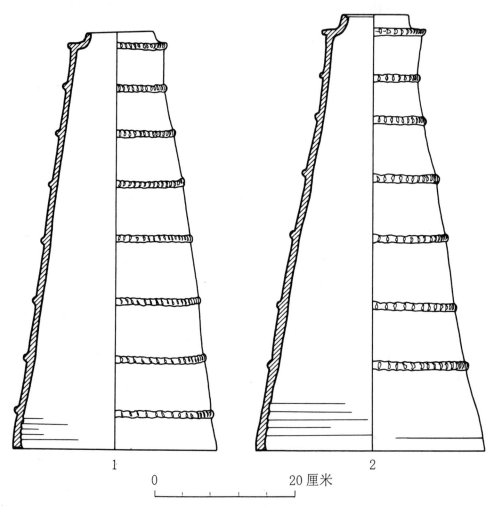

1　　　　　　　　　　　　　2

0　　　　　　　　　　20 厘米

图四三　屈家岭文化 C 型陶筒形器
1.AT301④F:6　2.AT301④F:7

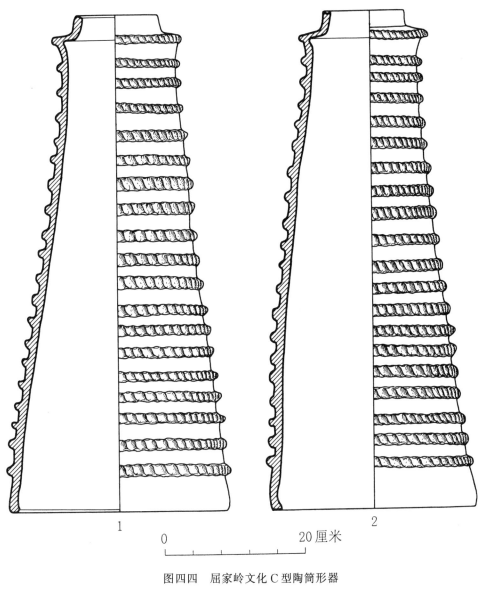

图四四 屈家岭文化C型陶筒形器

1.H28:3 2.H28:2

本 H28:11，泥质红黄陶。残。上口径 10.4、残高 14.8 厘米（图四五，3）。标本 AT607④:22，泥质红陶。残。上口径 10、残高 10.8 厘米（图四五，4）。

E 型　1件。略呈敛口瓮状，上部子母口，折壁，鼓腹。

标本 H71:14，泥质红陶。上口圆唇。残。上口径 8、残高 17.2 厘米（图四五，5）。

不明器　1件。

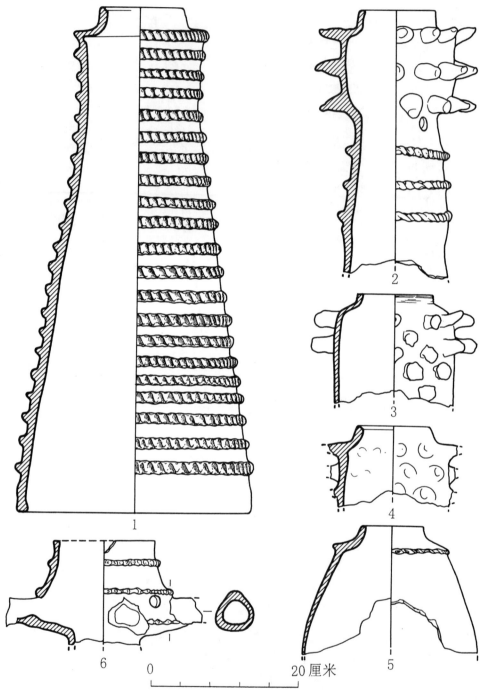

图四五　屈家岭文化陶筒形器、不明器

1.C 型筒形器 H28：1　　2～4.D 型筒形器 T34⑤：9、H28：11、AT607④：22

5.E 型筒形器 H71：14　　6. 不明器 AT6⑬：15

标本 AT6⑬:15，泥质红陶。直口，斜壁微弧下折，下残。折壁处有四个突出的筒状孔，均残。饰附加堆纹和两个圆形镂孔。口径 12.8、残高 14 厘米（图四五，6；图版一三，3）。

盆 35 件。分三型。

A 型 10 件。卷沿。分二亚型。

Aa 型 1 件。敛口。

标本 H61:13，泥质灰陶。圆唇，鼓腹残。素面。口径 36、残高 5.2 厘米（图四六，1）。

Ab 型 9 件。敞口。分三式。

Ⅰ式 3 件。卷沿下垂。标本 H88:9，泥质灰黑陶。圆唇，弧壁。下残。素面。口径 20.8、残高 7.2 厘米（图四六，2）。

Ⅱ式 5 件。卷沿微下垂。标本 H109:3，泥质灰陶。尖圆唇，斜弧腹，较深，下残。素面。口径 32、残高 11.2 厘米（图四六，3）。

Ⅲ式 1 件。卷沿近平。标本 AT506⑤:17，泥质红陶。尖唇，直口，弧壁，圜底。下腹饰三道凸弦纹。口径 18、高 7.2 厘米（图四六，4）。

B 型 21 件。仰折沿，斜弧腹。分二亚型。

Ba 型 12 件。器形小。分五式。

Ⅰ式 5 件。腹深。标本 AT506⑤:29，泥质红陶。圆唇，平底。素面。口径 17.6、底径 6、高 11.8 厘米（图四六，5）。

Ⅱ式 1 件。腹较深。标本 H11:95，泥质红陶。尖唇，束颈，凹底残。素面。口径 25.7、残高 13.6 厘米（图四六，6）。

Ⅲ式 3 件。腹较浅，斜弧腹。标本 AT1④:10，泥质红黄陶。圆唇，凹底。素面。口径 9.2、底径 3、高 5.4 厘米（图四六，7）。

Ⅳ式 1 件。腹浅，斜弧腹。标本 T5⑥:19，泥质红陶。素面，圆唇，凹底。口径 8.8、底径 3.2、高 5 厘米（图四六，8）。

Ⅴ式 2 件。浅腹，折沿近消失。敞口。标本 H47:7，泥质红陶。器形小，斜弧腹，凹底。素面。口径 8.5、底径 3.7、高 4.4 厘米（图四六，9）。

Bb 型 9 件。器形较大，沿较窄。分三式。

Ⅰ式 3 件。沿腹间折角大。标本 H73:5，泥质灰陶。方唇，深弧腹残。下腹饰三周凸弦纹。口径 29.2、残高 10 厘米（图四六，10）。

Ⅱ式 2 件。沿腹折角小于Ⅰ式，腹较浅。标本 H65:28，泥质灰陶。圆唇，弧腹残。素面。口径 28、残高 6 厘米（图四六，11）。

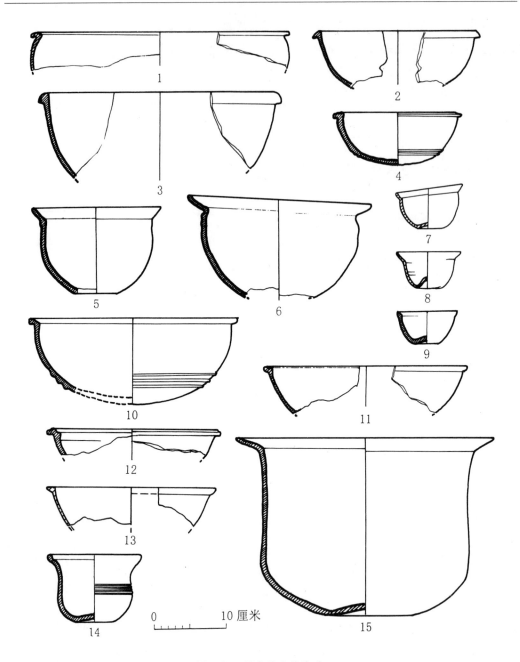

图四六　屈家岭文化陶盆

1.Aa 型 H61∶13　2.Ab 型Ⅰ式 H88∶9　3.Ab 型Ⅱ式 H109∶3　4.Ab 型Ⅲ式 AT506⑤∶17　5.Ba 型

Ⅰ式 AT506⑤∶29　6.Ba 型Ⅱ式 H11∶95　7.Ba 型Ⅲ式 AT1④∶10　8.Ba 型Ⅳ式 T5⑥∶19　9.Ba 型

Ⅴ式 H47∶7　10.Bb 型Ⅰ式 H73∶5　11.Bb 型Ⅱ式 H65∶28　12.Bb 型Ⅲ式 AT504③a∶7　13.Bb 型

Ⅳ式 AT606③b∶10　14、15.C 型 H109∶44、H112∶1

Ⅲ式 2件。仰折沿近平。标本 AT504 ③a：7，泥质红陶。圆唇，弧腹残。素面。口径 24.4、残高 3.6 厘米（图四六，12）。

Ⅳ式 2件。仰折沿平。标本 AT606 ③b：10，泥质灰陶。尖唇，沿面有三道凹槽。素面。口径 24、残高 5.2 厘米（图四六，13）。

C 型 4件。仰折沿，微束颈，垂腹。

标本 H109：44，泥质灰陶。圆唇，凹底。中腹饰四道凹弦纹。口径 12、底径 4.8、高 9.2 厘米（图四六，14）。标本 H112：1，泥质灰黑陶。器形较大。宽沿内凹，圆唇，上腹近直，凹底。素面。口径 36、底径 12、高 24 厘米（图四六，15）。

钵 5件。分三型。

A 型 1件。直口，平底。

标本 H90③：12，泥质灰陶。圆唇。素面。口径 8.4、底径 6.2、高 4.2 厘米（图四七，1）。

B 型 1件。敞口。

标本 AT607⑤：20，泥质黑陶。圆唇，腹残。腹饰凸弦纹。口径 24、残高 8.8 厘米（图四七，2）。

C 型 3件。敛口。分二式。

Ⅰ式 1件。敛口内折。标本 H87：9，泥质黑陶。方唇，斜壁残。素面。口径 32、残高 6 厘米（图四七，3）。

Ⅱ式 2件。敛口近直。沿外有棱。标本 AT606 ③b：12，泥质红陶。方唇，斜壁残。素面。口径 32、残高 8 厘米（图四七，4）。标本 AT607④：11，夹砂黑陶。尖唇，弧腹残。素面。口径 22、残高 6 厘米（图四七，5）。

甑 13件。分二式。

Ⅰ式 6件。鼓腹。标本 H89：1，泥质红陶。仰折沿，沿较宽，圆唇，矮圈足，底为圆形箅孔。腹饰附加堆纹。口径 22、底径 9.6、通高 14 厘米（图四七，8；图版一三，4）。标本 H73：10，泥质灰陶。只剩底部圈足。底有圆形箅孔。底径 10、残高 5.4 厘米（图四七，7）。

Ⅱ式 7件。斜腹。标本 H73：1，泥质红陶。方唇，窄沿，斜腹微弧。矮圈足，底为圆形孔箅。素面。口径 20.5、底径 10.4、通高 16.8 厘米（图四七，6）。

瓮 5件。分二型。

A 型 2件。直口，矮领。

标本 AT504 ③a：8，夹砂灰陶。直口内凹，鼓肩，残。素面。口径 17.2、残高 4 厘米（图四七，9）。标本 AT304⑥：3，泥质灰陶。腹残。直口内凹，鼓肩，肩上有一圆形耳。肩饰凸弦纹。口径 15.2、残高 7.2 厘米（图四七，10）。

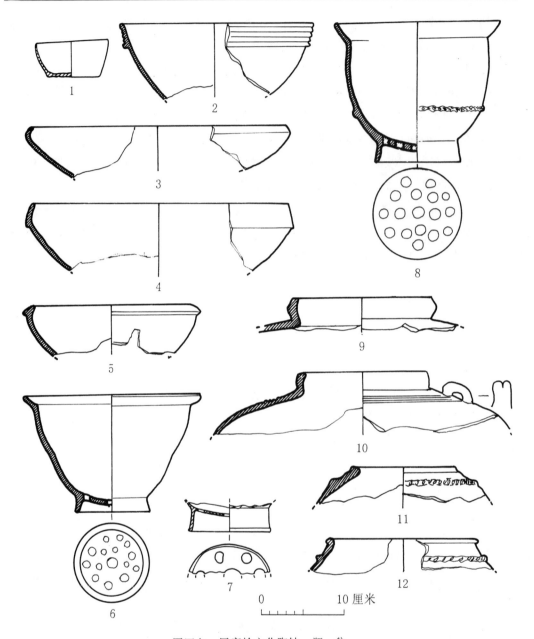

图四七 屈家岭文化陶钵、甑、瓮

1.A型钵 H90③:12 2.B型钵 AT607⑤:20 3.C型Ⅰ式钵 H87:9 4、5.C型Ⅱ式钵 AT606 ③b:

12、AT607④:11 6.Ⅱ式甑 H73:1 7、8.Ⅰ式甑 H73:10、H89:1 9、10.A型瓮 AT504 ③a:8、

AT304⑥:3 11、12.B型瓮 AT504 ④a:4、H65:16

B型 3件。敛口。

标本AT504 ④a:4，夹砂红陶。圆唇，鼓腹，残。肩部饰附加堆纹。口径12.4、残

高 4.2 厘米（图四六，11）。标本 H65∶16，泥质灰胎红陶，红衣。厚圆唇，鼓腹，残。肩部饰附加堆纹。口径 17.6、残高 3.6 厘米（图四七，12）。

缸　10 件。胎厚。分五型。

A 型　1 件。敞口。

标本 H96∶14，夹砂红陶。侈沿，圆唇，束颈，斜壁，深腹，尖底。饰方格纹、凹弦纹和斜篮纹。口径 36.8、高 38.8 厘米（图四八，1；图版一四，1）。

B 型　5 件。仰折沿，分两亚型。

Ba 型　2 件。深弧腹。

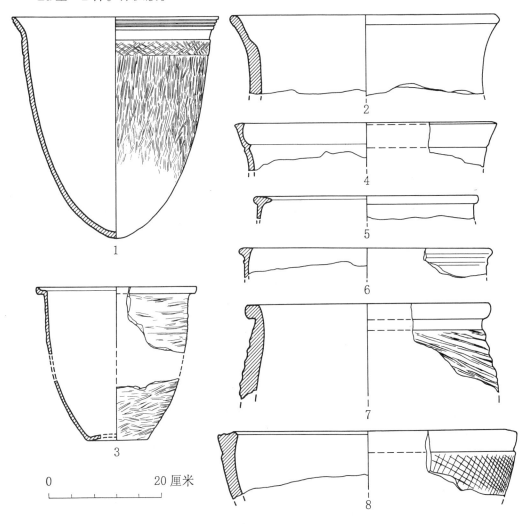

0　　　　　　　20 厘米

图四八　屈家岭文化陶缸

1.A 型 H96∶14　2、3.Ba 型 H88∶31、H47∶1　4.Bb 型 AT607⑥∶23　5.C 型 I 式 H86∶10
6.C 型 II 式 AT306⑥∶10　7.D 型 AT409⑥∶14　8.E 型 AT307⑥∶24

标本 H88：31，夹砂黑胎红陶。方唇上有一凹槽。口沿外侈，腹残。口径 46.4、残高 11.2 厘米（图四八，2）。标本 H47：1，泥质灰陶。直口，宽凹沿，方唇，上腹壁近直，下腹内收，中腹残。凹底。腹饰篮纹。口径 29、底径 10.4 厘米（图四八，3；图版一四，2）。

Bb 型　3 件。深鼓腹。

标本 AT607⑥：23，夹砂红陶。方唇，腹残。口径 44、残高 8 厘米（图四八，4）。

C 型　2 件。"T"形口沿。分二式。

Ⅰ式　1 件。口内敛。标本 H86：10，夹砂黑红陶。腹残。沿面有数道凹弦纹。口径 40、残高 4 厘米（图四八，5）。

Ⅱ式　1 件。口微敛。标本 AT306⑥：10，夹砂红陶。圆唇，腹残。腹饰一道凸弦纹。口径 44、残高 5.4 厘米（图四八，6）。

D 型　1 件。直口，厚圆唇。弧腹。

标本 AT409⑥：14，夹砂红陶。深弧腹残。饰斜篮纹。口径 43.2、残高 16 厘米（图四八，7）。

E 型　1 件。直口，斜壁。

标本 AT307⑥：24，夹砂红陶。平沿面上有数道凹弦纹。腹残。腹饰方格纹。口径 54.4、残高 12 厘米（图四八，8）。

器座　2 件。束腰。

标本 AT607⑤：10，泥质磨光黑陶。为小型器座。素面。上口径 1.4、下口径 3、高 1.2 厘米（图四九，1）。标本 H71：9，夹砂红陶。束腰形。素面。上口残。下口径 12、

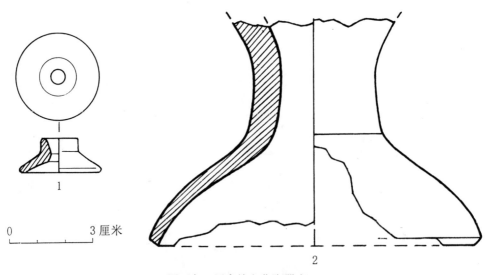

0 ————————— 3 厘米

图四九　屈家岭文化陶器座

1.AT607⑤：10　2.H71：9

残高 8 厘米（图四九，2）。

（二）生产工具

仅纺轮一种，共 144 件。纺轮除素面外，多红衣黑彩或红彩。图案以太极纹、条带纹最有特点。分六型。

A 型 25 件。剖面呈半圆形。

标本 H65：18，泥质灰黄陶。饰红彩，已大部分剥落。直径 4.1、最厚 0.55 厘米（图五〇，1）。标本 AT506⑤：61，泥质黑陶。素面。直径 4.4、最厚 0.75 厘米（图五〇，2）。标本 AT307⑤：9，泥质红陶。面饰太极纹黑彩。直径 3.3、最厚 0.6 厘米（图五〇，3）。标本 AT409⑤：8，泥质红陶。面饰旋涡纹红彩。边呈弧形，一面平，一面呈弧形。直径 3.9、最厚 0.9 厘米（图五〇，4）。标本 T12⑦：28，泥质橙黄陶，红衣。饰太极纹黑彩。直径 3.6、最厚 0.6 厘米（图五〇，5）。标本 AT9⑧：66，泥质灰黄陶。面饰条带形及半圆形红彩。直径 3.4、最厚 0.7 厘米（图五〇，6）。标本 T27④：38，泥质黄陶。面微凹。饰旋涡纹黑彩。直径 3.8、厚 0.32～0.5 厘米（图五〇，7）。

B 型 11 件。剖面呈梯形。

标本 AT307⑥：13，泥质红陶。一面微弧，一面饰条带形黑彩。直径 3.9、最厚 0.6 厘米（图五〇，8）。标本 AT607⑥：11，泥质灰陶。素面。直径 4.2、厚 0.55 厘米（图五〇，9）。标本 AT607④：12，泥质红陶。一面微凹。素面。直径 3.4、厚 0.5 厘米（图五〇，10）。标本 AT1④：32，泥质红黄陶，红衣。一面边缘凹。直径 3.6、厚 0.6～0.8 厘米（图五〇，11）。标本 AT306⑨：7，泥质红陶，红衣。施黑点及条带纹红彩。直径 3.6、厚 0.8 厘米（图五〇，12）。标本 AT306⑧：13，泥质红陶，红衣。一面边缘凸起。饰弧线及条带纹红黑彩。直径 2.8、厚 0.8～0.9 厘米（图五〇，13）。

C 型 19 件。剖面呈长方形。

标本 AT1⑤：10，泥质灰陶。素面。直径 2.5、厚 0.6 厘米（图五〇，14）。标本 AT307⑥：14，泥质红陶。饰条带纹及半圆形红彩。直径 3.9、厚 0.7 厘米（图五〇，15）。标本 AT1⑤：17，泥质黄陶，边涂红衣。一面饰条带纹红彩。直径 4、厚 0.5 厘米（图五〇，16）。标本 T4⑦：1，泥质黄陶，边涂红衣。一面饰条带纹红彩。直径 3.5、厚 0.7 厘米（图五一，1）。标本 T27④：29，泥质黄陶。一面边缘凸起。饰条带形及扇形红彩。直径 4、厚 0.4～0.5 厘米（图五一，2）。标本 T6⑥：1，泥质黄陶。一面边缘凸起。饰条带形及扇形红彩。直径 3.8、厚 0.6～0.7 厘米（图五一，3）。

D 型 35 件。面平，周边有折棱。

标本 H65：19，泥质黑陶。素面。直径 4、厚 1 厘米（图五一，4）。标本 H96：8，泥质红陶。素面。直径 4.6、厚 1.4 厘米（图五一，5）。标本 H75：1，泥质红陶。孔边有凸起，边饰戳印圆点纹。直径 3.8、厚 1.1 厘米（图五一，6）。标本 G1：4，泥质灰

0 ————————————— 5 厘米

图五〇　屈家岭文化陶纺轮

1～7.A 型 H65：18、AT506⑤：61、AT307⑤：9、AT409⑤：8、T12⑦：28、AT9⑧：66、T27④：38

8～13.B 型 AT307⑥：13、AT607⑥：11、AT607④：12、AT1④：32、AT306⑨：7、AT306⑧：13　14

～16.C 型 AT1⑤：10、AT307⑥：14、AT1⑤：17

图五一 屈家岭文化陶纺轮

1~3.C 型 T4⑦:1、T27④:29、T6⑥:1 4~10.D 型 H65:19、H96:8、H75:1、G1:4、T34⑥:3、
AT505⑤:1、T4⑥:3 11~13.E 型 AT607④:16、AT607④:19、T5⑦:1 14~16.F 型 AT307⑥:
12、AT307⑥:23、AT1⑤:6

红陶，一面红衣，红彩已脱落。一面微弧。直径4、最厚0.5厘米（图五一，7）。标本T34⑥：3，泥质红褐陶。素面。直径4.7、厚1.3厘米（图五一，8）。标本AT505⑤：1，泥质红陶。一面微凹。素面。直径5.2、厚0.9厘米（图五一，9）。标本T4⑥：3，泥质黄陶，红衣。一面弧。饰太极纹红彩。直径4、厚0.4～0.7厘米（图五一，10）。

E型 26件。剖面呈椭圆形。

标本AT607④：16，泥质红陶。素面。直径4、最厚1.5厘米（图五一，11）。标本AT607④：19，泥质灰陶。素面。直径4.6、最厚1.6厘米（图五一，12）。标本T5⑦：1，泥质红陶，边涂红衣。较薄。一面饰弧线红彩。直径3.7、厚0.6厘米（图五一，13）。

F型 28件。面平。边弧。

标本AT307⑥：12，泥质红陶。一面平，一面微弧。施黑点纹红彩。直径3.4、厚0.7厘米（图五一，14）。标本AT307⑥：23，泥质红陶。饰弧线纹红彩。直径3.6、厚0.9厘米（图五一，15）。标本AT1⑤：6，泥质黄陶。一面微弧。饰条带纹红彩。直径3.8、厚0.5厘米（图五一，16）。标本AT409⑤：9，泥质红陶。饰条带形和弧线组成的红彩。直径3.3、厚0.5～0.8厘米（图五二，1）。标本T31④：12，泥质橙黄陶。较薄。饰太极纹红彩。直径3.8、厚0.4厘米（图五二，2）。标本T31④：13，泥质橙黄陶。一面边缘凸起。饰圆点和条带纹红彩。直径3.2、厚0.6～0.7厘米（图五二，3）。

（三）其他

有球、环、祖、舟形器、模、铃及锤形器等，共12件。

球 4件。

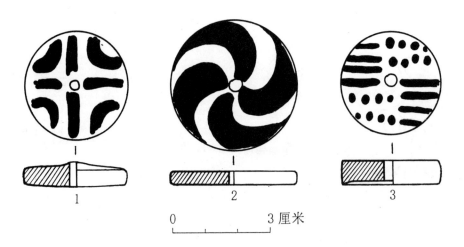

图五二 屈家岭文化F型陶纺轮

1.AT409⑤：9 2.T31④：12 3.T31④：13

标本 H22∶5，泥质红陶。厚胎，中空。饰条带纹和弧线纹红彩。有两对穿圆形镂孔。直径 5.6 厘米（图五三，1）。标本 T20⑤∶2，泥质灰胎黑皮陶。不规则圆形，实心，饰圆形戳孔。直径约 2.3 厘米（图五三，2）。标本 AT7⑪∶39，泥质黑胎灰红陶，红衣。中空。有一圆形镂孔。直径 5.2、胎厚 0.4 厘米（图五三，3）。标本 AT508④∶12，泥质黄陶。中空，有两对穿圆形镂孔。素面。直径 5.6、胎厚 0.4 厘米（图五三，4；图版一五，1）。

环　1件。

标本 H23∶5，泥质红陶，饰黑衣。断面为圆形，残。直径 0.4 厘米（图五四，1）。

祖　1件。

标本 H112∶15，泥质红陶。顶端为斜弧形，尾为圆柱形。素面。长 4.9 厘米（图五四，2）。

舟形器　2件。形似舟，有尾。

标本 AT203⑥∶59，泥质红陶。尾上翘，平底，器身中空。素面。长 15、通高 5.8 厘米（图五四，3；图版一五，2）。标本 T33⑤∶2，泥质红陶，红衣。尾上翘微卷。器

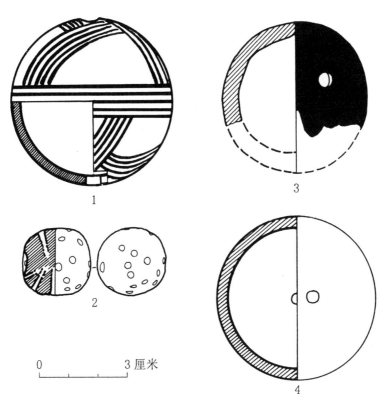

图五三　屈家岭文化陶球

1. H22∶5　2. T20⑤∶2　3. AT7⑪∶39　4. AT508④∶12

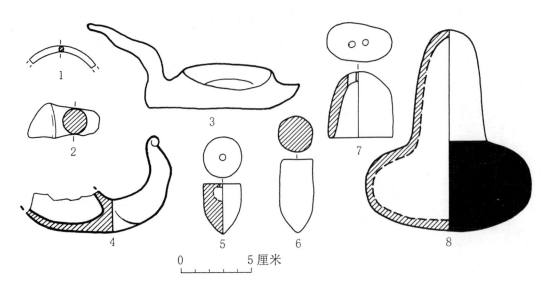

图五四　屈家岭文化陶环、祖、舟形器、模、铃、锤形器

1. 环 H23:5　2. 祖 H112:15　3、4. 舟形器 AT203⑥:59、T33⑤:2　5、6. 模 H22:4、

T21④:23　7. 铃 H109:44　8. 锤形器 H25:3

身中空，残。残长 10.2、通高 6.4 厘米（图五四，4）。

模　2 件。

标本 H22:4，泥质灰胎黑陶。一端为圆锥体，一端为圆柱体，柱端平，中央有一圆
形戳孔。素面。通高 3.4 厘米（图五四，5；图版一五，3）。标本 T21④:23，泥质褐红
陶。一端为圆锥体，一端为圆柱体。似陶模。素面。高 4.9 厘米（图五四，6）。

铃　1 件。

标本 H109:44，泥质黄陶，红衣。钟形，一端为弧形，有两个圆形镂孔。另一端平，
口呈椭圆形，内空，圆唇，敞口。高 4.5、口径 4.4 厘米（图五四，7；图版一五，4）。

锤形器　1 件。

标本 H25:3，泥质红陶，红衣。上为圆锥形，下为扁圆形，中空，似陶垫。通高
13.6 厘米（图五四，8；图版一五，5）。

二　石器

石器　共 37 件，有斧、锛、凿、刀、铲、砍砸器、砺石等，多经磨制。

斧　27 件。分三型。

A 型　23 件。平面呈梯形。

标本 AT505④:7，刃部磨制。弧刃，刃微残。顶宽 3.6、刃宽 5.4、长 8.3 厘米
（图五五，1）。标本 H88:37，刃部磨光。弧顶，直刃。刃部留有使用疤痕。顶宽 4.4、

刃宽 6.4、长 11.2 厘米（图五五，2）。标本 AT506⑤:70，通体磨光。顶较平，弧刃。顶宽 5、刃宽 6.5、长 10 厘米（图五五，3）。标本 AT506⑤:60，形体规整，厚薄较均匀，通体磨光。平顶，弧刃。器身留有打击疤痕。顶宽 3.2、刃宽 5.4、长 8.1 厘米（图五五，4）。标本 T34⑤:10，磨制，器身不太规整。平顶，直刃，两边较直。顶、刃

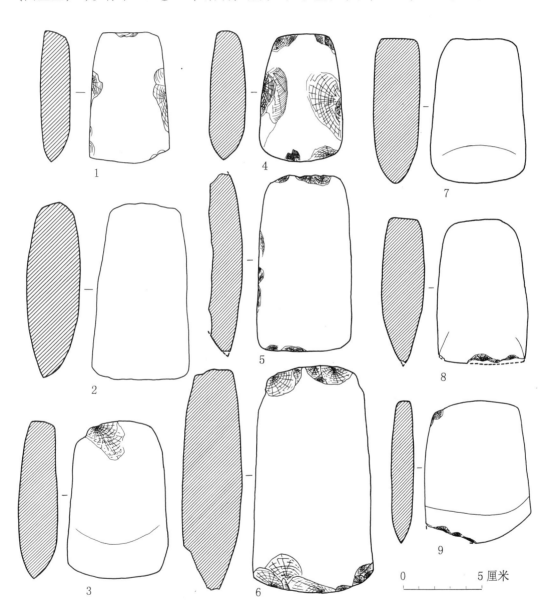

图五五 屈家岭文化 A 型石斧

1.AT505④:7 2.H88:37 3.AT506⑤:70 4.AT506⑤:60 5.T34⑤:10 6.T33④:1
7.T33⑧:1 8.AT307⑤:10 9.T27③:16

皆有打击使用疤痕。顶宽 4.2、刃宽 6、长 11.3 厘米（图五五，5）。标本 T33④：1，磨制，体大，厚重，长梯形，顶、刃都有使用疤痕，侧面布满琢痕。弧刃。顶宽 6、刃宽 7.9、长 14.3 厘米（图五五，6）。标本 T33⑧：1，磨制。平顶，弧刃残。顶宽 4、刃宽 5.8、长 9.2 厘米（图五五，7）。标本 AT307⑤：10，磨制，形状规整，厚薄均匀。平

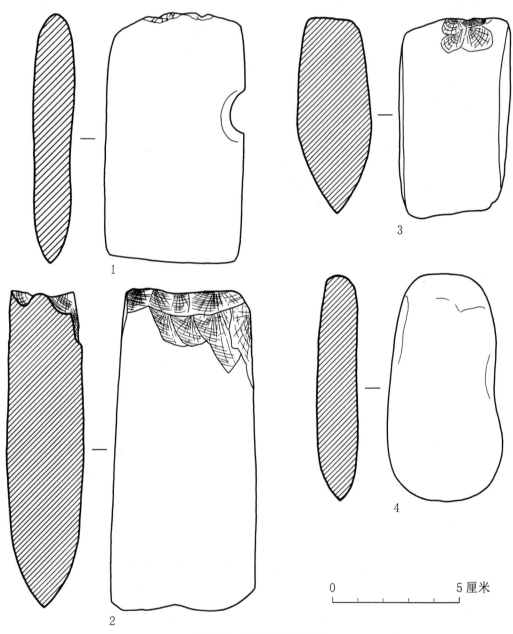

图五六　屈家岭文化石斧

1～3.B 型 H89：12、T27③：19、T6⑤：1　4.C 型 AT506⑤：83

顶，弧刃。顶宽 4、刃宽 6、长 9.2 厘米（图五五，8）。标本 T27③:16，磨制，扁平，弧顶，弧刃，刃残。顶宽 5.5、刃宽 7、长 9 厘米（图五五，9）。

B 型 3 件。平面呈长方形。

标本 H89:12，磨制。一侧残留一对钻孔，系用残石铲再加工而成。扁平。弧顶，直刃，宽 5.6、长 9.8 厘米（图五六，1）。标本 T27③:19，灰色泥岩，质软，磨制。顶残，弧刃有缺口。残长 12.7 厘米（图五六，2）。标本 T6⑤:1，灰白色泥岩，质轻，磨制。斜顶，斜刃。长 7.8 厘米（图五六，3）。

C 型 1 件。平面呈不规则形。

标本 AT506⑤:83，磨制。厚薄较均匀。平顶，弧刃，中腰微内凹，最宽 4.6、长 8.7 厘米（图五六，4）。

锛 3 件。分二型。

A 型 2 件。平面呈梯形。

标本 H23:6，磨制。一侧有钻孔残迹，可能是利用残石铲再加工而成。平顶，平刃。顶宽 2.4、刃宽 3.3、长 5.6 厘米（图五七，1；图版一五，6）。标本 T27③:21，

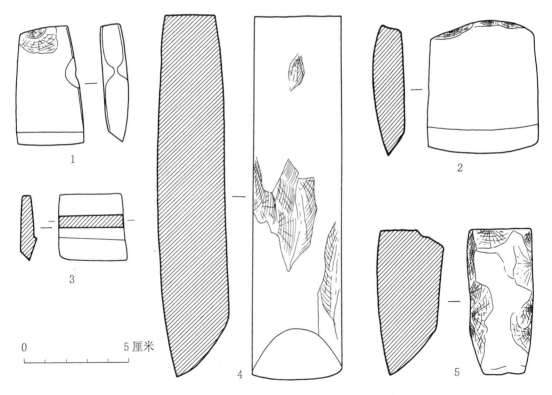

图五七 屈家岭文化石锛、凿

1、2.A 型锛 H23:6、T27③:21 3.B 型锛 H64:3 4、5.凿 AT506⑤:54、AT506⑤:56

磨制精致。顶微残，弧刃。顶宽约 5.1、刃宽 5.5、长 6.3 厘米（图五七，2；图版一五，7）。

B 型　1 件。有段。

标本 H64:3，磨制。平面近方形，平顶，斜刃。顶宽 3.05、刃宽 3.3、长 3.2 厘米（图五七，3）。

凿　3 件。平面为长方形。

标本 AT506⑤:54，形状规整，厚薄均匀，磨制精致。较长，平顶，弧刃。宽 4.5、长 17.3 厘米（图五七，4；图版一五，8）。标本 AT506⑤:56，磨制。一边残，平顶，直刃。长 7、残宽 3.3 厘米（图五七，5）。

钺　1 件。平面呈梯形。

标本 AT506③:21，磨制。平顶，刃残，中间对钻一圆形孔。顶宽 6.2、残长约 6.8 厘米（图五八，1）。

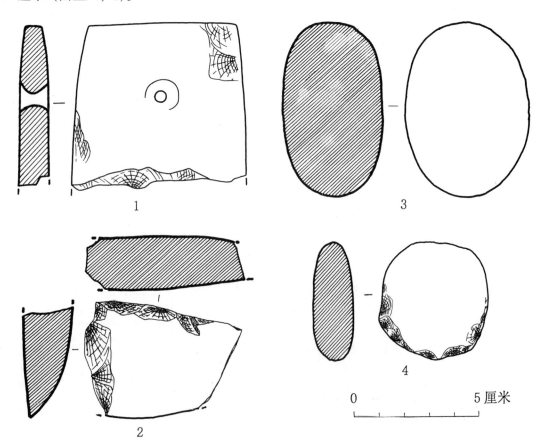

0 ————————— 5 厘米

图五八　屈家岭文化石钺、刀、压磨器、砍砸器

1. 钺 AT506③:21　2. 刀 H9:47　3. 压磨器 AT307⑤:16　4. 砍砸器 T5⑦:10

刀 1件。单刃。

标本 H9:47，灰色泥岩，质轻，磨制。顶及两侧均残，弧刃。残长 6.5、残宽 4.6厘米（图五八，2）。

砍砸器 1件。扁圆形。

标本 T5⑦:10，红色砂岩。面平滑，边缘有打击疤痕。直径约 4.7 厘米（图五八,4）。

压磨器 1件。

标本 AT307⑤:16，椭圆形，一面较平，为压磨所致。长 7、厚 4.1 厘米（图五八,3）。

第三节 墓葬

一 墓葬概述

（一）墓葬分布

屈家岭文化时期的墓葬主要分布在发掘区的西北部，东部没有发现墓葬，西南部仅有零星分布。西北部的西侧为地形断坎（城壕），西南部之南现为邓家湾村舍。这批墓葬的分布范围大体就是邓家湾遗址屈家岭文化时期的基本墓地。

西北部的墓葬由北往南可分为三小区。北部小区集中分布在 AT10、AT9、AT8、AT104、AT103、T36、T12、T11。中部小区集中分布在 T7、T8。南部小区集中分布在 T4、T5。三小区都位于西北部城墙的内侧。西南部的墓葬分散在 AT1、T37 和 AT304 等探方内，属墓地的边缘区。

（二）墓葬形制

墓葬分土坑葬和瓮棺葬两大类。

土坑葬均为竖穴墓，共 52 座（附表三）。除 M102 的墓坑形制不明外，其他墓葬可归为四种。长方形土坑竖穴墓有 27 座，即 M2、M16、M20、M25、M34、M39、M41、M45（图版一六，1）、M70、M73、M83～M90（图版一六，2）、M94、M95、M97～M101、M103、M104；圆角长方形土坑竖穴墓共 6 座，即 M1、M3、M4、M12、M14、M66；不规则长方形土坑竖穴墓共 4 座，即 M5、M13、M35、M60；带二层台的长方形竖穴土坑墓共 14 座，即 M7、M8、M26、M38、M51、M52、M54、M55、M58、M61、M62、M67、M72、M74。有二层台的墓，即在长方形竖穴土坑中，又向下挖一个较小的长方坑，尸骨置于小长方坑中。墓坑方向以东北—西南向为主，少数为西北—东南向。墓坑一般长 180、宽 60～80 厘米，最大的墓坑长 320、宽 125 厘米，最小的墓坑长 126、宽 44 厘米。

瓮棺葬共 15 座（附表四），即 W5、W6、W9、W11、W25、W27～W30（图版一七，1）、W31（图版一七，2）、W32（图版一七，3）、W33、W34、W36、W38。瓮棺土坑平面多为圆形和不规则形。

（三）葬具

大多数土坑竖穴墓无葬具，仅在三座墓（M35、M74、M84）中发现了木板痕迹，皆位于人骨架下面，只残存一些木灰，尺寸和结构不明。

瓮棺葬具以碗扣釜（罐）为主，还有豆釜、鼎碗、鼎、釜、罐等几种。葬具皆正放。

（四）埋葬形式

成年人用土坑葬，小孩用瓮棺葬。除 M95 为成人与小孩合葬（小孩也用瓮棺）外，均为单人葬，以单人仰身直肢葬式为主，单人二次葬式其次。只有三座墓为屈肢葬（其中 M72、M66 为侧身屈肢，M25 为仰身屈肢）。

（五）随葬品的种类与陈放位置

土坑墓中有十七座无随葬品或未见随葬品，其余三十五座墓有随葬品。每墓随葬品的数量多寡差别较大，少的只有一件，多的达四十三件。随葬品中多为陶容器，不见石器和生产工具。只有一座墓（M35）有漆片残痕，可能为漆器。

随葬品组合主要有两类，一类以鼎、杯为基本组合，一类以高领罐为基本组合。另有鼎、杯、器盖；鼎、杯、器盖、小罐；鼎、杯、盆、器盖、碗、釜；鼎、杯、盆；鼎、杯、钵、碗；鼎、杯、碗、小罐；罐、碗；罐、碗、盆、杯；罐、碗、盆、杯、鼎；盆、杯；盆；罐、鼎、器盖、豆、杯、壶形器；鼎、罐、杯、盆、壶形器等组合。

随葬品的放置位置不一，多数置于脚部，也有的置于头侧或置于墓中部。有二层台的墓中，随葬品一般放在脚侧的二层台上。

二　典型墓葬

按长方形、圆角长方形、不规则长方形、带二层台的长方形土坑竖穴墓和瓮棺葬的顺序分别举例如下。

（一）长方形土坑竖穴墓

M25　位于 AT304，开口在第 4 层下，打破第 5 层。墓口距地表深 0.7、长 1.44、宽 0.62、深 0.24 米。灰黄色填土。方向 114°。单人仰身屈肢，头向东南，面向北。骨架已腐朽，只下肢骨保存良好，小腿骨微屈。墓底由东南向西北倾斜，头部略高于脚部。随葬品置于脚部，有鼎、杯各 1 件，罐 3 件（图五九、六〇）。

M39　位于 AT304，开口在第 5 层下，打破生土。墓口距地面深 0.95、长 2.2、宽 0.64、深 0.2 米。内填疏松灰色土。方向 287°。单人仰身直肢，头向西北，面向南。骨

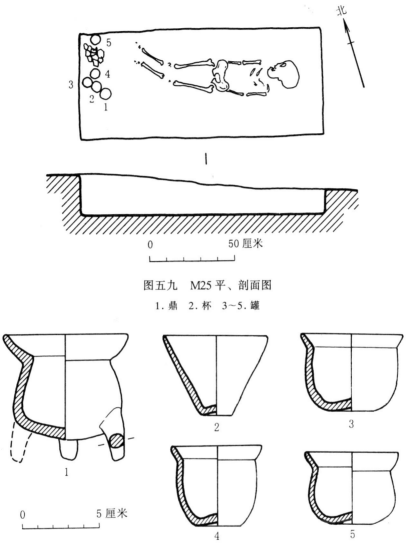

图五九 M25 平、剖面图

1. 鼎 2. 杯 3~5. 罐

图六○ M25 随葬陶器组合图

1. 鼎 M25:1 2. 杯 M25:2 3~5. 罐 M25:3、M25:4、M25:5

架已腐朽，只下肢骨保存较好。性别不明。墓底由东南向西北倾斜，头部略低于脚部。随葬品置于脚部，有鼎、器盖各 1 件，杯 6 件（图六一、六二）。

M70 位于 AT6，开口在第 13 层下，打破生土。墓口距地表深 2.7、长 1.7、宽 0.6、深 0.35 米。内填红褐色土。方向 150°。单人仰身直肢，头向东南，面向南，骨架保存较好。墓底由东南略向西北倾斜。头部略高于脚部。随葬品横向排列于脚部，有杯、盖、盂、罐各 1 件，鼎 2 件（图六三、六四）。

M83 位于 T12，开口在第 5 层下，打破第 6 层。长 1.26、宽 0.46、深 0.18 米。

壁直，底由东北向西南倾斜。方向53°。单人仰身直肢，头朝东北。骨架保存较差。无随葬品（图六五）。

　　M84　位于T8，开口在第7层下，打破第8层和城墙。墓口距地表深1.5、长1.9、宽0.7、深0.1米。方向22°。单人仰身直肢，下肢骨保存差。头向东北，面向上，男性。骨架下有腐朽的木板，其上有红、黄两种颜色，应为葬具残迹。随葬品置于头部两侧，左碗右鼎各1件（图六六、六七）。

　　M88　位于T12，开口在第7层下，打破第8层。长1.32、宽0.48、深0.08米。

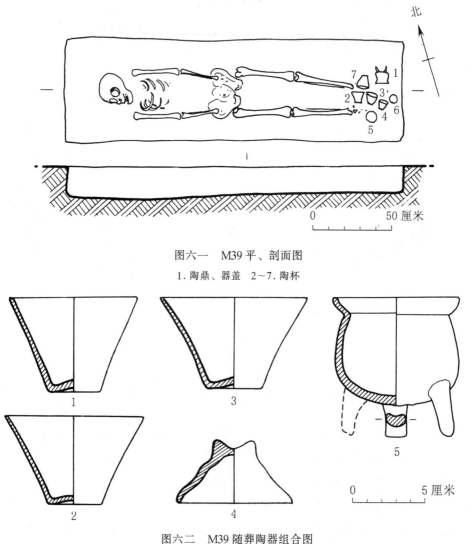

图六一　M39平、剖面图

1.陶鼎、器盖　2～7.陶杯

图六二　M39随葬陶器组合图

1～3.杯 M39∶3、M39∶4、M39∶2　4.器盖 M39∶1－1　5.鼎 M39∶1－2

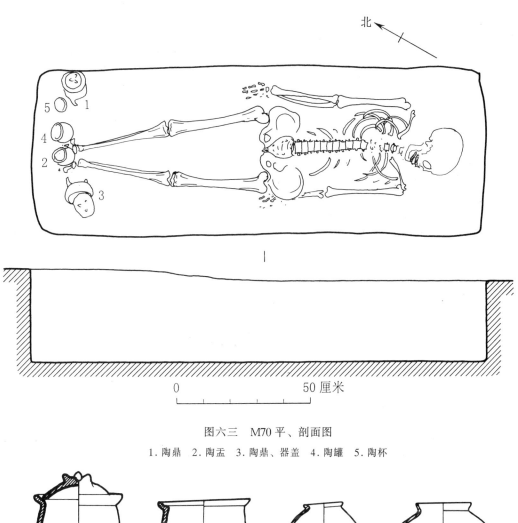

图六三　M70 平、剖面图

1.陶鼎　2.陶盂　3.陶鼎、器盖　4.陶罐　5.陶杯

图六四　M70 随葬陶器组合图

1、2.鼎 M70:1、M70:3　3.罐 M70:4　4.盂 M70:2

方向 100°。单人，骨骼已朽。随葬品横向排列于东端，有陶壶形器 1 件、陶杯 2 件（图六八、六九；图版一八，1）。

M94　位于 T7，开口在第 6 层下，打破城墙。墓口距地表深 1.6、长 1.85、宽

0.65、深 0.16 米。方向 17°。单人仰
身直肢，头向东北，面向上，不见左
上肢骨和脚趾骨。随葬品横向排列于
胸部，有陶杯 3 件（图七○；图版一
八，2 左）。

M95 位于 T7，开口在第 7 层
下，打破第 8 层。墓口距地表深 1.7、
长 1.47、宽 0.6、深 0.15 米。方向
19°。头朝东北，面向上，单人葬，骨
架保存较差。在骨架右侧中部置一瓮
棺，内有小孩头骨和牙齿。应为成年

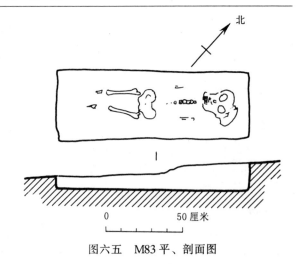

图六五 M83 平、剖面图

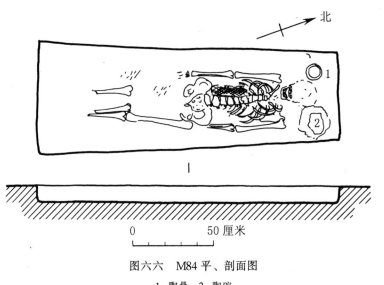

图六六 M84 平、剖面图

1.陶鼎 2.陶碗

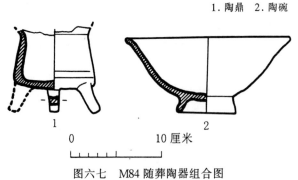

图六七 M84 随葬陶器组合图

1.鼎 M84:1 2.碗 M84:2

人与小孩合葬墓（图七
一；图版一八，2 中）。

（二）圆角长方形土
坑竖穴墓

M1 位于 T26，开
口在第 5 层下，打破第 6
层。长 1.7、宽 0.6、深
0.2 米。内填五花土。方
向 105°。单人仰身直肢，

头向东偏南，面向上。男性。随葬品置于脚部，有鼎、器盖、小罐各 1 件，杯 9 件（图七二）。

M3 位于 T28 南，开口在第 4 层下，打破第 5 层。墓口距地表深 0.9、长 2.3、宽 0.75、深 0.3 米。方向 25°。单人仰身直肢，头向东北，面向上。随葬品置于头顶部，有罐 8 件（图七三、七

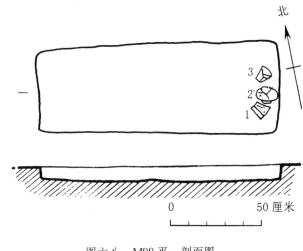

图六八 M88 平、剖面图

1、3. 陶杯 2. 陶壶形器

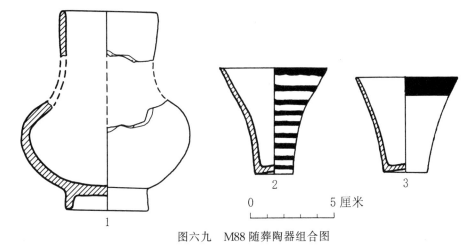

图六九 M88 随葬陶器组合图

1. 壶形器 M88∶2 2、3. 杯 M88∶1、M88∶3

四）。

M14 位于 T37，开口在第 4 层下，打破生土。墓口距地表深 1.6、长 1.83、宽 0.6、深 0.15 米。内填灰黄色砂土。方向 120°。单人二次葬，头向东南，面向北，下肢骨错乱。随葬品置于脚部，有鼎、杯各 1 件（图七五）。

M66 位于 AT6，开口在第 13 层下，被 M62 打破，打破生土。墓口距地表深 2.7、长 1.9、宽 0.44、深 0.1 米。内填红褐色土。方向 150°。单人侧身屈肢，头向东南，面向东。墓底平坦，不见随葬品（图七六）。

（三）不规则长方形土坑竖穴墓

M13 位于 T37，开口在第 4 层下，打破生土。墓口距地表深 1.6、长 1.62、宽 0.75、深 0.15 米。内填灰黄色土。方向 1°。单人二次葬，头向北，面向东，头骨置于

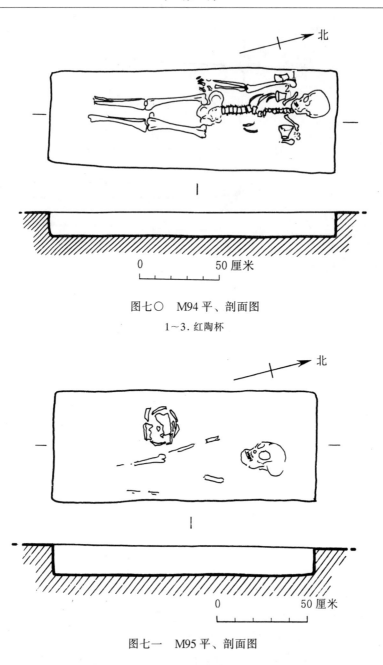

图七〇　M94 平、剖面图

1～3. 红陶杯

图七一　M95 平、剖面图

胸骨上。男性。随葬品置于脚部，有鼎、杯、器盖各 1 件（图七七、七八）。

　　M35　位于 AT8，开口在第 10 层下，打破第 11 层。平面呈不规则梯形。长 2.35、宽 0.96、深 0.2 米。方向 225°。残存一肢骨，墓底残存一长 130、宽 25 厘米的棺板，随葬品置于西南端，有罐 8 件，碗 1 件。另有一块红色漆片，可能为漆器残留（图七九、八〇）。

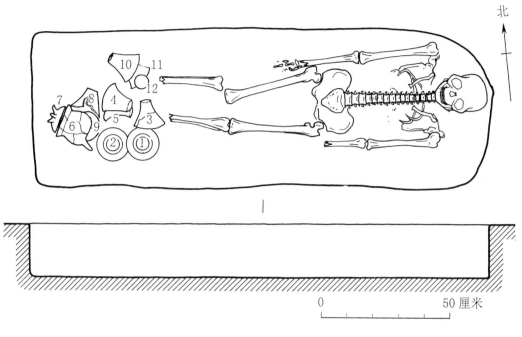

图七二 M1平、剖面图

1~5、8~11.陶杯 6.陶鼎 7.陶器盖 12.陶小罐

（四）带二层台的长方形土坑竖穴墓

M7 位于T36，开口在第5层下，打破第6层。长1.7、宽1、深0.3米。方向45°。单人二次葬。头向东北，面向东。左右两侧及脚端有二层台，高0.15米。左侧二层台宽约0.3、右侧二层台宽0.25、脚端二层台宽约0.47米。骨架下有厚约1厘米的长方形浅灰色土层，可能与葬具有关。随葬品分置二处，头顶部有杯5件，小罐3件，脚端二层台上有罐5件、杯1件、豆2件、器盖1件（图八一、八二）。

M26 位于AT203，开口在第5层下，被H64打破，打破第6层。长方形土坑的一端（头端）为圆角，另一端（脚端）为近圆形的二层台。二层台较墓室宽，整个墓坑呈凸形。墓口距地表深1.25、长2.8、宽1.25、深0.5、二层台高约0.05米。方向93°。单人仰身直肢二次葬。头朝东，面向南。随葬品共33件，分置二处。脚部有杯4件、鼎1件、盆1件、小罐2件。脚端二层台上有碗2件、罐23件（图八三、八四、八五）。

M52 位于AT9，开口在第7层下，打破第8层。墓口距地表深1.7、长2.7、宽1、深0.38米。方向23°。四周皆有二层台，高0.15米。台壁及墓底有一层厚约7厘米的膏泥。人骨腐朽无存，方向为东北—西南。随葬品分置三处。墓室北部（可能为头

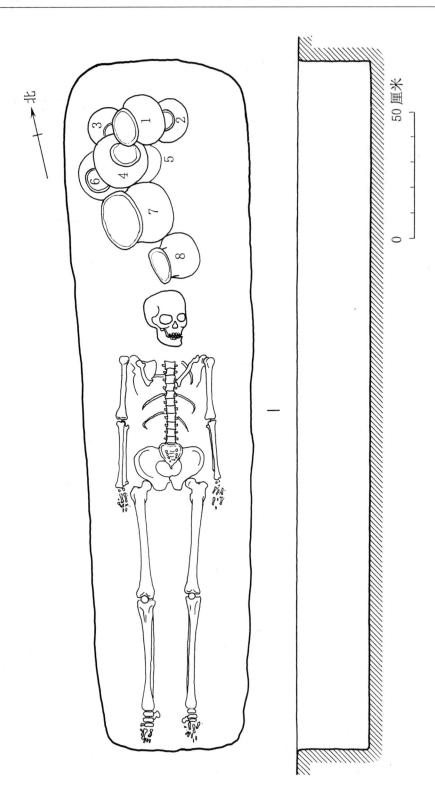

图七三　M3 平、剖面图
1~8. 陶罐

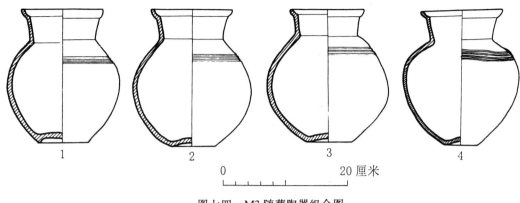

图七四 M3随葬陶器组合图

1~4. 罐 M3:2、M3:8、M3:1、M3:4

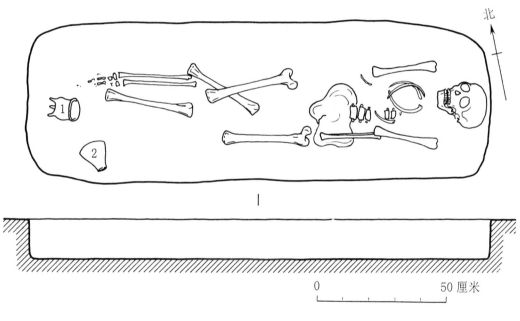

图七五 M14平、剖面图

1. 陶鼎 2. 陶杯

部）有壶形器1件，南部（可能为脚部）有杯5件、盆2件、鼎1件，东南角二层台上有盆5件、罐6件（图八六、八七；彩版八；图版一九，1）。

M54 位于AT104，开口在第8层下，打破第9层。墓口距地表深1.3、长2.6、宽0.9、深0.27米。方向42°。单人仰身直肢，头向东北。左侧和脚端为二层台。左侧二层台宽约0.4、脚端二层台宽约0.7、台高0.15米。二层台壁及骨架下均有一层膏泥，前者厚3、后者厚3~5厘米。墓底不平，脚高头低。随葬品分置二处。头部两

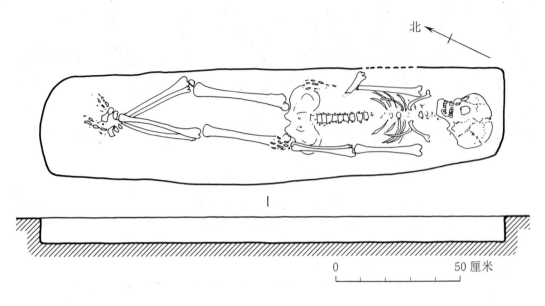

图七六　M66 平、剖面图

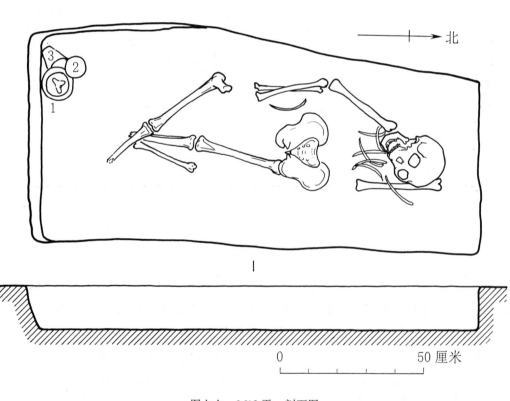

图七七　M13 平、剖面图
1. 陶鼎　2. 陶器盖　3. 陶杯

侧有杯 2 件、罐 1 件、器盖 1 件。脚端二层台上有碗 1 件和罐碎片一堆（图八八、八九）。

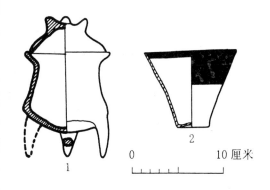

图七八　M13 随葬陶器组合图
1. 鼎 M13:1、2　2. 杯 M13:3

　　M55　位于 AT103，开口在第 8 层下，打破生土。墓口距地面深 1.6、长 2.55、宽 1、深 0.29 米。方向 30°。单人二次葬，头向东北，面向上。四周为二层台，台宽 0.45、高 0.15 米。骨架两侧台壁上涂一层厚约 4.2 厘米的褐色膏泥。墓底也有一层膏泥，可能与葬具有关。随葬品置于两端的二层台上，头端二层台上置鼎、器盖各 1 件，脚端二层台上置罐 3 件（图九〇、九一；图版一九，2）。

　　M58　位于 AT1，开口在第 3d 层下，打破第 4 层。平面大体呈梯形。长约 3.2、宽 1.25、深 0.3 米。方向 140°。单人二次葬，头向东南，面向南。四周皆设二层台，左侧台宽 0.38、右侧台宽 0.3、头顶侧台宽 0.1、脚侧台宽 1 米。随葬品分置二处。脚部有杯 4 件，鼎、器盖、罐、小罐各 1 件，盆 2 件。脚侧二层台上有罐 32 件、碗 1 件、盆 1 件（图九二、九三、九四）。

　　M62　位于 AT6，开口在第 12 层下，打破 H110、M66 及第 13 层。墓口距地表深 2.4、长 1.85、宽 0.55、深 0.3 米。脚端及左侧为熟土二层台，台高约 0.18 米。内填灰褐色土。方向 230°。单人仰身直肢葬，头向西南，面向上。骨架保存较好，头部略高于脚底。随葬品置于东北角脚端的二层台上，有鼎、杯、钵各 1 件，碗 2 件（图九五、九六）。

　　M67　位于 AT103，开口在第 8 层下，被 M60 打破，打破生土。墓口距地表深 2.3、长 2.45、宽 1.1、深约 0.2 米。方向 45°。单人二次葬，头向东北，面向上。四周为二层台，台宽 0.23、高 0.15 米。随葬品置于脚部，有杯 1 件、罐 1 件、小罐 2 件、鼎 1 件（图九七、九八）。

　　M72　位于 AT1，开口在第 3d 层下，打破第 4 层。长 2.5、宽 1、深 0.4 米。方向 25°。单人侧身屈肢二次葬，头朝东北，面向西。四周皆为二层台，台高 0.15 米。左侧台宽约 0.15、右侧台宽约 0.3、头端台宽约 0.2、脚端台宽 0.74 米。墓底不平，头高脚低。随葬品分置三处。头顶有杯 3 件、小罐 3 件、钵 1 件、鼎 1 件。左侧腰部有盆 1 件。脚端二层台上有罐 19 件（图九九、一〇〇、一〇一）。

　　（五）瓮棺葬

　　W9　位于 AT605 西部，开口在第 3b 层下，打破第 4 层。土坑平面为圆形。坑口

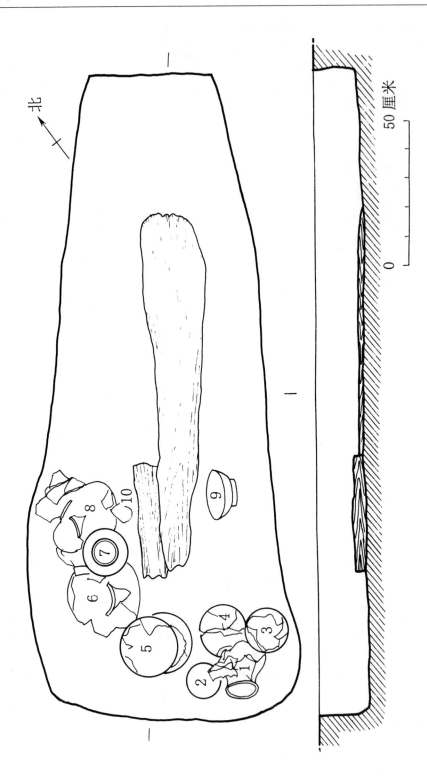

图七九　M35平、剖面图
1~8. 陶罐　9. 陶碗　10. 漆器片

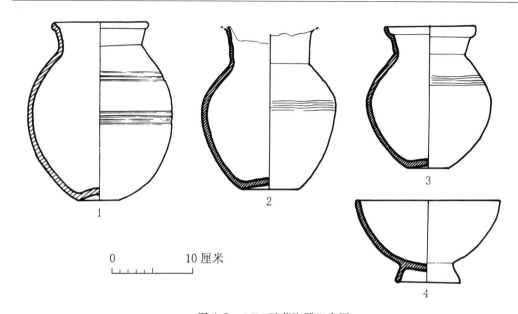

图八〇　M35 随葬陶器组合图

1～3. 罐 M35∶4、M35∶1、M35∶2　4. 碗 M35∶9

距地表深 1、直径 0.3、深 0.3 米。内填灰色土，夹炭末。葬具为陶釜，口朝上，正放。瓮棺内有小孩牙齿和碎陶片，无其他随葬品（图一〇二）。

　　W38　位于 T12，开口在第 8 层下，打破第 9 层。平面为不规则圆形，最大直径 0.78、深 0.5 米。葬具为碗扣釜，正放。西侧有陶鼎 1 件（图一〇三）。

　　W29　位于 T8，开口在 G2 下，打破第 7 层。土坑平面为圆形，坑口距地表深 1.5、直径 0.4、深 0.36 米。壁斜直，底为锅底状。葬具为碗扣罐，正放。仅见少量骨渣，无随葬品（图一〇四；图版二〇，1）。

　　W33　位于 T7，开口在第 7 层下，打破第 8 层。土坑平面为不规则圆形，直径 0.48、深 0.34 米。底为锅底状。内填松软的浅灰褐色土。葬具为豆套罐，正放。无随葬品（图一〇五）。

　　W34　位于 T7，开口在第 8 层下，被 W31 打破，打破第 9 层。土坑平面为不规则圆形，直径 0.6、深 0.48 米。内填松软的灰褐色土。壁斜直，底为锅底状。葬具为碗扣釜，碗底正中洞穿。仅见零星骨渣，无随葬品（图一〇六；图版二〇，2；图版二五，1）。

　　W36　位于 T6，开口在第 6 层下，打破第 8 层。土坑平面近圆形，直径 0.48、深 0.39 米。内填松软的浅褐色土。底为锅底状。葬具为碗扣釜，正放。仅见零星骨渣，无随葬品（图一〇七）。

三　墓葬遗物

屈家岭文化墓葬遗物包括土坑葬的随葬品和一部分瓮棺葬葬具。这些遗物皆为陶容器，大部分为泥质陶，少量为夹砂夹炭陶。以灰陶为主，红陶其次，还有一定数量的黑、黑皮和黄褐陶。灰陶和黑陶主要为罐、鼎、器盖、豆、碗。红陶主要为杯、壶形器、盆、小罐。器物造型规整，多轮制。除素面外，罐、鼎多饰弦纹和划纹，豆圈足多饰镂孔，大口釜、罐往往饰篮纹。杯、壶形器则多施红衣黑彩。器形有鼎、器盖、釜、罐、碗、杯、盆、钵、豆、壶形器、盂等，共计陶器 300 件。其中一部分可以复原。以下标本的型式标准与遗址部分的陶器相同。

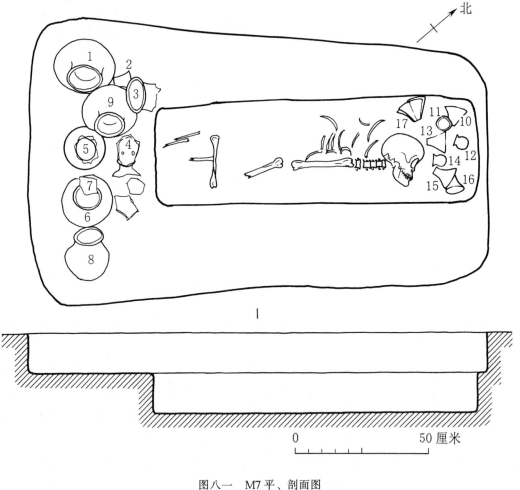

图八一　M7 平、剖面图

1、5、6、8、9.陶罐　2、10、13、15～17.陶杯　3.陶鼎、器盖　4、7.陶豆

11、12、14.陶小罐

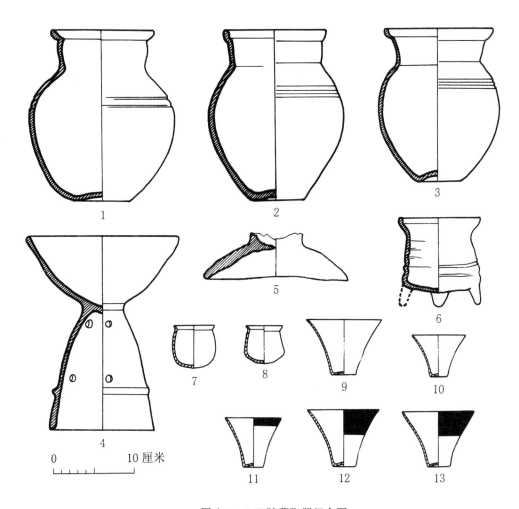

图八二　M7随葬陶器组合图

1~3. 罐 M7:1、M7:6、M7:5　4. 豆 M7:4　5. 器盖 M7:19　6. 鼎 M7:3　7、8. 小罐 M7:11、
M7:12　9~13. 杯 M7:10、M7:16、M7:13、M7:15、M7:17

鼎　28件。分二型。

A 型　22件。分二亚型。

Aa 型　7件。分二式。

Ⅰ式　3件。标本 M104:1，泥质灰陶。圆唇，鸭嘴形凿足。腹饰一周凸弦纹。口径11.2、高10.4厘米（图一〇八，1；图版二一，1）。标本 M58:29-2，泥质灰陶。有盖。方唇，扁足正面微凹。素面。口径7.2、通高12.8厘米（图一〇八，2）。

Ⅱ式　4件。标本 M14:1，泥质黑陶。扁凿形足。素面。口径9、通高10厘米（图一〇八，3）。标本 M72:8，泥质灰陶。凿形矮足。素面。口径6.8、通高7.4厘米（图

图八三　M26平、剖面图

1~15、18~25. 陶罐　16、17. 陶碗　26. 陶杯　27. 陶鼎　28~30. 陶豆　31、33. 陶小罐　32. 陶盆

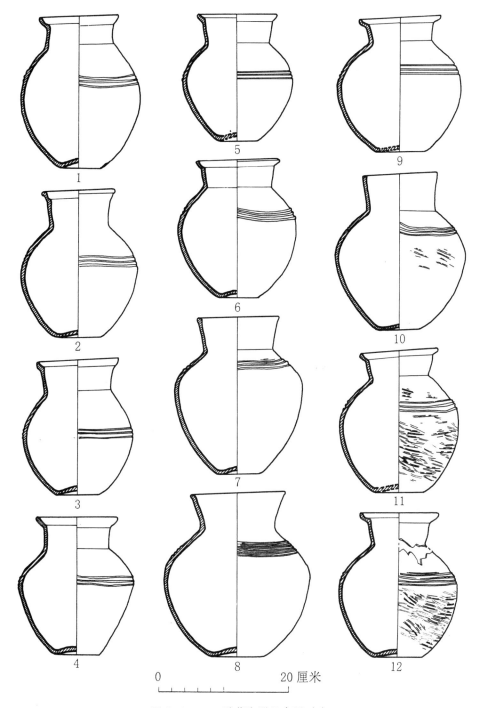

图八四　M26 随葬陶器组合图（1）

1~12. 罐 M26:2、M26:11、M26:20、M26:18、M26:7、M26:25、M26:3、
M26:9、M26:13、M26:19、M26:12、M26:10

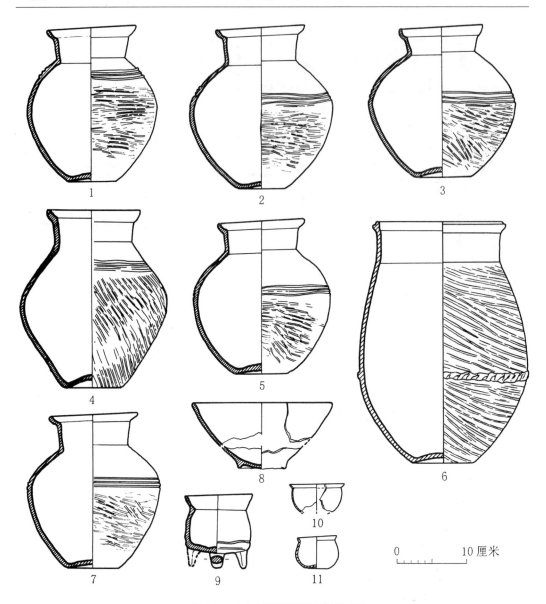

图八五　M26 随葬陶器组合图（2）

1~7. 罐 M26:22、M26:21、M26:24、M26:8、M26:23、M26:4、M26:14　8. 碗 M26:17

9. 鼎 H26:27　10. 盆 M26:32　11. 小罐 M26:33

一〇八，4；图版二一，2）。标本 M55:4，泥质灰陶。有盖。凿形矮足。下腹饰两道凹弦纹。口径 8.8、通高 13.2 厘米（图一〇八，5）。

　　Ab 型　15 件。分三式。

　　Ⅰ 式　7 件。标本 M70:1，泥质灰陶。有盖。圆唇，扁凿形足。垂腹处饰一周凸弦

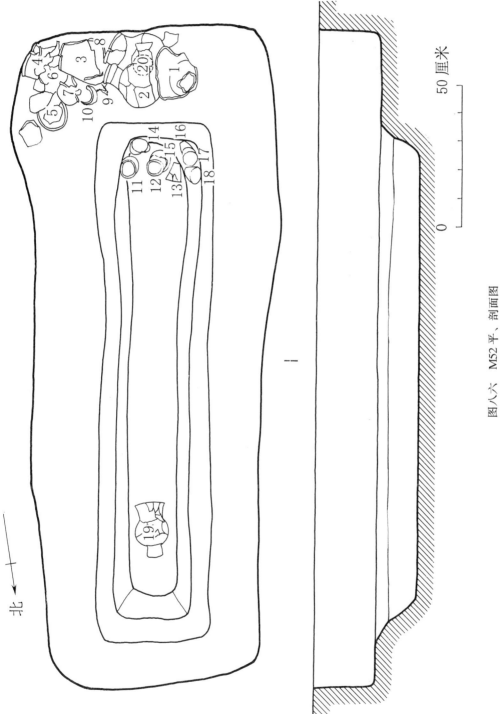

图八六　M52 平、剖面图

1～6. 陶罐　7～12、20. 陶盆　13、15～18. 陶杯　14. 陶鼎　19. 陶壶形器

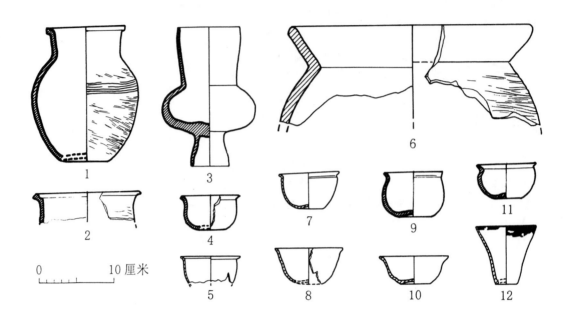

图八七　M52 随葬陶器组合图

1、2、6. 罐 M52:4、M52:6、M52:3　3.壶形器 M52:9　4、5、7～11.盆 M52:10、
M52:9、M52:11、M52:8、M52:20、M52:7、M52:12　12.杯 M52:17

纹。口径 10.4、通高 13.5 厘米（图一〇八，6）。标本 M13:1，泥质灰陶。圆唇，扁圆
形足。素面。口径 9.6、通高 11.2 厘米（图一〇八，7）。标本 M45:5，泥质黑陶。圆
唇，卷边足。腹饰凹弦纹。口径 12、通高 12.4 厘米（图一〇八，8）。

Ⅱ式　5件。标本 M4:2，泥质黑陶，足残。素面。口径 8.8、残高 7.2 厘米（图一
〇八，9）。标本 M70:3，泥质灰胎黑皮陶。圆唇，扁凿形足。饰凸弦纹。口径 10.4、
高 10.8 厘米（图一〇八，10）。标本 M61:10，泥质深灰陶。腹内可见泥条盘筑痕迹。
口微残。扁矮足。素面。残高 8.8 厘米（图一〇八，11）。标本 M51:5-2，泥质灰陶。
有盖。扁圆形足。素面。口径 8.4、通高 13.2 厘米（图一〇八，12）。标本 M26:27，
泥质灰陶。尖唇，凿形矮足。下腹饰一周划纹。口径 9.4、通高 10 厘米。

Ⅲ式　3件。标本 M7:3，泥质灰陶。圆唇，矮扁足。腹饰二周凹弦纹。口径 10、
通高 10.8 厘米（图一〇八，13；图版二一，3）。标本 W38:1，泥质褐陶。矮凿形足。
腹饰二道浅回弦纹。口径 11.4、通高 10 厘米（图一〇八，14）。标本 M84:1，泥质红
胎黑皮陶。口残，扁凿形足。腹饰二道浅回弦纹。残高 9.2 厘米（图一〇八，15）。

B 型　1件。扁腹。

标本 M62:1，泥质灰胎黑皮陶。口残，扁足残。腹饰凹弦纹。残高 9.6 厘米（图
一〇八，16）。

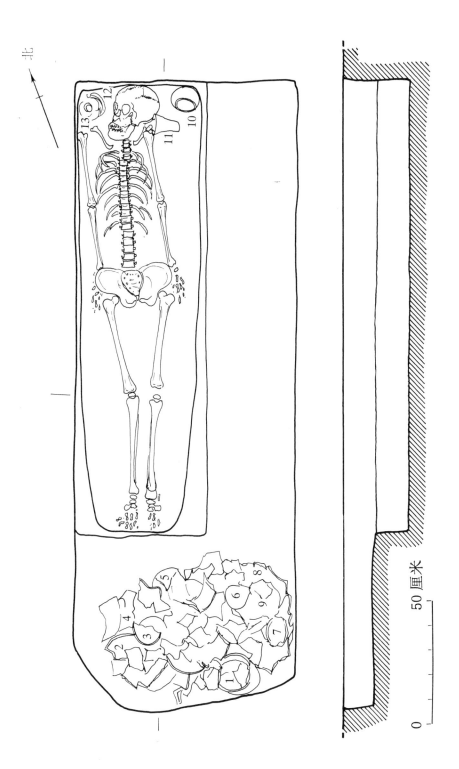

图八八　M54 平、剖面图

1. 陶碗　2~10. 陶罐　11、12. 陶杯　13. 陶器盖

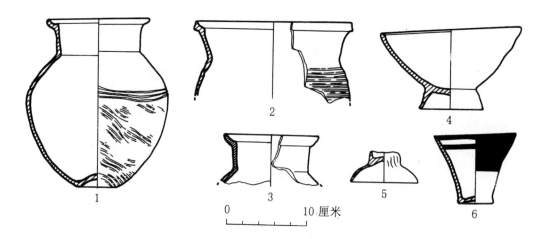

图八九　M54 随葬陶器组合图

1～3. 罐 M54:3、M54:7、M54:10　4. 碗 M54:1　5. 器盖 M54:13　6. 杯 M54:11

另有型式不明的鼎 5 件。

器盖　12 件。分二型。

A 型。5 件。分二亚型。

Aa 型　1 件。

标本 M39:1-1，泥质灰陶。圆唇，斜弧腹内折。素面。口径 8.2、高 4.4 厘米（图一〇九，1）。

Ac 型　4 件。

标本 M104:2，泥质黑陶。圆唇，斜弧腹。素面。口径 10、高 4.4 厘米（图一〇九，2；图版二一，4）。标本 M58:29-1，泥质灰陶。素面。口径 7.2、高 3.2 厘米（图一〇九，3）。

D 型　4 件。分三亚型。

Da 型　2 件。

标本 M7:19，泥质灰陶。圈形纽，盖盘为浅钵形。口径 18、高 5.6 厘米（图一〇九，4）。

Db 型　Ⅰ式　1 件。

标本 M51:5-1，泥质深灰陶。敞口隆起，斜壁。素面。口径 8、高 4.9 厘米（图一〇九，5）。

Dc 型　1 件。

标本 M54:13，泥质深灰陶。斜弧壁，圆唇。素面。口径 8.4、高 3.8 厘米（图一〇九，6）。

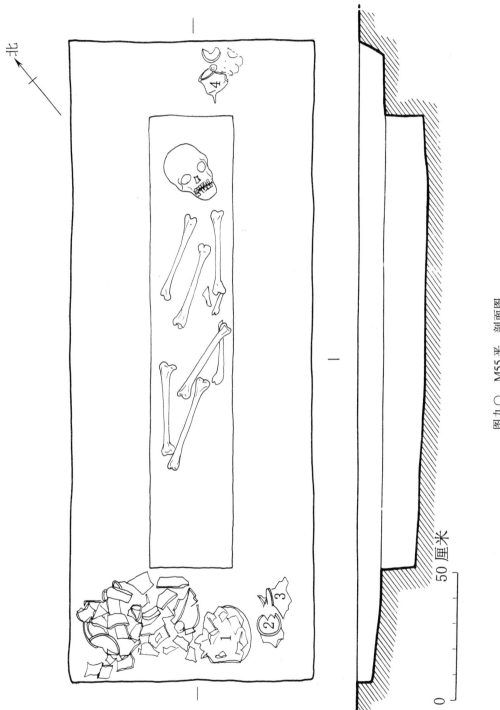

图九〇 M55 平、剖面图
1. 陶小罐 2、3. 陶罐 4. 陶鼎

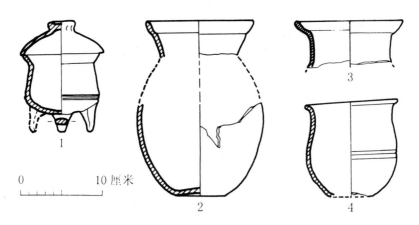

图九一　M55 随葬陶器组合图

1. 鼎 M55:4　2. 罐 M55:2　3. 罐口沿 M55:3　4. 小罐 M55:1

另有型式不明的器盖 3 件。

釜　8 件。分二式。

Ⅰ式　2 件。标本 M4:3，夹砂灰红陶。方唇，仰折沿，沿面较宽，深鼓腹。圜底残。素面。口径 29、残高 23 厘米（图一一〇，1；图版二二，1）。标本 W34:2，夹砂红胎黑皮陶。出土时口上扣碗。圆唇，下腹残。腹饰横篮纹。口径 24.5、残高 23.5 厘米（图一一〇，3）。

Ⅱ式　1 件。标本 W36:2，夹炭褐陶，质轻。出土时口上扣碗。尖唇，仰折沿，沿面较窄并内凹，扁鼓腹，下腹残。素面。口径 28、残高 23 厘米（图一一〇，2；图版二二，2）。

另有型式不明的釜 5 件。

盂　1 件。

标本 M70:2，泥质黑陶。仰折沿，圆唇，扁腹下折，高圈足。素面。口径 6.4、底径 6、高 8.4 厘米（图一一〇，4；图版二二，3）。

罐　131 件。分九型。

A 型　89 件。分二亚型。

Aa 型　Ⅱ式　88 件。

标本 M8:1，泥质灰褐陶。鼓肩，深腹，凹底。肩饰三道凸弦纹，底部压印编织纹。口径 12、底径 6.4、高 20.4 厘米（图一一一，1）。标本 M51:13，泥质黑陶。厚圆唇，深弧腹，凹底。肩、腹饰二组不规则划纹。口径 11.8、底径 8、高 23.2 厘米（图一一一，2）。标本 M61:2，泥质灰黄陶。鼓腹，最大腹径偏上，凹底。肩饰一组不规则划纹。口径 11.8、底径 6.4、高 16 厘米（图一一一，3）。标本 M58:16，泥质灰陶。圆唇，球腹，底微凹。素面。口径 12、底径 7.8、高 20.8 厘米（图一一一，4）。标本

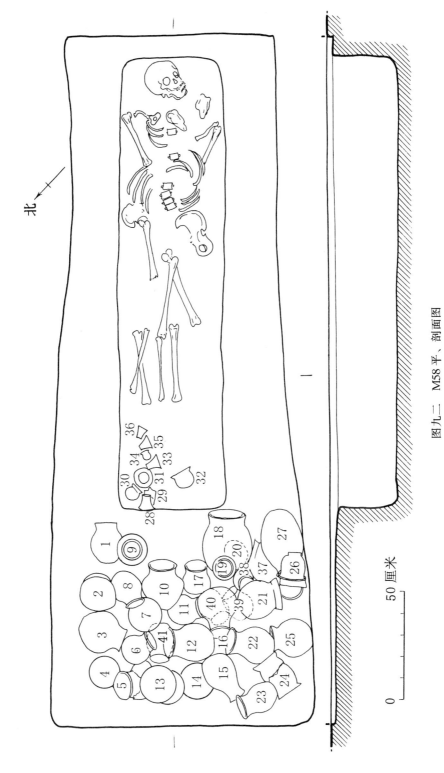

图九二　M58 平、剖面图

1~19、21~25、27、37~41. 陶罐　20、30、32. 陶盆　26. 陶碗　28、33、35、36. 陶杯　29. 陶鼎、器盖　31、34. 陶小罐

图九三　M58 随葬陶器组合图（1）

1~12.罐 M58：1、M58：3、M58：5、M58：6、M58：7、M58：8、M58：10、M58：11、
M58：21、M58：14、M58：16、M58：17

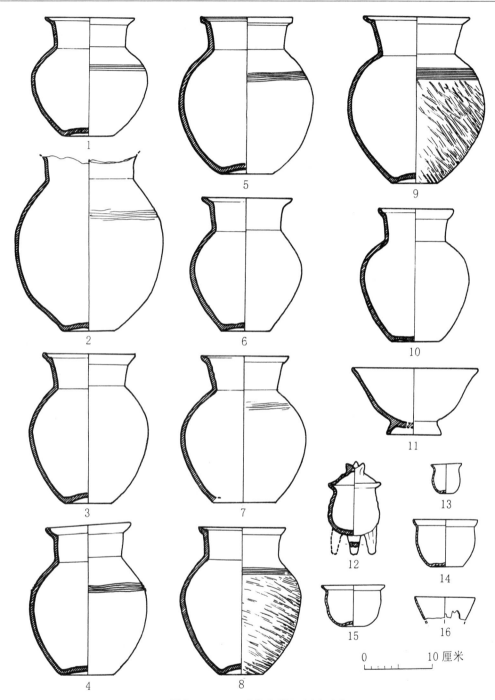

图九四　M58 随葬陶器组合图（2）

1～10. 罐 M58：37、M58：22、M58：23、M58：24、M58：25、M58：38、M58：39、M58：41、M58：

12、M58：42　11. 碗 M58：26　12. 鼎 M58：29　13. 小罐 M58：34　14、15. 盆 M58：32、M58：30

16. 杯 M58：35

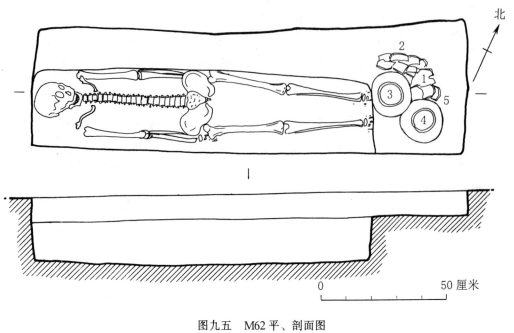

图九五　M62 平、剖面图

1.陶鼎　2.陶钵　3、4.陶碗　5.陶杯

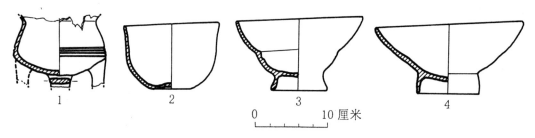

图九六　M62 随葬陶器组合图

1.鼎 M62：1　2.钵 M62：2　3、4.碗 M62：3、M62：4

M58：12，泥质灰胎黑皮陶。圆唇，鼓肩，弧腹，凹底。肩饰一组细密的凸弦纹，腹饰零星斜篮纹。口径 14.8、底径 6.8、高 23.6 厘米（图一一一，5）。标本 M61：5，泥质灰红陶，局部黑色。深弧腹，最大腹径偏上，凹底。肩部和腹部饰两组不规则划纹。口径 12、底径 8、高 21 厘米（图一一一，6；图版二二，4）。标本 M26：14，泥质灰陶。圆唇，鼓肩，弧腹，凹底。肩饰一组凸弦纹，腹饰零星斜篮纹。口径 12、底径 7.2、高 21.6 厘米（图一一一，7）。标本 M58：24，泥质深灰陶。圆唇，深弧腹，凹底。肩饰一组不规则划纹。口径 12、底径 7.2、高 21.6 厘米（图一一一，8）。标本 M26：21，泥质灰陶。圆唇，鼓腹，最大腹径偏上，凹底。肩饰一组不规则划纹，。口径 12.4、底径

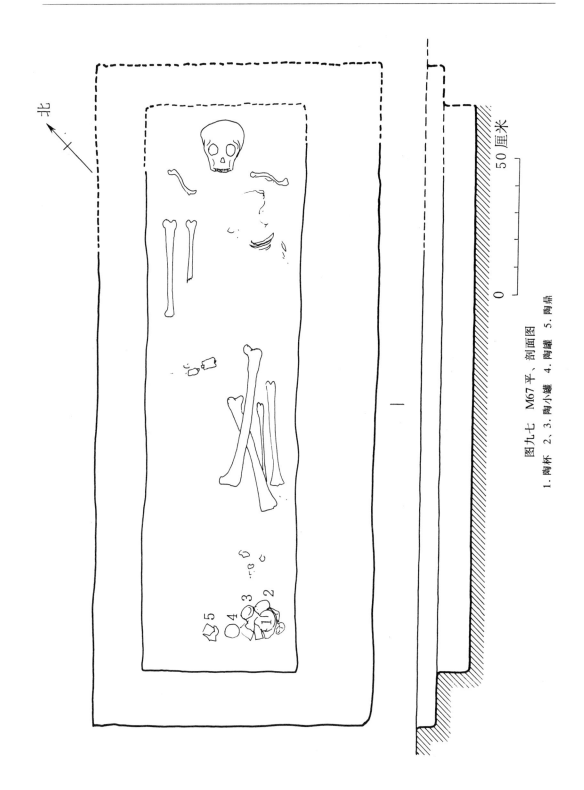

图九七　M67平、剖面图
1. 陶杯　2、3. 陶小罐　4. 陶罐　5. 陶鼎

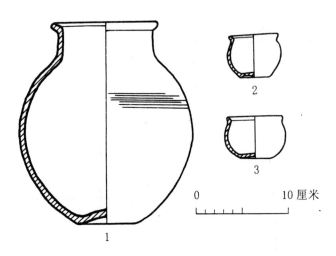

图九八　M67 随葬陶器组合图

1. 罐 M67：4　2、3. 小罐 M67：3、M67：2

6.4、高 24 厘米（图一一一，9）。

Ab 型　Ⅰ式　1 件。

标本 M72：22，泥质灰红陶。圆唇，深弧腹，最大腹径偏上。凹底。腹饰一组细浅的凸弦纹。口径 11.2、底径 6.4、高 19.6 厘米（图一一二，1）。

Cb 型　Ⅰ式　3 件。

标本 W29：1，夹砂红陶。质轻，尖唇，深鼓腹，下腹残，矮圈足。素面。口径 22 厘米（图一一二，2）。标本 M20：4，泥质灰陶。方唇上有一凹槽，

深鼓腹，下残。腹饰一组凸弦纹。口径 27.4 厘米（图一一二，3）。

D 型　3 件。

标本 M54：7，夹细砂灰胎黑陶。唇外一道凹槽，下残。腹饰横篮纹。口径 20、残高 9.2 厘米（图一一二，4）。标本 M26：4，夹细砂黑陶。通体饰斜篮纹，下腹饰一周附加堆纹。凹底。口径 22.7、底径 8.4、通高 32.5 厘米（图一一二，5）。

E 型　8 件。分两式。

Ⅱ式　6 件。标本 M26：19，泥质灰胎灰黑陶。方唇上有一细槽。鼓腹，最大腹径偏上。凹底。肩饰不规则凸弦纹一组，腹饰零星篮纹。口径 11.6、底径 6、高 23.6 厘米（图一一二，6；图版二三，1）。标本 M2：7，泥质灰陶。斜唇，鼓腹略扁，最大腹径偏上，凹底。肩饰不规则凸弦纹一组。口径 12、底径 8、高 24 厘米（图一一二，7）。

Ⅲ式　2 件。标本 M72：12，泥质灰陶。圆唇，深弧腹，最大腹径偏上，平底。素面。口径 14、底径 8、通高 30.4 厘米（图一一二，8；图版二三，2）。标本 M26：9，泥质灰陶。圆唇，鼓腹，最大腹径偏上。凹底。肩饰一组不规则凸弦纹。口径 14、底径 8、高 25.2 厘米（图一一二，9）。

F 型　1 件。

标本 M70：4，泥质灰陶。尖唇，鼓腹，凹底。素面。口径 4.4、底径 3.6、高 8.2 厘米（图一一三，1；图版二三，3）。

G 型　Ⅰ式　5 件。

标本 M45：4，泥质灰黄陶。圆唇，凹底。素面。口径 7.8、底径 4.4、通高 8.1 厘

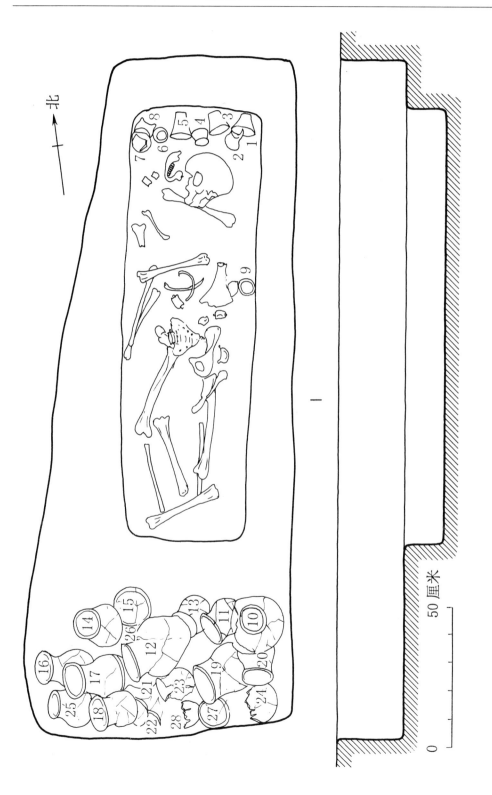

图九九　M72 平、剖面图

1、3、5. 陶杯　2、4、7. 陶小罐　6. 陶钵　8. 陶鼎　9. 陶盆　10～28. 陶罐

图一〇〇　M72 随葬陶器组合图（1）

1~12. 罐 M72：10、M72：16、M72：21、M72：24、M72：22、M72：11、M72：17、

M72：13、M72：19、M72：12、M72：18、M72：25

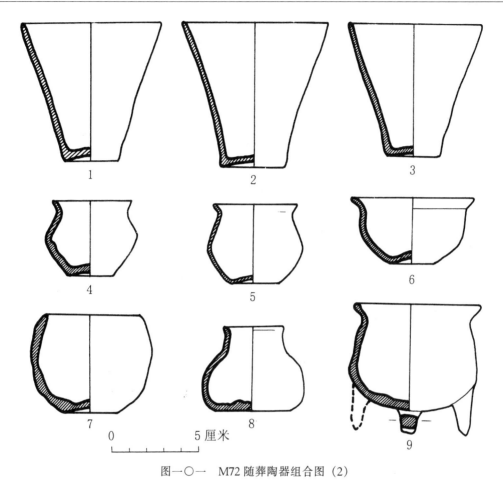

图一〇一　M72 随葬陶器组合图（2）

1～3. 杯 M72:1、M72:3、M72:5　4、5. 小罐 M72:4、M72:2　6. 盆 M72:9　7. 钵 M72:6
8. 小罐 M72:7　9. 鼎 M72:8

米（图一一三，2；图版二三，4）。标本 M25:4，泥质红陶。尖唇，凹底。素面。口径
6、底径 3.2、高 5.2 厘米。标本 M25:3，泥质红陶。尖唇，凹底。素面。口径 6.8、底
径 3、高 5 厘米（图一一三，3）。

　　H 型　Ⅲ式　1 件。腹浅。

　　标本 M72:7，泥质灰陶。仰折沿，鼓腹略扁，平底。素面。口径 3.2、底径 4.4、
高 4.9 厘米（图一一三，4）。

　　J 型　6 件。仰折沿，矮领。分二式。

　　Ⅰ式　3 件。矮领明显，鼓腹。标本 M61:13，泥质灰胎黄陶。仰折沿，尖唇，鼓
腹，凹底。素面。口径 14.8、底径 8、高 12 厘米（图一一三，6）。

　　Ⅱ式　3 件。矮领不明显。标本 M67:2，泥质灰黄陶，红色陶衣大部脱落。斜方
唇，腹微鼓，底近平。素面。口径 6、底径 3.2、高 4.4 厘米（图一一三，5）。标本

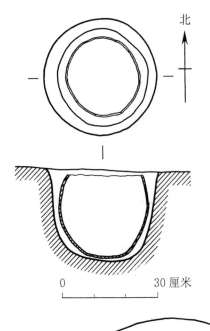

北

0   30 厘米

M26:33，泥质红胎黑皮陶。仰折沿，圆唇，微鼓腹，底内凹。素面。口径 5.2、底径 2.8、高 4.4 厘米（图一一三，7）。

　　K 型　7 件。侈口。分两亚型。

　　Ka 型　3 件。折腹。

　　标本 M72:4，泥质灰黄陶。圆唇，束颈，凹底。素面。口径 4.4、底径 2.8、高 4.4 厘米（图一一三，8）。标本 M7:12，泥质灰陶。束颈，弧腹下垂，圈底。素面。口径 4.6、高 4.6 厘米（图一一三，9）。

图一〇二　W9 平、剖面图

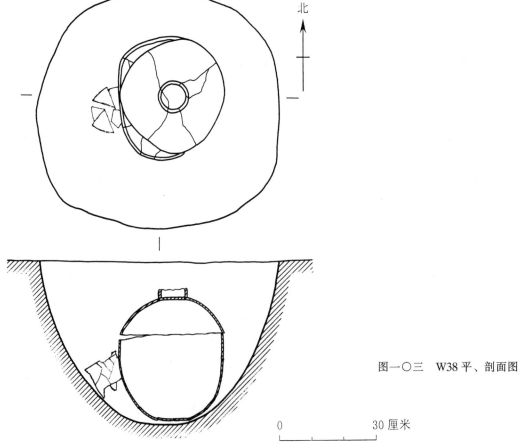

北

图一〇三　W38 平、剖面图

0   30 厘米

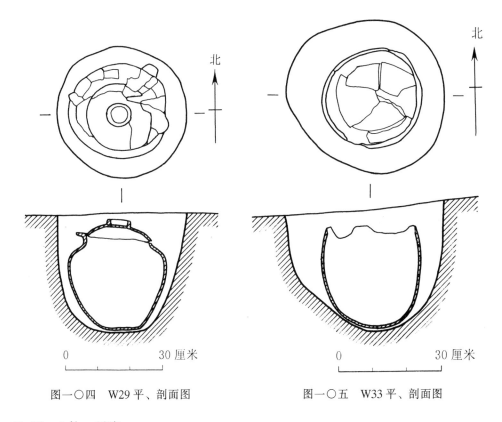

图一〇四 W29 平、剖面图   图一〇五 W33 平、剖面图

Kb 型 4 件。弧腹。

标本 M58:34，泥质灰红陶。圆唇，颈微束，深弧腹，凹底。素面。口径 4.4、底径 1.6、高 4.4 厘米（图一一三，10）。标本 M55:1，泥质灰黑陶。圆唇，深弧腹，底残。腹饰一组不规则凹弦纹。口径 10.4、残高 11.2 厘米（图一一三，11）。

另有型式不明的罐 8 件。

杯 67 件。只有 A 型，分二亚型。

Aa 型 20 件。分四式。

Ⅰ式 3 件。标本 M4:9，泥质灰黄陶。尖唇，凹底。施红彩带。口径 8.4、底径 4.4、高 5.8 厘米（图一一四，1）。标本 M45:1，泥质灰红陶。器表涂黑衣。尖唇，凹底。内壁饰圆弧形黑彩。口径 8.8、底径 4、高 5 厘米（图一一四，2）。

Ⅱ式 6 件。标本 M39:2，泥质红陶。尖唇，凹底。素面。口径 10.4、底径 4、高 6.2 厘米（图一一四，3）。

Ⅲ式 6 件。标本 M61:9，泥质橙黄陶。尖唇，凹底。素面。口径 8.4、底径 3.4、高 6.6 厘米（图一一四，4）。标本 M7:10，泥质灰红陶，底为灰色。口沿及上腹部涂红衣。斜方唇，凹底。口径 9.2、底径 3、高 6.7 厘米（图一一四，5）。

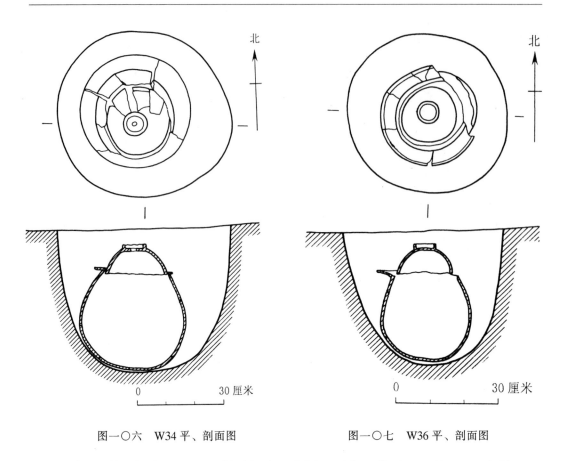

图一〇六　W34 平、剖面图　　　　　　　图一〇七　W36 平、剖面图

Ⅳ式　5件。标本 M72：3，泥质红陶。尖唇，凹底。素面。口径 8.4、底径 3.4、高 8.3 厘米（图一一四，6）。标本 M72：5，泥质灰红陶，底为灰色。方唇，斜直壁，凹底。口径 8、底径 3.2、高 7.6 厘米（图一一四，7）。

Ab 型　19件。分三式。

Ⅰ式　2件。标本 M13：3，泥质红黄陶。方唇，薄胎，凹底。饰红彩带。口径 10、底径 3.6、高 8 厘米（图一一四，8）。

Ⅱ式　10件。标本 M7：15，泥质黄陶。上腹施红衣。尖唇，凹底。口径 9.2、底径 3、高 6.8 厘米（图一一四，9）。标本 M103：4，泥质橙黄陶，器表施红衣。方唇，底微内凹。内施横条带及弧线红彩。口径 9.2、底径 3.6、高 7.8 厘米（图一一四，10；图版二四，1）。标本 M88：1，泥质红陶，上腹内外施红衣。方唇，凹底。口径 6.4、底径 2.4、高 5.8 厘米（图一一四，11）。

Ⅲ式　7件。标本 M54：11，泥质灰黄陶，上腹表面施红衣。尖唇，凹底。口沿内饰两道红衣彩带。口径 10.4、底径 4.4、高 8.9 厘米（图一一四，12）。标本 M88：3，泥质红陶，器表及口沿内饰红衣。尖唇，凹底。口径 6.4、底径 2.4、高 6.5 厘米（图一一四，13）。

　　另有型式不明的杯28件。

　　碗　29件。有六型。

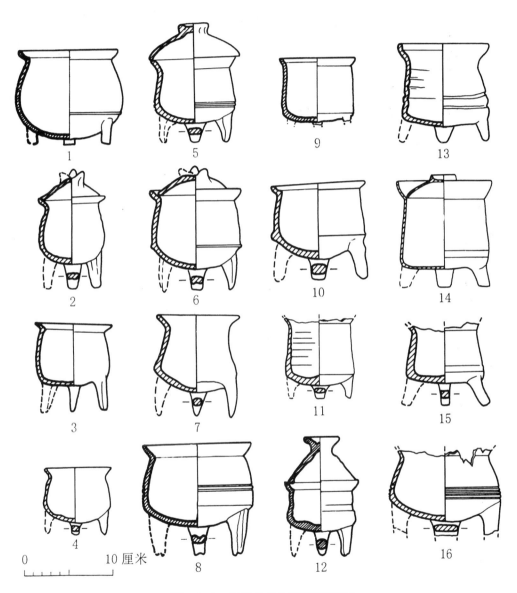

图一〇八　屈家岭文化墓葬随葬陶鼎

1、2.Aa型Ⅰ式 M104:1、M58:29－2　3～5.Aa型Ⅱ式 M14:1、M72:8、M55:4　6～8.Ab型Ⅰ
式 M70:1、M13:1、M45:5　9～12.Ab型Ⅱ式 M4:2、M70:3、M61:10、M51:5－2　13～15.Ab
型Ⅲ式 M7:3、W38:1、M84:1　16.B型 M62:1

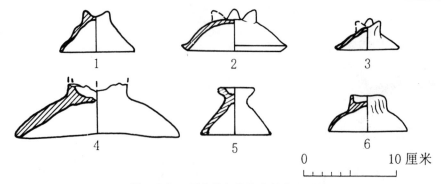

图一〇九　屈家岭文化墓葬随葬陶器盖

1.Aa 型 M39:1-1　2、3.Ac 型 M104:2、M58:29-1　4.Da 型 M7:19　5.Db 型 M51:5-1　6.Dc 型 M54:13

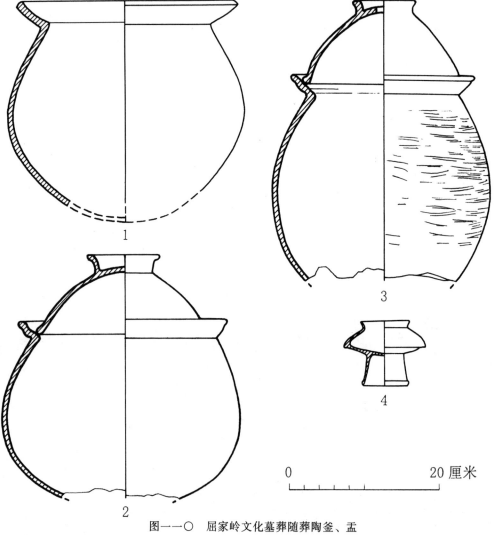

图一一〇　屈家岭文化墓葬随葬陶釜、盂

1、3.Ⅰ式釜 M4:3、W34:2　2.Ⅱ式釜 W36:2　4.盂 M70:2

A 型　8 件，分二亚型。

Aa 型　7 件。分三式。

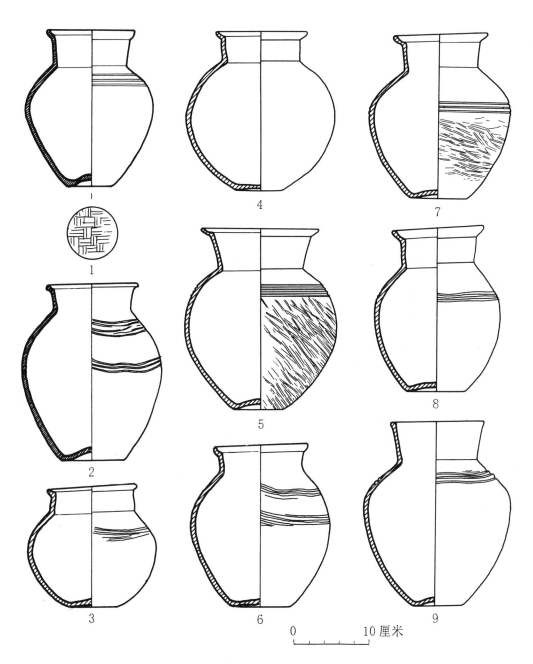

图一一一　屈家岭文化墓葬随葬陶罐

1～9.Aa 型Ⅱ式 M8：1、M51：13、M61：2、M58：16、M58：12、M61：5、M26：14、
M58：24、M26：21

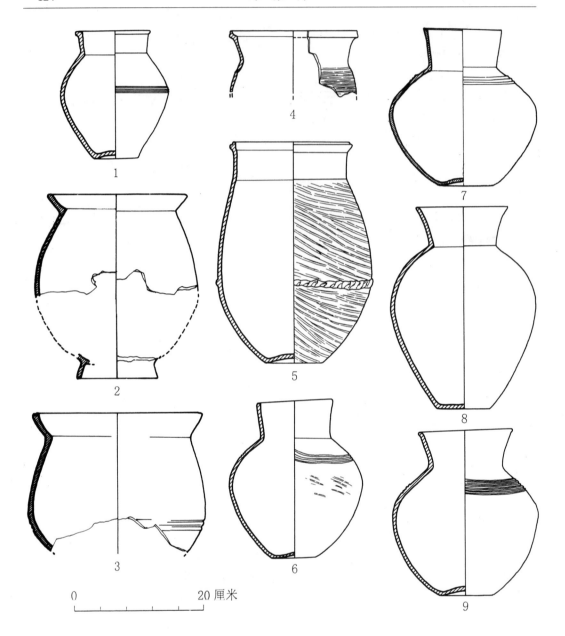

0　　　　　　　　　20 厘米

图一一二　屈家岭文化墓葬随葬陶罐

1.Ab 型Ⅰ式 M72:22　2、3.Cb 型Ⅰ式 W29:1、M20:4　4、5.D 型 M54:7、M26:4

6、7.E 型Ⅱ式 M26:19、M2:7　8、9.E 型Ⅲ式 M72:12、M26:9

Ⅰ式　2件。标本 M62:3，泥质灰胎黑皮陶。敞口，方唇，矮圈足。素面。口径 21、底径 8.3、通高 9.6 厘米（图一一五，1）。

Ⅱ式　2件。标本 M2:2，泥质灰陶。敞口，圆唇，口沿凿一半圆形缺口，矮圈足。

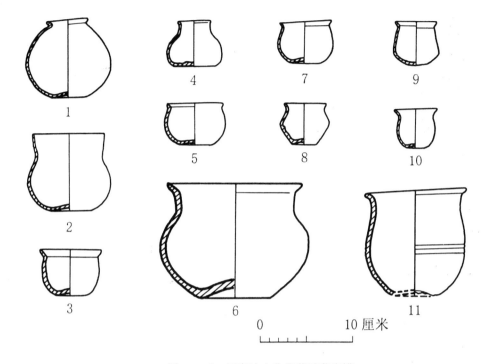

图一一三　屈家岭文化墓葬随葬陶罐

1.F 型 M70：4　2、3.G 型 I 式 M45：4、M25：3　4.H 型 III 式 M72：7　5、7.J 型 II 式 M67：
2、M26：33　6.J 型 I 式 M61：13　8、9.Ka 型 M72：4、M7：12　10、11.Kb 型 M58：34、
M55：1

素面。口径 18.4、底径 7.8、通高 9.2 厘米（图一一五，2）。

　　III 式　3 件。标本 M2：3，泥质灰黑陶。敞口，尖唇，斜腹微曲。矮圈足，碗底凿
一圆洞。素面。口径 17.6、底径 8、高 8.4 厘米（图一一五，3）。标本 M20：2，泥质红
胎黑皮陶。敞口，圆唇，斜腹微内折，矮圈足。口径 21.5、底径 7.8、通高 10.7 厘米
（图一一五，4）。

　　Ab 型　I 式　1 件。

　　标本 M4：7，泥质橙红陶。宽沿，圆唇，矮圈足。口径 13、底径 7.6、高 8.4 厘米
（图一一五，5；图版二四，2）。

　　C 型　I 式　1 件。

　　标本 M45：6，泥质灰黄陶，红衣。口残。斜弧壁，矮圈足。口径 13.6、底径 6.4、
残高 8.4 厘米（图一一五，6）。

　　D 型　II 式　5 件。

　　标本 M38：2，泥质灰陶。敞口，斜弧腹，矮圈足。下腹饰两道凸弦纹。口径 12.8、
底径 8、高 10.8 厘米（图一一五，7；图版二四，3）。标本 W31：1，泥质黑陶，敞口，

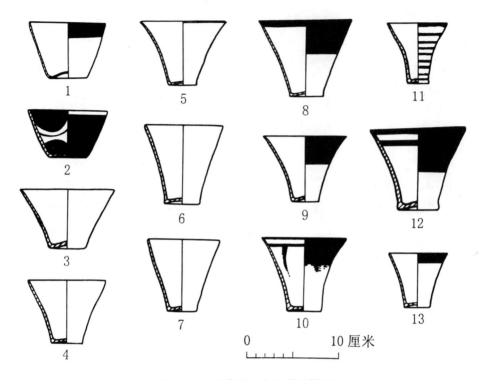

图一一四　屈家岭文化墓葬随葬陶杯

1、2.Aa 型Ⅰ式 M4∶9、M45∶1　3.Aa 型Ⅱ式 M39∶2　4、5.Aa 型Ⅲ式 M61∶9、M7∶10
6、7.Aa 型Ⅳ式 M72∶3、M72∶5　8.Ab 型Ⅰ式 M13∶3　9～11.Ab 型Ⅱ式 M7∶15、M103∶
4、M88∶1　12、13.Ab 型Ⅲ式 M54∶11、M88∶3

厚圆唇，斜弧腹，下残。素面。口径 21.6、残高 6 厘米（图一一五，8）。标本 M51∶8，
泥质灰陶。敞口，圆唇，斜弧壁，矮圈足。素面。口径 20、底径 7.2、高 9.6 厘米（图
一一五，9；图版二四，4）。

　　E 型　2 件。

　　标本 M58∶26，泥质灰黑陶。圆唇，斜弧壁，矮圈足，底凿一圆洞。素面。口径
18.4、底径 8、高 10.8 厘米（图一一五，10）。标本 M84∶2，泥质灰陶。圆唇，斜弧
腹，矮圈足。素面。口径 17.6、底径 6.4、高 8 厘米（图一一五，11）。

　　F 型　5 件。分三式。

　　Ⅰ式　3 件。标本 M54∶1，泥质灰陶。斜方唇，矮圈足。素面。口径 17.6、底径
8、高 10 厘米（图一一五，12）。标本 W29∶2，泥质灰陶。矮圈足。素面。口径 18.2、
底径 8、高 10.2 厘米（图一一五，13）。标本 M26∶17，泥质深灰陶。圈足残。素面。
口径 20、残高 9.2 厘米（图一一五，14）。

　　Ⅱ式　1 件。标本 M38∶3，泥质灰陶。厚圆唇，矮圈足。素面。口径 16.8、底径

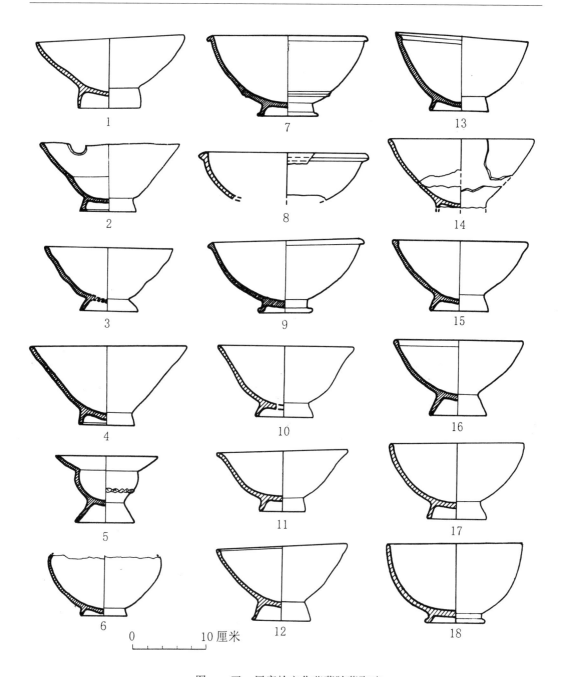

图一一五　屈家岭文化墓葬随葬陶碗

1.Aa 型Ⅰ式 M62:3　2.Aa 型Ⅱ式 M2:2　3、4.Aa 型Ⅲ式 M2:3、M20:2　5.Ab 型Ⅰ式 M4:7

6.C 型Ⅰ式 M45:6　7~9.D 型Ⅱ式 M38:2、W31:1、M51:8　10、11.E 型 M58:26、M84:2

12~14.F 型Ⅰ式 M54:1、W29:2、M26:17　15.F 型Ⅱ式 M38:3　16.F 型Ⅲ式 M38:4

17.G 型Ⅰ式 M35:9　18.G 型Ⅱ式 M51:9

8、高 9.4 厘米（图一一五，15；图版二五，2）。

　　Ⅲ式　1 件。标本 M38：4，泥质灰胎黑皮陶。矮圈足。素面。口径 16.8、底径 8、高 10 厘米（图一一五，16）。

　　G 型　2 件。直口，弧腹。分二式。

　　Ⅰ式　1 件。直口微敞，斜弧腹。标本 M35：9，泥质灰陶。圆唇，矮圈足。素面。口径 18、底径 8、通高 10 厘米（图一一五，17）。

　　Ⅱ式　1 件。直口，深弧腹。标本 M51：9，泥质灰陶，尖唇，矮圈足。素面。口径 18.5、底径 8、通高 10.4 厘米（图一一五，18）。

　　另有不能复原的碗 6 件。

　　盆　15 件。有三型。

　　Ab 型　Ⅰ式　1 件。

　　标本 M4：1，泥质灰陶。圆唇，斜弧壁，凹底。素面。口径 24、底径 5.6、高 8 厘米（图一一六，1；图版二五，3）。

　　Ba 型　11 件。有三式。

　　Ⅱ式　2 件。标本 M58：32，泥质橙黄陶。圆唇，凹底。素面。口径 8.2、底径 4.8、高 6.7 厘米（图一一六，2）。

　　Ⅲ式　8 件。标本 M72：9，泥质灰红陶。圆唇，凹底。素面。口径 7.2、底径 2.7、高 3.8 厘米（图一一六，3）。标本 M52：11，泥质灰黄陶。尖唇，束颈，凹底。素面。口径 8、底径 3.3、通高 4.6 厘米（图一一六，4）。

　　Ⅳ式　1 件。标本 M52：7，泥质灰红陶。尖圆唇，底残。素面。口径 9、残高 3.6 厘米（图一一六，5）。

　　D 型　1 件。仰折沿，深腹，圈足。

　　标本 M41：2，夹砂褐陶，局部黑色。口微残，深弧腹，矮圈足捏有三个对称的圆弧形缺口，形成三扁足。腹饰粗浅零乱的篮纹，下腹饰一周附加堆纹。底径 8、高 26.8 厘米（图一一六，6；图版二五，4）。

　　另有未复原的盆 2 件。

　　钵　3 件。有二型。

　　B 型　2 件。

　　标本 M61：15，泥质红陶。唇外突较厚，斜弧腹，底微凹。素面。口径 18.4、底径 4.7、高 8.2 厘米（图一一六，7）。标本 M62：2，泥质灰红陶。方唇，弧腹，凹底。素面。口径 12.8、底径 5.6、高 8.6 厘米（图一一六，8；图版二六，1）。

　　C 型　1 件。

　　标本 M72：6，泥质灰红陶。口微敛，深弧腹，凹底，胎厚。素面。口径 5.6、底径

3.2、高5.6厘米（图一一六，9；图版二六，2）。

豆　4件。有两型。

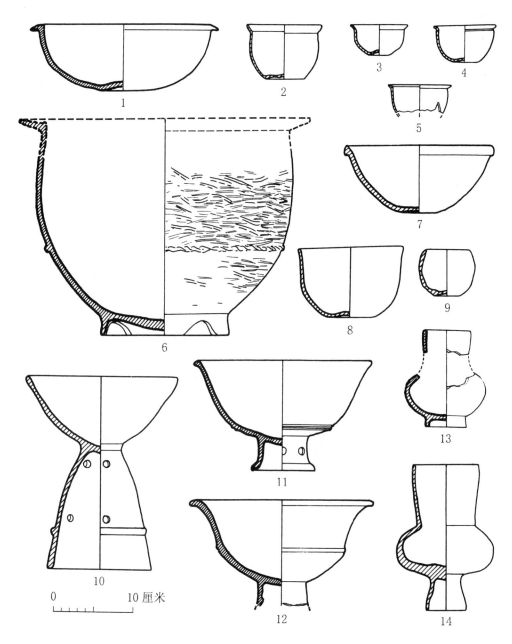

图一一六　屈家岭文化墓葬随葬陶盆、钵、豆、壶形器

1.Ab型Ⅰ式盆 M4:1　2.Ba型Ⅱ式盆 M58:32　3、4.Ba型Ⅲ式盆 M72:9、M52:11　5.Ba型Ⅳ式
盆 M52:7　6.D型盆 M41:2　7、8.B型钵 M61:15、M62:2　9.C型钵 M72:6　10.A型Ⅲ式豆
M7:4　11、12.E型豆 W33:1、W25:1　13.A型Ⅰ式壶形器 M88:2　14.A型Ⅱ式壶形器 M52:19

A 型 Ⅲ式 1件。

标本 M7:4，泥质灰陶。敞口，圆唇，斜腹微凹，喇叭形高圈足。高圈足上饰三组（每组二个）圆形镂孔及一周凸弦纹。口径 18.6、底径 12、高 24 厘米（图一一六，10；图版二六，3）。

E 型 2件。

标本 W33:1，泥质灰陶。圆唇外突，矮圈足。下腹饰两周凹弦纹，圈足上饰四个圆形镂孔。口径 21.6、底径 8、高 13.6 厘米（图一一六，11；图版二六，4）。标本 W25:1，泥质灰陶。圈足残。折腹处饰一周泥条附加堆纹。口径 22.4、残高 12.8 厘米（图一一六，12）。

另有不能修复的豆 1件。

壶形器 2件。有一型。

A 型 分二式。

Ⅰ式 1件。标本 M88:2，泥质灰胎橙黄陶。直口，圆唇，矮圈足。饰红衣。口径 6、底径 4.8、高约 12 厘米（图一一六，13）。

Ⅱ式 1件。标本 M52:19，泥质红陶。直口微敛，圈足较高。口径 8、底径 4.8、高 18 厘米（图一一六，14）。

第四节　分期

屈家岭文化遗存包含有若干个地层和较大量的灰坑、墓葬等遗迹单位，相互间构成多组叠压打破关系，为屈家岭文化的分期提供了丰富的地层依据。

根据地层叠压打破关系（用→表示），屈家岭文化遗存可列成三十六组，每组以从上到下（从叠压到被叠压，或打破到被打破）的关系顺序排列如下：

1组（AT607）：　④b→H92→⑥→⑦→H93

2组（T8）：

$$\begin{matrix}\text{W29} \\ \text{W28}\end{matrix}\to ⑥ \to ⑦ \to \begin{bmatrix}\text{M84} \\ \text{M86}\end{bmatrix} \to ⑧ \to ⑨ \to 城墙 \to \text{M104} \to ⑩ \to ⑪$$

3组（T7）：

$$\begin{matrix}\text{W30} \\ \text{W27}\end{matrix}\to ⑦ \to \begin{bmatrix}\text{M89} \\ \text{M95} \\ \text{W31} \\ \text{W33}\end{bmatrix} \to ⑧ \to \text{W34} \to ⑨ \to \begin{bmatrix}\text{M99} \\ \text{M101}\to\text{G3}\end{bmatrix} \to 城墙 \to ⑪ \to \text{G4}$$
$$\begin{matrix}\text{M94} \\ \text{M87}\end{matrix}$$

4 组（T6）：　④→H114→⑤→⑥→$\begin{bmatrix} \text{W36} \\ ⑦ \end{bmatrix}$→⑧→⑨→城墙→G5→⑪

5 组（AT1）：　$\begin{bmatrix} \text{M58} \\ \text{M72} \end{bmatrix}$→④→H94→⑤

6 组（AT6）：　⑪ₐ→$\begin{bmatrix} \text{M51} \\ \text{M41} \\ \text{M38} \end{bmatrix}$→⑫→M62→⑬→H110→⑭→$\begin{bmatrix} \text{M66} \\ \text{M70} \end{bmatrix}$

7 组（AT7）：　⑧→M74→⑪→W11→⑫

8 组（AT8）：　⑧→M61→⑨→⑩→M34→M35→⑪

9 组（AT9）：　$\begin{bmatrix} \text{M52} \\ \text{M61} \end{bmatrix}$→⑧

10 组（AT10）：　$\begin{bmatrix} \text{M16} \\ \text{M47} \end{bmatrix}$→⑥→H57→⑦

11 组（T4）：　④→M98→⑤→M103→⑥→⑦→⑧

12 组（T5）：　④→$\begin{bmatrix} \text{M90} \\ \text{H113} \end{bmatrix}$→⑤→$\begin{bmatrix} \text{M97} \\ \text{M100} \\ \text{M102} \end{bmatrix}$→⑥→⑦

13 组（AT104）：　$\begin{bmatrix} \text{W6} \\ \text{M54} \end{bmatrix}$→⑨

14 组（T28）：　M3→⑤→H11→M4

15 组（AT203）：　$\begin{bmatrix} \text{G1} \\ \text{H64→M26} \end{bmatrix}$→⑥→$\begin{bmatrix} \text{H90} \\ \text{H72} \end{bmatrix}$→⑧

16 组（T20）：　④→⑤

17 组（AT305）：　$\begin{bmatrix} \text{H50} \\ \text{H51} \end{bmatrix}$→⑤ₐ

18 组（T21）：　H112→④→H9

19 组（AT304）：　$\begin{bmatrix} \text{H61} \\ \text{M20→M25} \end{bmatrix}$→⑤→$\begin{bmatrix} ⑥ \\ \text{M39} \end{bmatrix}$

20 组（AT301）：　④→$\begin{bmatrix} \text{H59} \\ \text{H70} \end{bmatrix}$

21 组（T34）：　④→⑤→$\begin{bmatrix} \text{H22} \\ \text{H23} \end{bmatrix}$→⑥

22 组（AT409）：　⑥ₐ→⑥ᵦ

23 组（AT508）：　⑥ₐ→H100→⑥ᵦ

24 组（AT605）：　H73→②b→⎡ H86→H87→③b→⎡W9 ⎤→④→⎡H91
　　　　　　　　　　　　　⎣ H76→③a→H89 　　⎣H95　　　　　⎣H96

25 组（AT505）：　④→⎡H65 　　⎤→⑤a→⎡H74⎤→⑥
　　　　　　　　　　　　⎣H76→H66　　　　　⎣H75

26 组（AT504）：　③a→⎡H71 　　⎤→④a→⎡H82
　　　　　　　　　　　　　⎣H80→H81　　　　│H83
　　　　　　　　　　　　　　　　　　　　　⎣H79→H84

27 组（T27）：　H8→④b

28 组（T26）：　④→⎡M1⎤→⑤
　　　　　　　　　　⎣M2

29 组（T33）：　④→H25→⑤→⑥→⑦→⑧→M15→⑨

30 组（T36）：　⑤→⎡M5
　　　　　　　　　│M7⎤→⑥
　　　　　　　　　⎣M8

31 组（T37）：　④→⎡M13
　　　　　　　　　│M14
　　　　　　　　　⎣H28

32 组（T30）：　④→⑤→M12→⑥→H27→⑦

33 组（T10）：　H109→F3→③

34 组（T11）：　W25⎤→④→⑤→M85→⑥→⎡遗迹1⎤→⑦→遗迹2→⑧
　　　　　　　　H109⎦　　　　　　　　　⎣H117

35 组（T12）：　④→⑤→M83→⑥→H111→⑦→⎡W32⎤→⑧
　　　　　　　　　　　　　　　　　　　　　⎣M88

36 组（AT103）：　⑦→W5→⑧→⎡M55
　　　　　　　　　　　　　　　│M73
　　　　　　　　　　　　　　　│M60
　　　　　　　　　　　　　　　⎣M67

上述三十六组遗存的层位关系中，有些单位不见遗物或遗物甚少，有些单位虽有遗物，但所出器物不能直接类比，因此，那些遗物丰富又可资比较的只有十组，即：

2 组：　M84→M104

5 组：　M58⎤→H94
　　　　M72⎦

6 组：　M51⎤→M62→M70
　　　　M38⎦

8 组：　　M61→M35

14 组：　M3→H11→M4

15 组：　H64→M26→H90

18 组：　H112→H9

19 组：　H61
　　　　　M20→M25 ┐→M39

24 组：　H73→┌H76┐→┌H87┐→H96
　　　　　　　└H86┘　└H89┘

25 组：　H65→H75

这十组遗存涉及十五个灰坑和十六座墓葬。现将这些灰坑和墓葬出土的陶器组合及其型式列成表二：

表二　　　　　　　　　屈家岭文化分期单位器物组合表

组别	单位	陶器组合															
		鼎	罐	碗	豆	杯	钵	盆	壶形器	器盖	瓮	甑	盂	缸	纺轮	筒形器	釜
2组	M84	AbⅢ		E													
	M104	AaⅠ				AaⅠ				Ac							
5组	M58	AaⅠ	AaⅡ、Kb	E		AaⅢ、AbⅢ		BaⅡ		Ac							
	M72	AaⅡ	AaⅡ、AbⅠ、EⅢ、Ka、HⅢ			AaⅣ	C	BaⅢ									
	M94		AaⅠ、GⅠ	AaⅠ、AbⅠ	AⅠ	E				Ac、Ae							
6组	M51	AbⅡ	AaⅡ	GⅡ DⅡ		AaⅣ AbⅢ				DbⅠ							
	M38		AaⅡ	DⅡ、FⅡ FⅢ													
	M62	B		AaⅠ AaⅢ		✓	B										
	M70	AbⅠ	F			✓				✓			✓				
8组	M61	AbⅡ	AaⅡ、JⅠ			AaⅢ AaⅣ	B										
	M35		AaⅡ	GⅠ													
14组	M3		AaⅡ														
	H11	AaⅠ、AaⅡ、AbⅠ、CⅠ	AaⅡ、BⅠ、EⅠ、GⅠ、GⅡ、F、HⅠ	AaⅠ、AaⅡ、AbⅡ、CⅠ	AⅠ	AaⅠ、AaⅡ、BⅡ、DⅠ、E		BaⅡ	AⅠ、AⅡ	Aa、Ac、Ae、D、BⅠ、BⅡ					F	✓	
	M4	AaⅠ、AbⅠ、AbⅡ		AbⅠ		AaⅠ		AbⅠ		Ac							Ⅰ

续表二

组别	单位	鼎	罐	碗	豆	杯	钵	盆	壶形器	器盖	瓮	甑	盂	缸	纺轮	筒形器	釜
15组	H64	AaⅠ、AaⅡ、AbⅡ	AaⅡ、BⅡ、CaⅠ、CaⅡ、CbⅠ、GⅠ、HⅠ	AaⅡ、CⅡ、AbⅠ、BaⅠ		AaⅠ				Aa、Ac、BⅡ、Ca							
	M26	AbⅡ	AaⅡ、EⅡ、EⅢ、D、JⅡ	FⅠ				BaⅢ									
	H90	AaⅠ、AaⅡ、AbⅡ	AaⅡ、AbⅠ、CaⅡ、CbⅠ、GⅠ、GⅡ、EⅠ	AbⅠ	✓	AaⅠ	A			H						C	
18组	H112	AaⅡ、AbⅠ、AbⅡ	GⅠ	AbⅠ、CⅠ				C	AⅠ	Aa、Ac、Ad					C、D		
	H9	AaⅠ、AaⅡ、AbⅠ	GⅠ、GⅡ	DⅠ	AⅠ	AaⅡ				Aa、Ac、Ad、Ae					F		
25组	H65	AaⅠ、AaⅡ	CbⅠ	AⅡ		CaⅡ		BbⅠ、BbⅡ		Ab、Ae、Cb、Dd、G	B				A、D、F		
	H75					CaⅠ									D		
19组	H61	AaⅠ	HⅠ	DⅠ				Aa									
	M20		CbⅠ、FⅡ	AaⅢ													
	M25	AbⅡ	GⅠ			AaⅡ											
	M39	AaⅡ				AaⅡ				Aa							
24组	H73	AaⅠ、AbⅡ	CbⅡ、GⅠ、GⅡ			E、CbⅠ		BbⅠ		Ae			Ⅱ				
	H76	AaⅠ	GⅠ	AaⅠ		AaⅡ、CbⅠ				Ad、Ae							
	H86	AaⅡ、Ac	CaⅡ、GⅠ	AbⅠ		CaⅠ				Ac				CⅠ			
	H87	AaⅠ、AaⅡ、B	CbⅠ、EⅠ			CaⅡ	CⅠ						Ⅰ				
	H89		AaⅡ、CaⅡ	AaⅠ、AaⅡ、AbⅠ		CaⅡ				Ac			Ⅰ				
	H96		CaⅠ	AaⅠ				BaⅠ						A	D		

注:"√"表示型式不明的器物。

从表二可以看出，鼎、罐、碗、杯和盆五种陶器的数量多，并且型式变化复杂，可作为分期的主要器类。除15组 H64 的陶器型式组合与其层位的早晚关系出现矛盾外，其他各组单位的陶器型式组合基本与其层位反映的早晚关系相符，因此它们可作为分期的典型单位。

从层位关系及陶器组合情况看，处于 2 组、5 组、24 组、25 组下层的 M104、H94、H96、H75，出土陶器为 Aa 型 I 式鼎、Aa 型 I 式罐、Ca 型 I 式罐、G 型 I 式罐、Aa 型 I 式碗、Ab 型 I 式碗、Ca 型 I 式杯、Aa 型 I 式杯、Ba 型 I 式盆，不见这些器物的较晚型式，因此其年代可断为邓家湾屈家岭文化最早的第 1 段。

H73、H76、H86、H87、H89、H65、M25、M39、H112、H9、H90、H11、M4、M70、M35、M3 等单位，出土的陶器有 Aa 型 II 式、Ab 型 II 式、Ab 型 I 式鼎，Aa 型 II 式、Ca 型 II 式、Cb 型 II 式罐，G 型 II 式罐，Aa 型 II 式碗，Aa 型 II 式、Ca 型 II 式杯，Ba 型 II 式、Bb 型 II 式盆，而不见这些器物的较晚型式，并且在 24 组、25 组的层位关系中处于第 1 段的 H96、H75 之上，因此这些单位应属于邓家湾屈家岭文化第 2 段。

M20、M26、M58、M72、M51、M38、M62、M61、M84 等单位，共出 Aa 型 II 式、Ab 型 III 式鼎，E 型 II 式、E 型 III 式罐，Aa 型 III 式碗，Aa 型 III 式、Aa 型 IV 式杯，Ba 型 III 式盆，它们在层位关系上也处于 2 组、5 组、6 组、8 组、15 组和 19 组的上层，故可定这些单位为邓家湾屈家岭文化第 3 段。

将上述第 1 段、第 2 段和第 3 段诸单位的共出陶器归纳为表三。

表三　　　　　　　　屈家岭文化分期单位陶器型式分段组合表

段	鼎	罐	碗	杯	盆	壶形器	釜	豆	钵	盂	瓮	器盖	甑	缸	纺轮	筒形器
1	AaI	AaI、CaI、GI	AaI、AbI	AaI、CaI、E	BaI			AI				Ac、Ae		A	D	
2	AaI、AaII、AbI、AbII、BI、CI	AaI、AbI、AbII、BI、CaII、CbI、CbII、EI、F、GI、GII、HI	AaI、AaII、AbI、AbII、CI、DI、GI	AaI、AaII、BII、CaI、CaII、CbI、DI、E	BaI、BaII、AbI	AI、AII	I	AI、AII	CI、A		B	Aa、Ab、Ac、Ad、Ae、BI、BII、Ca、Cb、D、G	I、II	CI	A、C、D、F	C
3	AaI、AaII、AbII、AbIII、B	AaII、AbI、CbI、D、EII、EIII、GI、GIII、HIII、JI、JII、Ka、Kb	AaI、AaIII、DII、E、FI、FII、FIII、GII	AaIII、AaIV、AbIII	BaIII				C、B			Ac				

这样，根据典型单位的层位关系和所出土陶器的比较，便得出反映相对年代早晚顺序的邓家湾屈家岭文化的三个时段。另外 15 组的 H64 和 19 组的 H61，虽然所出器物的形态特征与第 2 段接近，但其层位关系表明它们晚于或同于第 3 段。可将这两个灰坑归入第 3 段。

结合表三反映的器物组合特点和地层所出器物的情况，又可把第 1 段和第 2 段归入第一期，第 3 段则归为第二期。以这两期的典型器物为标尺，便可断定邓家湾屈家岭文化所有遗迹单位和地层的期别。

属于第一期的遗迹单位有 52 个。

灰坑 35 个：H9、H22、H23、H11、H27、H28、H59、H65、H66、H70～H76、H79～H84、H86～H96、H100、H110。

墓葬 13 座：M3、M4、M13、M14、M25、M35、M39、M45、M66、M70、M104、W9、W11。

灰沟 3 条：G1、G4、G5。

另有城墙遗迹。

属于第二期的遗迹单位有 72 个。

灰坑 15 个：H8、H25、H26、H47、H50、H51、H57、H61、H64、H109、H111、H112～H114、H117。

墓葬 54 座：M1、M2、M5、M7、M8、M12、M16、M20、M26、M34、M38、M41、M51、M52、M54、M55、M58、M60～M62、M67、M72～M74、M83～M90、M94、M95、M97～M103、W5、W6、W25、W27～W34、W36、W38。

房迹 1 座：F3。

灰沟 1 条：G3。

另有祭祀遗迹 3 处。

上述二期遗迹单位的典型陶器型式组合可归纳为表四。

表四　　　　　　　　　**屈家岭文化典型陶器分期表**

器类 期别 型式	鼎	罐	杯	碗	盆	豆	壶形器	器盖	甑
一	AaⅠ、AaⅡ、AbⅠ、AbⅡ、B、CⅠ	AaⅠ、AaⅡ、AbⅠ、BⅠ、CaⅠ、CaⅡ、CbⅠ、CbⅡ、EⅠ、F、GⅠ、GⅡ、HⅠ	AaⅠ、AaⅡ、AbⅠ、BⅠ、BⅡ、CaⅠ、CaⅡ、E	AaⅠ、AaⅡ、AbⅠ、AbⅡ、CⅠ、CⅡ、DⅠ、GⅠ	AbⅠ、BaⅠ、BaⅡ、BbⅠ、BbⅡ	AⅠ、AⅡ	AⅠ、AⅡ、AⅢ	BⅠ、BⅡ	Ⅰ、Ⅱ
二	AbⅢ、AbⅣ、B、CⅡ	AaⅡ、AbⅡ、BⅡ、EⅡ、EⅢ、HⅡ、HⅢ、JⅠ、JⅡ、Ka、Kb	AaⅢ、AaⅣ、AbⅡ、AbⅢ、CaⅢ	AaⅡ、AaⅢ、DⅡ、GⅡ、FⅠ、FⅡ、FⅢ、FⅣ	AbⅡ、BaⅢ、BaⅣ、BaⅤ	AⅡ、AⅢ	AⅣ	BⅢ	

综合邓家湾屈家岭文化两期陶器，即获得了比较完整的器物演变序列（图一一七）。

第一期的典型器物有：Aa 型Ⅰ式、Ab 型Ⅰ式、Ab 型Ⅱ式鼎，Aa 型Ⅰ式、Aa 型Ⅱ式、B 型Ⅰ式、E 型Ⅰ式、F 型、G 型Ⅰ式、G 型Ⅱ式、H 型Ⅰ式罐，Aa 型Ⅰ式、Aa 型Ⅱ式、C 型Ⅰ式、C 型Ⅱ式碗，Aa 型Ⅰ式、Aa 型Ⅱ式、Ab 型Ⅰ式、B 型Ⅰ式、B 型Ⅱ式杯，Ba 型Ⅰ式、Ba 型Ⅱ式盆，A 型Ⅰ式、A 型Ⅱ式壶形器，A 型Ⅰ式、A 型Ⅱ式豆，Ⅰ式、Ⅱ式甑，筒形器等。

第二期的典型器物组合有：Ab 型Ⅲ式、Ab 型Ⅳ式鼎，E 型Ⅱ式、E 型Ⅲ式、Aa 型Ⅱ式、B 型Ⅱ式、E 型Ⅱ式、E 型Ⅲ式罐，Aa 型Ⅲ式、D 型Ⅱ式、G 型Ⅱ式、F 型Ⅱ式、F 型Ⅲ式碗，Aa 型Ⅲ式、Aa 型Ⅳ式、Ab 型Ⅲ式、Ca 型Ⅲ式杯，Ba 型Ⅲ式、Ba 型Ⅳ式、Ba 型Ⅴ式盆，A 型Ⅳ式壶形器，A 型Ⅲ式豆等。

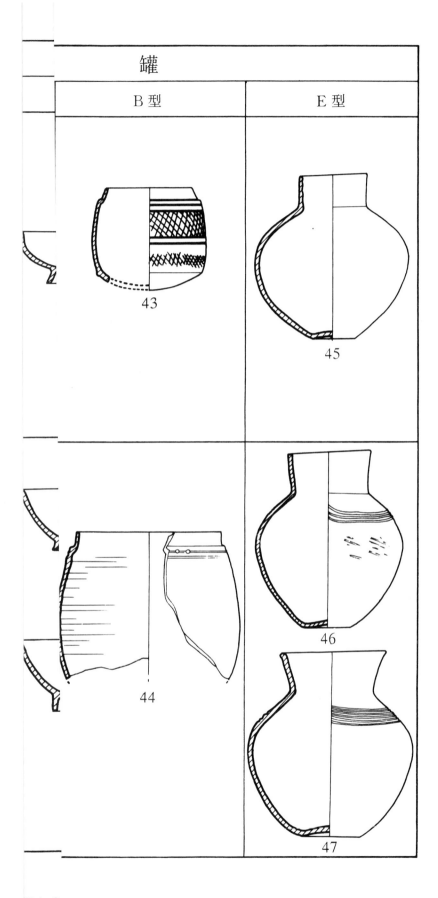

罐	
B 型	E 型

43

45

44

46

47

第四章　石家河文化遗存

第一节　遗迹

石家河文化的遗迹除墓葬以外，有宗教遗迹、灰坑、灰沟和洼地（图一一八）。

一　宗教遗迹

（一）祭址

祭址，发现 2 处，编号为祭 1、祭 2。其中祭 2 保留现象较多，祭 1 破坏较严重。

祭 2 位于 T4、T5、T6、T7 等探方中，铺筑在 T7 第 3 层、第 4 层之上，被 T7 第 1 层所压，并被 W12、W13 和一座现代墓葬打破。其东部在第二、三次发掘时被当作一般地层处理。其西部有现代水渠，再西为断壁，未发掘。

祭 2 包括祭祀活动面、祭祀活动遗迹和覆盖层三部分（图一一九；图版二七，1）。

祭祀活动面暴露部分为长形，南、北边缘界线不甚明显。活动面又分南、北两片：北部有一块用纯黄土铺筑的平整地面，土质较紧密，南、北宽 1.7～2.4、暴露长 3、厚 0.04～0.15 米；南部面积较大，系黄褐色土夹陶片铺垫，不甚平整。所夹陶片中有较多的厚胎红陶缸片，特别在南部边缘更为明显。整个活动面未见夯迹，铺垫层依地形而厚薄不均。南北总长约 18、暴露宽 4、最厚 1.06 米。

祭祀活动遗迹主要有陶缸、扣碗两种。陶缸遗迹所用陶缸，基本为夹砂厚胎红陶筒形缸，属 A 型缸，《肖家屋脊》称为陶臼[①]。据其分布情况可分四组：第一组在南部，

---

① 石家河考古队：《肖家屋脊》，文物出版社，1999 年。

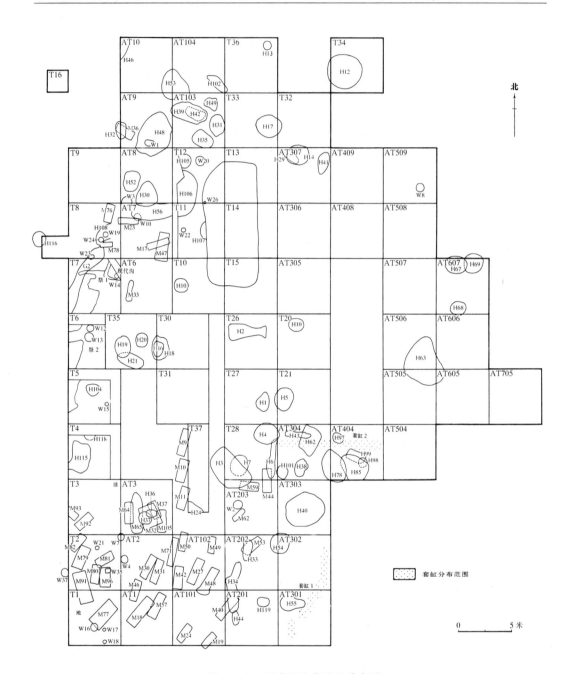

图一一八　石家河文化遗迹分布图

多成碎缸片，大体呈三角形堆放，较大块的又围绕碎片分布。南北范围约 6 米。第二组在中部，保存完整器较多，东北—西南方向排列，缸口向西或向东，平置。排列长度约6.5 米。第三组在北部黄土面上，大体呈圆形堆置，都已破碎，有的可复原。堆置范围直径约 1.5 米。第四组在中部偏北处，被填于一条东西向的沟槽中，均为碎缸片，沟残长 2.4、宽 0.7~1、深 0.5 米。扣碗有三处，呈三角状分布于北部黄土面南侧，为两个陶碗口对口相扣，平置于活动面上。东部一对，西部两对，东西相距 1.9~2.2 米，西部两对相距 0.5 米。

祭 2 覆盖层分二层。

第 1 层　陶片层，分布于祭 2 北部。据土色还可分成三小层：第①层为红褐色土；第②层为黄褐色土；第③层为灰褐色土。土质都较松软，包含物主要是陶片，其中第①层有大量的碎缸片和鼎、盆、豆、罐、杯等残片。第②、③层陶片较少。总厚 5~72 厘米。

第 2 层　褐色土层，直接将陶缸和扣碗覆盖。土质较纯。厚 12~36 厘米。

祭 2 原活动地面范围较大，东、西两边都有相当大的部分已遭破坏。据保存遗迹现象和堆积情况观察，该祭址并没有什么固定设施，只是在举行仪式之前将地面加以平整，以便人们活动和陈放祭具、祭器之类的物品，并可多次重复使用，因而也不容易保存更多的遗迹。

（二）套缸遗迹

套缸遗迹是许多陶缸相互套接在一起，成排成列地平置于地面上的遗迹。这种遗迹出现于祭址附近，应与祭祀有关。第三次发掘中暴露二处，分别编号为套缸 1 和套缸 2。

套缸 1　位于发掘区东南部的 AT302 和 AT301 两个探方内，套缸置于这两个探方的第 3 层之上，被这两个探方的第 2 层所压。套缸从 AT302 的东北角向 AT301 的西南角方向延伸，并呈波浪形曲折。在 AT302 内有并列三排，在 AT301 内残存二排，每排之间缸腹基本相靠。东北端的缸口朝南或朝西南，中段的缸口向东北，南端的缸口朝北。缸口与缸底互相套接，缸底套入缸内一般约三分之一。中排保存缸口较多，共有二十四件。套缸延续总残长 10 米，三排总宽约 1 米（图一二〇；彩版九）。

套缸 1 的陶缸，大部分已残破，少部分保存完整，为 Aa 型陶缸，夹砂厚胎红陶，仰折沿，筒形深腹，小平底，中腹一般有数道弦纹或附加堆纹，上腹部多饰篮纹，下腹多为素面。部分缸的上腹部刻划一个符号（图一三二，6；图一三三，2、4、5；彩版一三，1；图版三一，4；图版三二，1、2）。

套缸 1 附近没有发现其他任何遗迹。覆盖套缸的堆积（即 AT302、AT301 第 2 层）为浅褐色土，含少量红烧土粒，出土物有厚胎直壁红陶杯、小平底厚胎红陶缸、圈足碗、鬶和陶塑动物等。

套缸 2　位于发掘区东南部的 AT304、AT404 两个探方内，被 AT304 第 3 层、AT404 第 3a 层所压，打破 AT304 第 4 层和 AT404 第 3b 层。东西向排列成二排，方向

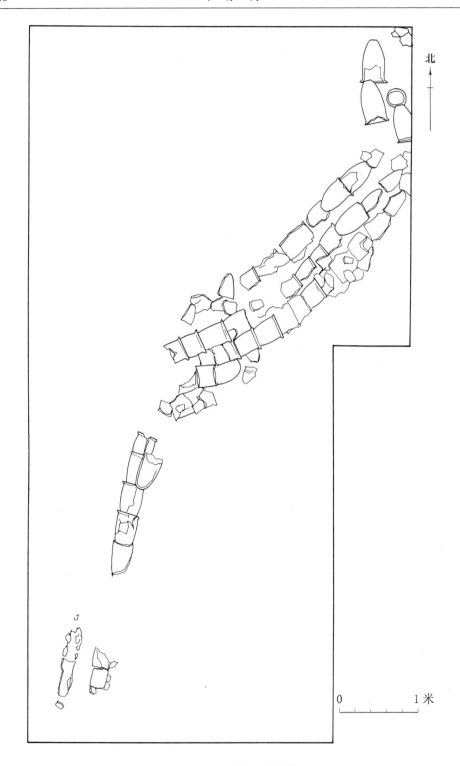

北

0　　　　　1 米

图一二〇　套缸 1 平面图

为 100°。两排相距 0.3~0.4 米，基本呈直线平行排列，缸口一律朝西，缸与缸的套法与套缸 1 相同。北排保存较好，共保存陶缸二十三件；南排东段保存较好，有陶缸十三件。套缸 2 保存长度为 9.1 米（图一二一；彩版一〇；彩版一一，1、2；图版二七，2），东、西两端均有破坏现象，原延伸方向和总长度均不明。

套缸 2 所用陶缸也为 Aa 型，部分缸的上腹部也刻有符号（图一三二，1、5；彩版一三，2；图版三〇，4；图版三一，3）。

套缸 2 两侧未发现其他任何现象。被套缸打破的 AT304 第 4 层和 AT404 第 3b 层是同一地层，压于套缸之上的 AT304 第 3 层和 AT404 第 3a 层也是同一地层。压于套缸之上的地层应与套缸同时或稍后。此地层为灰褐色土，夹较多的红烧土粒。出土较多的红陶杯、壶形器和陶塑动物。这些遗物也可能与祭祀有关。

（三）陶塑堆积

1973 年至 1976 年，天门县文化馆考古调查时在邓家湾地面上采集到陶塑品约百余件，已作报道的六十三件中，有陶偶和陶鸡、鸟、羊、龟、猪、猴、狗、象等[①]。1978 年以后的历次发掘中都有大批陶塑品出土。第二至四次发掘表明，绝大部分陶塑品都出土于灰坑和洼地堆积内，发掘区西部和南部的一般地层中也有少量出土，而绝不见于墓葬之中。出土陶塑品的灰坑共有十七个（H1、H3、H4、H16、H31、H33、H34、H42、H63、H67、H69、H85、H103、H106、H116、H118、H119），其中大量出土的有 H1、H4、H16、H31、H63、H67、H69、H106、H116 九个灰坑。这些灰坑大体分布于祭址的东、西、南边缘部位，但形制大小并不一致。东部 H63、H67、H69 和西部 H116 的坑内堆积是具有代表性的四处陶塑堆积。

H63　位于 AT506 东南部和 AT505 东北部，开口在 AT506 第 1 层下，打破 AT506 第 2、第 3 层，南部被现代墓打破。坑口距地表深仅 0.1 米。平面呈不规则圆形，坑壁内收，底部较宽，不甚平整。坑口直径 2.4~4.4、坑深 0.5 米（图一二二）。坑内填满陶塑堆积，大量陶塑包含于黑色土中，并夹有烧土块和少量炭末。同出陶器有罐、壶形器、杯、缸等残片和 1 件石斧。陶塑动物有鸟、鸡、狗、鼠等种。

H69　位于 AT607 北部，开口在第 1 层下，打破第 2 层，被 H67 打破。坑口圆形，坑底呈锅底形。坑口距地表深 0.2、直径 1.85、坑深 1 米（图一二三）。坑内填深灰色土，内夹大量陶塑小动物，种类有狗、猪、象、鸡、鸟等，并以狗、鸡数量最多。共存陶器有厚胎斜壁红陶杯、壶形器、罐、碗、钵、器盖等残片。

H67　位于 AT607 北部 H69 西侧，开口在第 1 层下，打破第 2 层和 H69。坑口呈椭圆形，坑底呈锅底状。坑口距地表深 0.2、直径 1.48~1.8、深 0.32 米（图一二四）。

①　刘安国：《天门石家河出土的一批红陶小动物》，《江汉考古》1980 年 2 期。

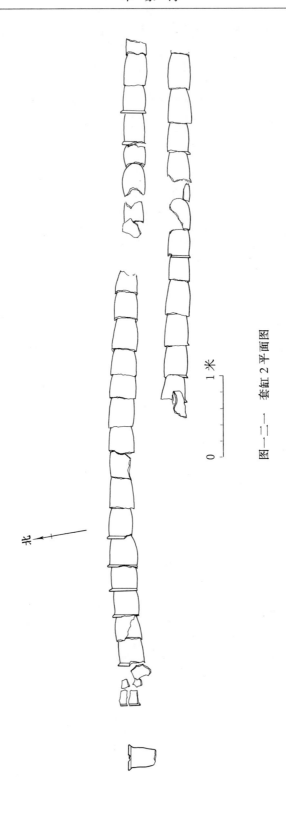

图一二一　套缸 2 平面图

0
1 米

北

坑内堆积中有数千件小型陶塑品，种类有长尾鸟、短尾鸟、连体鸟、猫头鹰、狗、羊、象、鸡、龟和抱物偶等。共出陶器有罐、杯、豆、器盖、纺轮等。

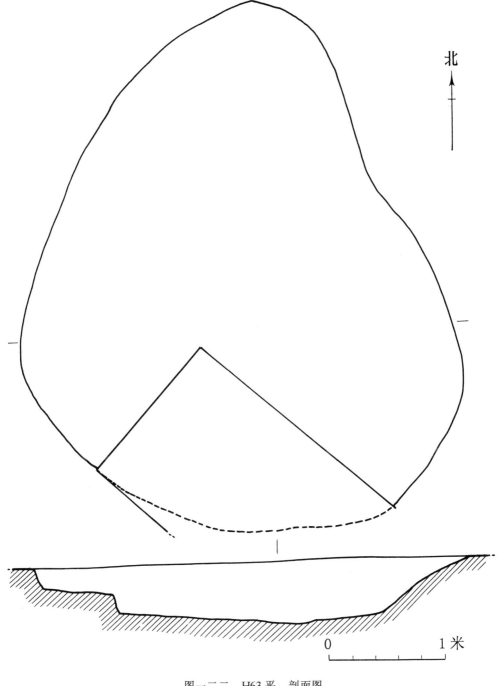

图一二二　H63 平、剖面图

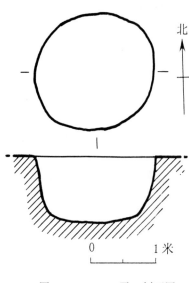

图一二三　H69 平、剖面图

H116　位于 T8 西部扩方内，开口在第 1 层下，打破第 2 层。坑口为椭圆形，较浅，坡状底。坑口距地表深 0.25、直径 1.2～1.45、坑深 0.3 米（图一二五）。坑内填灰色土，质地松软，内夹大量陶塑品和陶片，同时还出土了少量石器和铜渣。陶塑品有偶和狗、含物狗、驮物狗、鸟、含物鸟、兔、鼠、龟等。陶器器形有鬶、豆、罐、碗、钵等。

位于祭址东南部的洼地内也有大量陶塑堆积（见洼地部分）。

陶塑品集中堆积于祭址的边缘灰坑和洼地内；填满陶塑堆积的灰坑四壁没有发现人工修掘现象，共存物中有厚胎斜壁红陶杯、小腹壶、罐、碗、鬶和套缸残片，还有一些炭末和烧土块。这些器

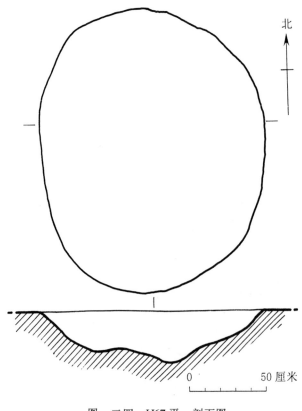

图一二四　H67 平、剖面图

物和焚烧现象可能与祭祀有关；而陶塑堆积附近又未发现窑址，因此大量陶塑应属于祭祀活动的遗存。

二　灰坑

灰坑共 63 座（H1～H7、H10、H12、H14、H16～H21、H29～H44、H46、H48、H49、H52～H56、H58、H62、H63、H67、H69、H77、H78、H85、H97～H99、H101～H108、H115、H116、H118、H119，其中包括出土陶塑品的灰坑）。坑壁不规整，未见人工修掘痕迹。按平面形状可分为圆形、椭圆形、近长方形、不规则形（包括形状不明）四类。以下依次介绍。

（一）圆形灰坑

共 9 座，即 H12、H20、H46、H54、H69、H103、H105、H107、H118。一般坑口为圆形，坑壁为弧形，圜底。大小深浅不一。

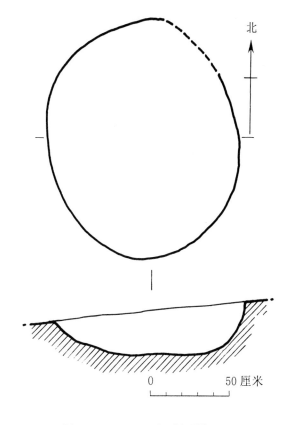

图一二五　H116 平、剖面图

H54　位于 AT302 西北角，开口在第 3 层下，打破第 4 层及生土。坑口距地表深 1.05、直径 2.2、坑深 1 米。坑壁一边较直，一边呈斜坡状。坑内填深灰色土，质地松软，内夹较多草木灰。所出陶器多红陶，其次为灰陶，器形有杯、钵、壶形器、罐、豆、碗、鬶、纺轮等。此外还出有石镞、石矛、石斧等（图一二六）。

H103　位于 T10 西部，开口在第 1 层下，打破第 2 层。坑口距地表深 0.5、直径 1.3、坑深 0.2 米（图一一八）。坑很浅，四壁略内斜，底较平。坑内填灰黑色土，内夹红烧土粒。所出陶片较少。

（二）椭圆形灰坑

共 13 座，即 H10、H14、H17、H19、H21、H29、H31、H32、H40、H42、H67、H106、H116。这些灰坑的坑口基本呈椭圆形，有的近圆形，有的呈长椭圆形，坑壁多向一边倾斜，一般不深。坑底多呈锅底形，有的坑底形状不规则。

H19　位于 T35 中部偏西南处，开口在第 2 层下，打破第 3 层。坑口距地表深 0.3、

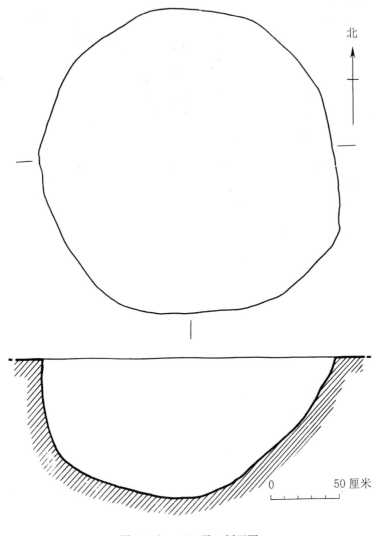

北

0　　　　　50 厘米

图一二六　H54 平、剖面图

长径 4、短径 1.6、坑深 0.6 米（图一一八）。整个坑呈浅锅底形。坑内填浅黄色土，质地细密。出土陶器较多，主要有壶形器、杯、碗等。

H21　位于 T35 南部，开口在第 2 层下，打破第 3 层。坑口距地表深 0.7、长径 2.5、短径 0.8、坑深 0.65 米（图一一八）。坑口为长椭圆形，坑壁一边较直，一边内斜，底较平。坑内填灰黑色土，土质较疏松。出土陶片丰富，主要有杯、碗、器盖等。

H31　位于 AT103 东部，开口在第 1 层下，打破第 2、第 3 层。坑口距地表深 0.36、长径 2、短径 1.4、坑深 0.3 米（图一一八）。坑口两端较窄，坑较浅。坑内填褐色土。出土陶器主要有盘、斜腹杯、罐、纺轮和陶塑，同时还出有石斧。

H40　位于AT303中部偏东，开口于第3层下，打破第4层。坑口距地表深0.4、残长径3.3、残短径2.8、坑深0.42米（图一一八）。只清理了坑的一半。坑底呈斜坡状，较浅。坑内填黑色土，夹红烧土粒和草木灰。出土陶片较丰富，器形主要有碗、盘、豆、罐、鼎、壶形器、杯、纺轮、器盖等。此外还出土了石斧和彩陶片。

H42　位于AT103北部，开口于第4层下，打破第5层。坑口距地表深0.69、长径1、短径0.45、坑深0.3米（图一一八）。坑口两边较直，呈长椭圆形，坑较浅，坑底部较平。坑内填黑色土，内夹大量草木灰。出土陶片较多，以灰陶为主，其次为红陶。主要器形有纺轮、高领罐、红陶杯、鼎等。

（三）近长方形灰坑

共4座，即H35、H56、H97、H99。坑口略呈长方形，一般壁较直，底较平。

H99　位于AT404东部偏南，开口于第4层下，打破生土。坑口距地表深1.2、残长3.2、宽1.9、坑深1.05米（图一一八）。该坑东部未发掘。发掘部分为直壁，平底。坑内填黑色土，质地松软。出土陶片较少。

（四）不规则形灰坑和形状不明的灰坑

共37座　即H1～H7、H16、H18、H30、H33、H34、H36～H39、H41、H43、H44、H48、H49、H52、H53、H55、H58、H62、H63、H77、H78、H85、H98、H101、H102、H104、H108、H115、H119。这些灰坑形状各不相同，坑口、坑壁和坑底都不规则。底部多数呈坡状和锅底状。

H48　位于AT9东南角，开口于第3层下，打破第4、第5层，东南部又被扰坑打破，清理部分约为四分之一。坑口距地表深0.6、坑口暴露最大直径4、坑深1.2米（图一一八）。坑内填土分为三层：

第1层　厚9～24厘米。灰色土，含少量草木灰。出土陶片以灰陶为主，多泥质陶，少夹砂陶。纹饰有篮纹、方格纹、附加堆纹等。器形有壶形器、碗、盆、豆、杯等。

第2层　厚14～35厘米。深灰色土，含红烧土粒、夹木炭末。出土陶片较多，以灰陶为主，红陶和黑陶次之。

第3层　厚20～48厘米。黑色土。出土陶片数量较少，陶胎多数较薄。以素面为主。器形主要有壶形器、罐、杯等。

H30　位于AT8东南部，开口在第3层下，打破第4、第5层。坑口距地表深0.8、最长径2.86、坑深0.8米（图一一八）。清理部分约为二分之一。坑口一边较直，底部为坡形。坑内填土分为三层：

第1层　厚10～20厘米。深黑色土。出土陶片较多，以红陶为主，其次为灰褐陶。大部分陶片为素面，纹饰主要为篮纹和弦纹。器形有壶形器、杯、罐、缸等。

第2层　厚10～25厘米。红黑色土。出土陶片仍以红陶居多，灰陶和黑陶数量增加。除素面陶外，纹饰主要有篮纹、弦纹、方格纹、附加堆纹。器形有鬶、壶形器、纺轮、罐、缸等。

第3层　厚5～20厘米。浅黑色土。出土陶片中有灰、黑、红陶，多泥质陶。素面陶比例较大，纹饰有篮纹、弦纹、方格纹。器形主要有碗、壶形器。

H38　位于AT304南部，开口在第3a层下，打破第4层。坑口距地表深0.55、最长径1.3、坑深0.24米（图一一八）。平面呈不规则椭圆形，斜壁，近平底。填土较疏松，灰色。出土遗物有陶罐、杯、豆、鼎、钵、器座、壶形器和石镞、陶塑等。

H39　位于AT103西北部，开口在第1层下，打破第2、第3层。坑口距地表深0.3、最长径1.75、坑深0.18米（图一一八）。西端未清理。平面略呈不规则椭圆形，较浅，底部呈锅底状。填土较硬，褐色。出土陶片以灰陶为主，其次为红陶。器形主要有杯、鬶、豆、纺轮、缸等。

H43　位于AT304北部，开口在第3层下，打破第4层。坑口距地表深0.23、最长径1.4、坑深0.2米（图一一八）。平面呈窄长形，较浅，近平底。填黑色土，内夹大量红烧土粒和木炭末。所出陶片多灰色，纹饰有附加堆纹、方格纹等。器形有杯、豆、器盖、鼎、盆、高领罐、器座等。

H104　位于T5北部，开口在第3层下，打破第4层。坑口距地表深0.4、最长径1.2、坑深0.2米（图一一八）。平面略呈不规则椭圆形，斜壁，近平底。填灰色和黑色土。所出陶片多泥质灰陶，少数为夹砂陶。器形有罐、器盖、缸、碗等。

三　灰沟

仅1条（G2）。

G2　暴露于T7中部和T8的南部。开口在T7、T8第4层下，打破T7、T8第5层，又被W23打破。沟开口距地表深0.75、暴露长度6、宽0.74～1.16、沟深0.2～0.36米（图一一八）。方向为东北—西南，东北端消失，西南端未发掘。东北部较窄，西南部较宽。斜壁，底较平。沟内填灰黑色土，质地松软，内夹较多草木灰。所出陶片多为泥质灰陶，部分为夹砂陶。纹饰以篮纹、弦纹为主。器形有缸、罐、壶形器等。

四　洼地

洼地1处（未编号）。

洼地位于发掘区西南部，分布在T1、T2、T3、T4等探方内。开口在T1～T4的第1层下，被M72打破。西部被现代沟破坏。开口距地表深约0.2、发掘部分南北最长约20、最深1.6米。东西宽度和整体形状不明。底部较平。洼地堆积内含大量的陶塑动物，并集中分布于洼地底部，往往成堆出土（图一二七）。

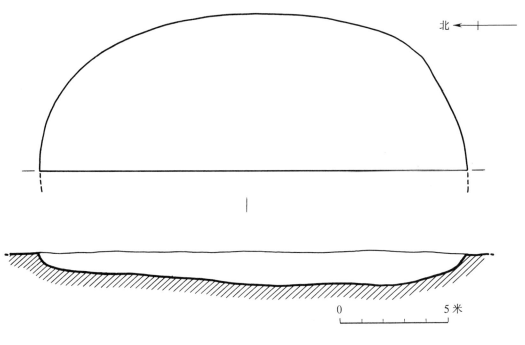

北　←┤

0　　　　　5 米

图一二七　洼地平、剖面图

第二节　遗物

石家河文化遗物相当丰富，共有标本 2175 件，按质地分为陶器、石器和铜器三类，其中以大量的陶塑最为重要。

一　陶器

陶器　标本 2084 件，分容器、陶塑品、其他和刻划符号四部分介绍。

（一）容器

陶容器标本 1378 件。陶质与屈家岭文化陶器相似，也以泥质陶为主，夹砂陶为次，并有极少量的夹炭陶。陶色有变化，灰陶和黑陶的比例有所增加，红陶略为减少。总的是以灰陶为主，红陶和黑陶次之。素面陶所占比例较大。主要纹饰有篮纹、方格纹、绳纹、附加堆纹和弦纹。刻划符号仅见于 Aa 型陶缸上。除个别容器外，基本都属轮制。器形有鼎、器盖、罐、缸、瓮、豆、碗、盆、圈足盘、钵、杯、壶形器、鬶、擂钵等。

鼎　60 件。分二型。

A 型　25 件。罐形，仰折沿，鼓腹，大圜底。分二式。

Ⅰ式　10 件。沿面较窄，圆鼓腹，腹较深。标本 H43∶2，泥质灰陶。近圆唇，圜底，扁三角足。一足残。腹部饰浅篮纹。口径 10.4、腹径 12.8、残高 12 厘米（图一二八，1）。

Ⅱ式　15 件。沿面较宽，垂腹，底较宽。标本 H32∶7，泥质红胎黑陶。口部残。最大腹径近底部。宽圜底，矮足。腹部饰粗篮纹，下腹部有二道凸弦纹。腹径 32.8、残高 16 厘米（图一二八，2）。标本 H54∶61，泥质红胎黑陶，底部胎较厚。沿面较宽，圆唇。底残。宽扁足。腹部饰粗篮纹和一道凸弦纹。口径 24.4、腹径 28.8、残高 20 厘米（图一二八，3；图版二八，1）。

B 型　35 件。盆形，腹较浅，扁足。分四式。

Ⅰ式　7 件。折沿，沿面较平较窄，鼓腹。标本 H41∶4，夹砂黑陶。圆唇，腹较深，圜底，宽扁足。中腹部有二道凸弦纹。足饰长条状戳印纹，并有二道竖向凸棱。口径 16、腹径 19.2、残高 14 厘米（图一二八，4；图版二八，2）。

Ⅱ式　8 件。折沿，沿面略内凹，近折腹，腹变浅。标本 H20∶1，夹砂红陶。唇较尖，腹中部内折为大圜底，宽扁足。折腹处有二道凸弦纹，足部有二道竖向凸棱。口径 16、腹径 18、高 14 厘米（图一二八，5；图版二八，3）。

Ⅲ式　10 件。内凹沿，圆唇，折腹。腹较浅。标本 H38∶1，夹砂红胎黑陶。沿上仰，圆唇，上腹外斜，中腹内折成大圜底。下部残。折腹处有二道凸弦纹。口径 21.6、腹径 23.2、残高 8 厘米（图一二八，6）。标本 H48∶8，夹砂灰黑陶。内凹沿略上仰，唇部略呈圆形，腹壁外斜，折腹，圜底，宽扁足。折腹处有一道凸弦纹，足部有二道竖向凸棱，足腹相连处饰附加堆纹。口径 20、腹径 20.8、残高 10 厘米（图一二八，7）。

Ⅳ式　10 件。平折沿，方唇，直腹壁内折。标本 H54∶4，夹砂黑陶。沿面略内凹，折腹，腹浅，大圜底，高宽扁足。折腹处有一道凸弦纹，足部有二道竖向凸棱，足腹相接处饰附加堆纹，足正面饰戳印纹。口径 29.2、腹径 28.4、残高 17 厘米（图一二八，8；图版二八，4）。

器盖　66 件。共六型。

A 型　16 件。盖纽呈三角状。又分三个亚型。

Aa 型　5 件。盖呈覆盘状，口沿较直。

标本 H30∶31，泥质灰陶。三角状纽，沿部内曲，盖壁略呈弧形。素面。口径 8.8、高 3.6 厘米（图一二九，1）。标本 H5∶17，泥质灰陶。三角纽靠拢于盖顶，盖顶隆起。口径 8、高 4.8 厘米（图一二九，2）。

Ab 型　6 件。盖壁外斜，侈口。

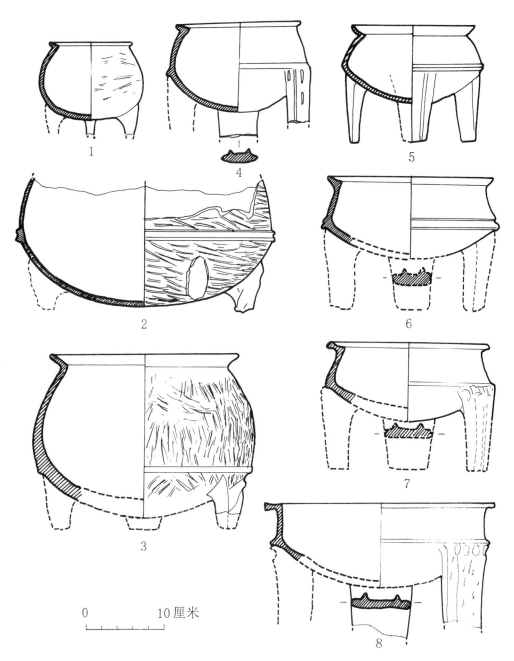

0　　　　　　10厘米

图一二八　石家河文化陶鼎

1.A型Ⅰ式 H43:2　2、3.A型Ⅱ式 H32:7、H54:61　4.B型Ⅰ式 H41:4　5.B型Ⅱ式 H20:1

6、7.B型Ⅲ式 H38:1、H48:8　8.B型Ⅳ式 H54:4

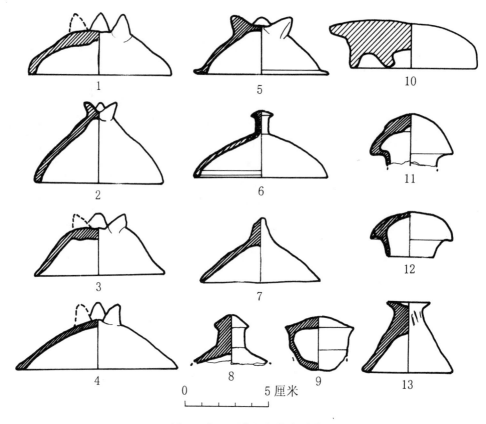

图一二九　石家河文化陶器盖

1、2.Aa 型 H30:31、H5:17　3.Ab 型 H30:25　4、5.Ac 型 H69:7、H5:2　6～8.B 型
H21:7、H54:39、H102:1　9.C 型 H41:16　10.D 型 H41:15　11、12.E 型 H85:4、
H21:16　13.F 型 H30:24

　　标本 H30:25，泥质灰陶。顶部有三个角状纽，斜直壁，顶较平。素面。口径 8、
高 3.6 厘米（图一二九，3）。

　　Ac 型　5 件。盖壁弧形，沿部外折。

　　标本 H69:7，泥质灰陶。三角纽靠拢，沿部略外折。口径 10、高 4 厘米（图一二
九，4）。标本 H5:2，泥质灰陶。盖口沿外折明显，盖盘较深。口径 8.4、高 3.4 厘米
（图一二九，5）。

　　B 型　12 件。盖纽略呈蘑菇形。

　　标本 H21:7，泥质黄褐陶。纽较细，盖壁弧形。素面。口径 8.2、高 4 厘米（图一
二九，6；图版二九，1）。标本 H54:39，泥质红胎灰黑陶。纽顶残。盖壁斜直。素面。
口径 7.2、残高 3.8 厘米（图一二九，7）。标本 H102:1，泥质红陶。纽较粗。盖身残。
残高 3 厘米（图一二九，8）。

C 型　4 件。盖纽略呈圆形。

标本 H41:16，泥质灰陶。盖纽略呈圆形，内空，较粗。盖身残。残高 3 厘米（图一二九，9）。

D 型　6 件。盖身呈鸡首状。

标本 H41:15，泥质灰陶。无盖纽，通身呈鸡首状，内空。高 2 厘米（图一二九，10）。

E 型　14 件。盖纽呈半圆形，内空。

标本 H85:4，泥质灰胎红陶。盖纽呈半圆形，纽颈内收。盖身残。素面。残高 3 厘米（图一二九，11）。标本 H21:16，泥质红陶。盖纽较扁，纽颈亦内收。盖身残。素面。残高 2.6 厘米（图一二九，12）。

F 型　14 件。盖纽呈圈形。

标本 H30:24，泥质黑陶。整器瘦高，盖壁斜直。素面。盖口径 5.2、纽顶径 2.4、高 4.2 厘米（图一二九，13）。

罐　204 件。有六型。

A 型　64 件。高领，深腹。又分三个亚型。

Aa 型　19 件。高领，折沿。分二式。

Ⅰ式　14 件。折沿上仰，沿面内凹。标本 H43:11，夹砂黑陶。领径较大，沿面较宽，近平唇。下部残。素面。口径 21.6、残高 9.5 厘米（图一三〇，1）。

Ⅱ式　5 件。折沿外侈，圆唇。标本 H78:4，泥质灰陶。器形较小，沿面略内凹，近圆唇。微鼓腹，内凹底。素面。口径 8.8、腹径 9.6、高 11.4 厘米（图一三〇，2）。

Ab 型　23 件。折平沿，近圆唇。

标本 H107:2，泥质灰陶。折平沿，沿面内凹，近圆唇。鼓肩，下残。素面。口径 10.4、残高 10 厘米（图一三〇，3）。标本 H54:60，泥质灰红陶。平沿，沿面内凹，近圆唇。溜肩，下残。腹饰横篮纹。口径 10.4、残高 10 厘米（图一三〇，4）。标本 H54:82，泥质灰胎黑陶。沿面较窄，方唇。广肩，肩较平，下残。素面。口径 13.6、残高 8 厘米（图一三〇，5）。标本 H48:6，泥质红胎黑陶。整器较瘦高，窄厚沿，方唇。鼓腹，内凹底。腹饰篮纹。口径 11.6、底径 6.4、腹径 16、高 19.2 厘米（图一三〇，6）。

Ac 型　22 件。器腹较小。长颈，卷沿。

标本 H54:45，泥质红陶。微敛口，唇较尖。溜肩，近折腹，平底。颈部及下腹部施黑彩。口径 8、腹径 12.4、底径 5.6、高 12.4 厘米（图一三〇，7；图版二九，2）。标本 H54:43，泥质橙黄陶。沿较窄，近尖唇。溜肩，近折腹，内凹底。通体施黑彩。口径 7.2、腹径 12.4、底径 5.6、高 12.4 厘米（图一三〇，8）。标本 H44:8，泥质红胎

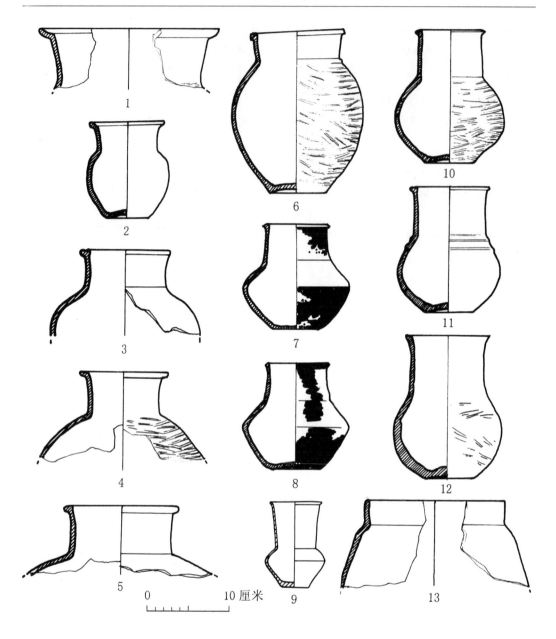

图一三〇　石家河文化陶罐

1.Aa 型 I 式 H43:11　2.Aa 型 II 式 H78:4　3~6.Ab 型 H107:2、H54:60、H54:82、H48:6
7~12.Ac 型 H54:45、H54:43、H44:8、H44:4、H44:3、H54:41　13.B 型 H30:27

黑陶。颈较粗，较高，口微外侈，圆唇。肩微鼓，折腹，腹较小，平底。素面。口径
12.4、腹径 12.3、底径 6.4、高 20 厘米（图一三〇，9；图版二九，3）。标本 H44:4，
泥质灰陶。颈较细，微敛口，唇较尖。鼓腹，内凹底。腹部饰篮纹。口径 8.2，腹径

12.8、底径5.6、高15.8厘米（图一三〇，10；图版二九，4）。标本H44:3，泥质灰陶。颈较粗而长，近方唇。鼓腹，内凹底。肩部饰三道凸弦纹。口径9.6、腹径12.8、底径6、高14.8厘米（图一三〇，11）。标本H54:41，泥质灰陶，腹壁较厚。颈较粗而长，微卷沿，近尖唇。鼓腹，平底。腹部饰浅篮纹。口径10、腹径13、底径5.8、高17厘米（图一三〇，12）。

B型　16件。口较大，直领斜肩。

标本H30:27，泥质灰陶。腹残。素面。口径16、残高10厘米（图一三〇，13）。

C型　50件。折沿，侈口，鼓腹。分二亚型。

Ca型　30件。折沿，沿较宽。

标本H107:1，泥质灰褐陶。仰折沿，沿面内凹，圆唇。鼓腹，腹下部残。腹饰交错篮纹。口径28、残高12厘米（图一三一，1）。

Cb型　20件。折沿，沿较窄。分三式。

Ⅰ式　6件。折沿上仰，方唇，鼓腹。标本H107:5，夹砂红胎黑陶。口较大，微鼓腹。下残。腹部饰斜篮纹。口径18、残高12厘米（图一三一，2）。标本H43:5，泥质灰陶。器形较小，鼓腹下垂。底残。腹部饰篮纹。口径12.4、残高10厘米（图一三一，3）。

Ⅱ式　7件。大口，折沿，方唇，溜肩。标本H69:43，泥质灰陶。沿面微外弧，腹底残。腹部饰篮纹。口径32、残高8厘米（图一三一，4）。

Ⅲ式　7件。器形较小，折沿，沿面弧形。标本H44:6，夹砂灰陶。口较小。下腹残。腹部饰交错篮纹。口径15.6、残高8厘米（图一三一，5）。

D型　40件。矮领。又分二亚型。

Da型　21件。矮领，卷沿。

标本H31:6，泥质灰陶。颈较直，圆唇。广肩。腹残。肩部饰斜篮纹。口径12.8、残高6厘米（图一三一，6）。

Db型　19件。矮领，直沿。

标本H54:84，泥质红胎黑陶。口较小，沿微侈，溜肩。腹残。肩部饰乱篮纹。口径12、残高8厘米（图一三一，7）。标本H118:14，泥质灰陶。口微侈，平唇。鼓肩，腹部最大径在上部，内凹底。素面。口径9.6、腹径17.6、底径8.2、高16.4厘米（图一三一，8；图版三〇，1）。

E型　20件。粗长颈，扁腹。

标本H19:11，泥质红陶。微敞口，近平唇，小腹，大内凹底。素面。口径10.8、腹径11.6、底径6、高9.8厘米（图一三一，9；图版三〇，2）。

F型　14件。无领，深腹，呈筒形。

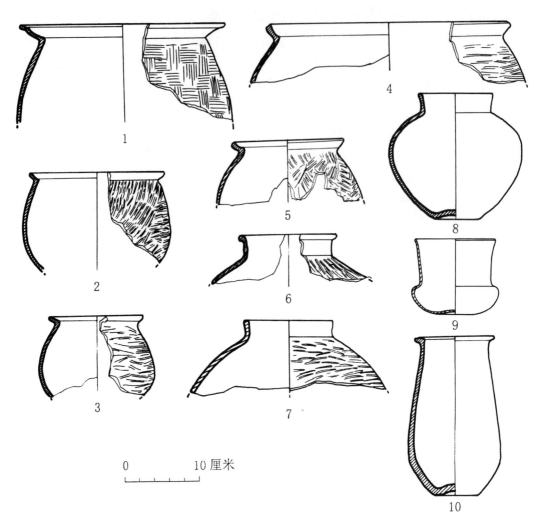

0　　　　　　10厘米

图一三一　石家河文化陶罐

1.Ca 型 H107：1　2、3.Cb 型 I 式 H107：5、H43：5　4.Cb 型 II 式 H69：43　5.Cb 型 III 式 H44：6

6.Da 型 H31：6　7、8.Db 型 H54：84、H118：14　9.E 型 H19：11　10.F 型 H44：1

　　标本 H44：1，泥质灰陶。微卷沿，近圆唇。上腹略外斜，下腹内收，内凹底。素面。口径 8.8、腹径 12、底径 5.6、高 20.8 厘米（图一三一，10；图版三〇，3）。

　　缸　共 132 件。分五型。

　　A 型　120 件。仰折沿，筒形腹。又分三个亚型。

　　Aa 型　80 件。仰折沿，筒形腹，小平底。此型缸为邓家湾石家河文化陶器中最典型的器物之一，多见于套缸遗迹中，在文化层和灰坑中也有丰富的碎片。其特点是缸的上腹部往往有一个大的刻划图形符号。

标本套缸2:23，夹砂红陶，下腹厚胎壁。侈沿，方唇。沿面凹弧形，唇面上有一凹槽。筒形腹，腹壁较直，下腹内收，小平底。通体饰浅横篮纹，上腹部有刻划符号，中腹部饰三道凸弦纹。口径28、腹径26、底径7.6、高47.2厘米（图一三二，1；图版三○，4）。标本套缸2:24，夹砂红陶。仰折沿，侈沿近方唇。沿面微内弧，唇面上有一凹槽。筒形腹，腹壁直。下部残。上腹部有等距离的四道凹弦纹，中腹部饰三道凹

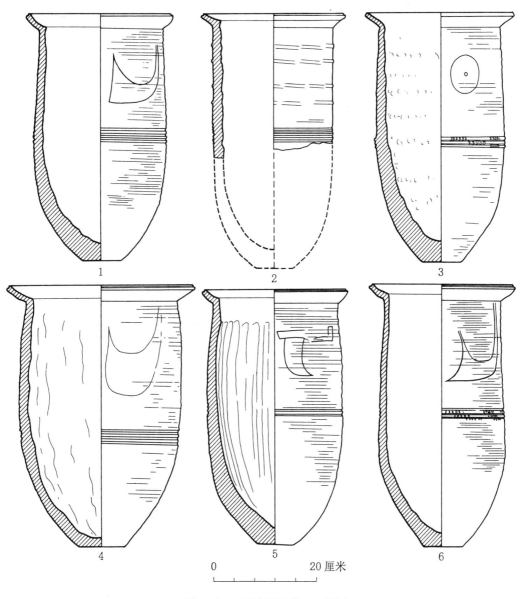

0　　　　　　　　　20厘米

图一三二　石家河文化 Aa 型陶缸

1. 套缸2:23　2. 套缸2:24　3. T35④:59　4. H2:5　5. 套缸2:25　6. 套缸1:17

弦纹。口径28、残高24厘米（图一三二，2）。标本T35④：59，夹砂红陶，底部胎厚。仰折沿，方唇，沿面较平。筒形腹，上腹壁较直，下腹壁呈弧形。小平底。通体饰横篮纹，中腹部饰三道附加堆纹，上腹部有刻划符号。口径30、腹径24.4、底径8、高48厘米（图一三二，3；彩版一二，1；图版三一，1）。标本H2：5，夹砂红陶。整器较矮胖。仰折沿，方唇，沿面较宽，唇面上有一凹槽。筒形腹，腹壁略外弧。小平底。通体饰横篮纹，中腹偏下处饰三道凹弦纹，上腹部有刻划符号。口径37.2、腹径32.4、底径9.2、高50厘米（图一三二，4；彩版一二，2；图版三一，2）。标本套缸2：25，夹砂红陶，器体下部厚胎，器内壁有竖向刮痕。方唇，沿面凹弧形。筒形腹，腹壁较直，近底部内收。小平底。通体饰横篮纹，中腹部饰两道凹弦纹，上腹部有刻划符号。口径28、腹径27.6、底径7.2、高49.2厘米（图一三二，5；彩版一三，2；图版三一，3）。标本套缸1：17，夹砂红陶，器体上部胎较薄。方唇，沿呈弧状，唇上有一凹槽。筒形腹，腹壁略外斜。下腹壁弧状并内收成小平底。通体饰横篮纹，中腹部饰三道附加堆纹，上腹部有刻划符号。口径28.8、腹径26、底径8、通高50厘米（图一三二，6；彩版一三，1；图版三一，4）。标本AT304③：26，夹砂红陶，胎壁较厚。仰折弧状口沿，筒形腹，腹壁直，微外斜。下部残。中腹部饰三道凹弦纹。口径28.8、腹径26、残高34厘米（图一三三，1）。标本套缸1：18，夹砂红陶，胎壁较薄。方唇，唇上有一凹槽，沿面较平。筒形腹，下部残。通体饰斜篮纹，中腹部饰三道附加堆纹，上腹部有刻划符号。口径28、腹径24、残高27.2厘米（图一三三，2；图版三二，1）。标本套缸1：19，夹砂红陶。唇部有凹槽，沿面平。中下腹微鼓。小平底。通体饰横篮纹，中腹部饰三道附加堆纹。口径28、腹径27.2、底径7.2、高51.6厘米（图一三三，3）。标本套缸1：20，夹砂红陶。唇部有凹槽，上腹壁较直而厚。下腹残缺。上腹饰横篮纹，中腹部残存两道附加堆纹，上腹部有刻划符号。口径31.2、腹径28、残高27.2厘米（图一三三，4）。标本套缸1：21，夹砂红陶。口沿和下腹残。直腹壁，下腹较厚。上腹饰横篮纹，中腹部有三道凹弦纹，上腹部有刻划符号。腹径26、残高30厘米（图一三三，5；图版三二，2）。标本H18：1，夹砂红陶。口沿和底残。微鼓腹。通体饰斜篮纹，中腹部饰三道凹弦纹，上腹部有刻划符号。腹径28、残高38厘米（图一三三，6）。

Ab型　30件。仰折沿，筒形腹，圆圜底。

标本T36②：12，夹砂红陶。器体上部薄胎，下部厚胎。沿较平，沿壁直，近尖唇。下腹微鼓，并内收成圆圜底。通体饰斜绳纹，上腹部饰等距离的两组凹弦纹，每组两条，中腹部饰三道凸弦纹。口径24.8、腹径25.6、高42厘米（图一三四，1）。标本T36②：13，夹砂红陶，器体下部胎壁特别厚。仰折沿，尖唇，沿较宽，沿面平。直筒形腹，下腹内收成圆圜底。通体饰斜绳纹，中腹部饰三道凸弦纹。口径26.8、腹径24、高43.6厘米（图一三四，2）。标本H2：6，夹砂红陶，整器胎壁较厚较均匀。仰折沿，

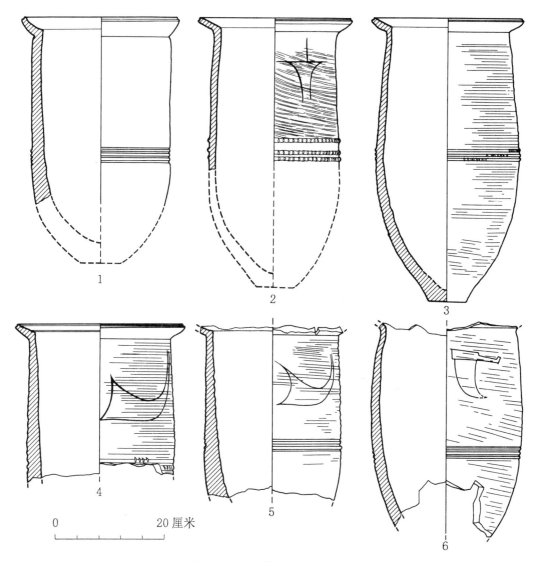

图一三三　石家河文化 Aa 型陶缸

1.AT304③:26　2.套缸 1:18　3.套缸 1:19　4.套缸 1:20　5.套缸 1:21　6.H18:1

沿面呈凸弧形，方唇。深鼓腹，最大径在下腹部。圜底。腹中部饰斜绳纹，较浅。口径
32、腹径 36、高 54.4 厘米（图一三四，3）。

Ac 型　10 件。仰折沿，筒形腹，尖底。

标本 T5③:6，夹砂红陶，厚胎。仰折沿，方唇，唇上有一凹槽。宽沿，沿面略下
弧。筒形腹，较深，中部微鼓。下腹内收，近底部残。上腹部饰横篮纹，中腹部饰三道
附加堆纹，下腹部素面。口径 27.6、腹径 26、残高 48 厘米（图一三四，4）。标本 T5
③:2，夹砂红陶，器体下部胎壁较厚。仰折沿，近尖唇，沿面较平。腹较浅，下腹微

鼓。底圜形，较尖。腹中上部饰两道凸弦纹。口径24、腹径24.8、高44厘米（图一三四，5）。

B型　2件。整器略呈粗筒形。口较大，微敞，卷折沿，腹壁直，圜底。

标本AT2⑤:3，夹砂红陶。方唇，窄沿，外壁近口部微内收成短颈。腹壁较厚。圆圜底，底较薄。腹部饰不规则斜篮纹。口径34、腹径34、高44厘米（图一三四，6）。

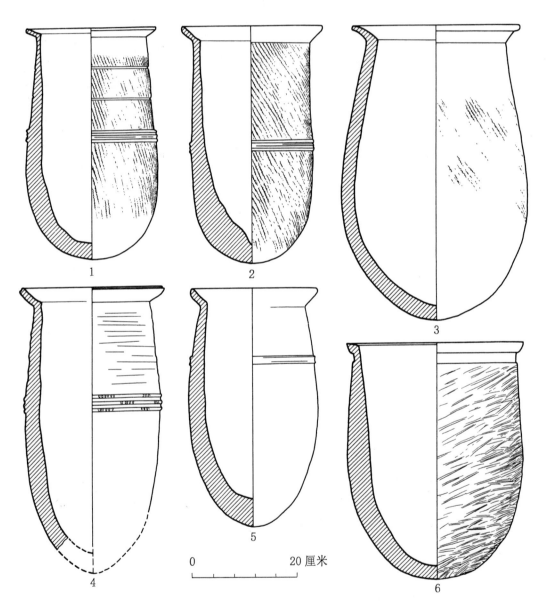

图一三四　石家河文化陶缸

1～3.Ab型 T36②:12、T36②:13、H2:6　4、5.Ac型 T5③:6、T5③:2　6.B型 AT2⑤:3

C 型　3 件。大敞口，翻沿，内斜腹，平底。

标本 T28②:2，夹砂红胎灰陶。大口微外敞，折翻沿，方唇，唇上有一凹槽。器外近口部微内束成颈。斜腹微鼓，内收成窄底。近底部残。腹部饰交错细篮纹，束颈部分为素面。口径 47.2、残高 34 厘米（图一三五，1；图版三二，3）。

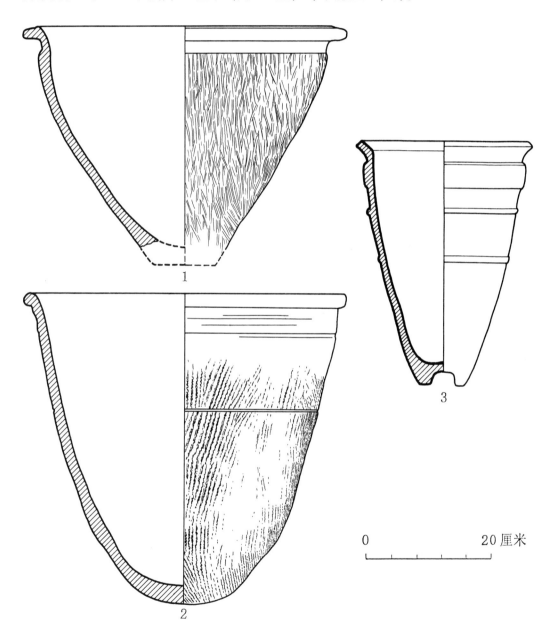

图一三五　石家河文化陶缸

1.C 型 T28②:2　2.D 型 H2:1　3.E 型 H52:1

D 型　4 件。大敞口，卷沿，圜底。

标本 H2：1，夹砂红胎灰陶。大口外敞，卷沿圆唇，斜腹壁，圜底。通体饰不规则斜绳纹，近口部饰三道凹弦纹，腹中部饰一道凹弦纹。口径 51.8、高 47.6 厘米（图一三五，2；图版三二，4）。

E 型　3 件。器形小，微敞口，腹内斜，凹底。

标本 H52：1，夹砂灰陶。微敞口，沿部略外侈，近方唇。腹壁较直，内斜。小凹底。近口部有一圈凸出的宽带纹，腹中部和上部各有一道凸弦纹。口径 27.5、底径 8、高 36.8 厘米（图一三五，3）。

瓮　16 件。分四型。

A 型　8 件。敛口。

标本 H107：7，夹砂灰陶。残片。无颈，近平唇。广肩，近口处有一道凸棱。肩以下饰斜方格纹。口径约 29 厘米（图一三六，1）。标本 H69：51，泥质褐陶。残片。口径较大，无颈，近平唇。广肩，近口处有一道凸棱和两个对称的纽突。肩以下饰斜方格纹。口径约 36 厘米（图一三六，2）。

B 型　3 件。短颈。

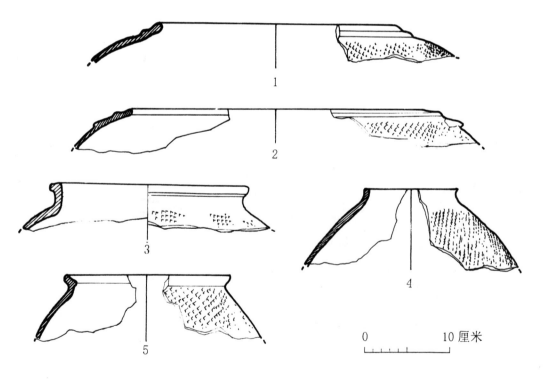

图一三六　石家河文化陶瓮

1、2.A 型 H107：7、H69：51　3.B 型 H63：3　4.C 型 H34：6　5.D 型 H42：3

标本 H63：3，夹砂红陶。残片。颈口较直，卷沿，圆唇，广肩。肩以下饰方格纹。口径 24 厘米（图一三六，3）。

C 型　1 件。敛口，有短领。

标本 H34：6，泥质黑陶。残片。领较直，平唇，溜肩。肩以下饰较规整的斜绳纹。口径 11 厘米（图一三六，4）。

D 型　4 件。敛口，折沿。

标本 H42：3，泥质灰黑陶。残片。窄沿，仰折，近尖唇，溜肩。肩以下饰斜方格纹。口径 20 厘米（图一三六，5）。

豆　共 36 件。分三型。

A 型　16 件。厚唇，深腹。又分二式。

Ⅰ式　9 件。唇部外缘较小，上腹内斜，下腹内折。标本 H54：66，泥质黑陶。微卷沿，圜底。圈足上部较直，足底部残。圈足上有对称的圆形镂孔。口径 17.2、腹深 8、残高 12 厘米（图一三七，1）。

Ⅱ式　7 件。唇外缘下斜腹壁弧形。标本 H116：4，泥质红胎黑陶。圜底较宽。足残。口径 24、残腹深 8 厘米（图一三七，2）。

B 型　14 件。宽沿，盘较浅。可分二式。

Ⅰ式　8 件。宽沿略外翻，弧壁盘，盘较深。标本 H43：1，泥质灰黑陶。圈足内壁有泥条盘筑痕迹。近尖唇，高圈足，足底残。圈足上有旋痕。口径 17.2、腹深 5.2、残

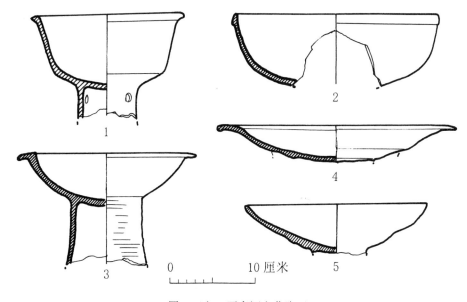

图一三七　石家河文化陶豆

1.A型Ⅰ式 H54：66　2.A型Ⅱ式 H116：4　3.B型Ⅰ式 H43：1　4.B型Ⅱ式 H42：6　5.C型 H67：11

高 12.8 厘米（图一三七，3）。

Ⅱ式　6 件。沿面呈凸弧形，豆盘浅。标本 H42：6，泥质红陶。圆唇，斜弧腹，圈底。圈足残。素面。口径 28、腹深 4 厘米（图一三七，4）。

C 型　6 件。直沿，斜壁，豆盘较浅。

标本 H67：11，泥质灰陶。尖唇，豆盘呈浅钵形，圆底。圈足较细，残。素面。口径 21.6、残高 6 厘米（图一三七，5）。

碗　66 件。共四型。

A 型　24 件。微卷沿。

标本 AT306②：4，泥质灰陶。微卷沿，近圆唇，斜弧腹，圜底。圈足。素面。口径 18、圈足径 7.2、高 9.2 厘米（图一三八，1）。标本 T31④：1，泥质灰陶。圆唇，斜壁弧腹，圜底，圈足外撇。素面。口径 20、圈足径 8.4、高 10 厘米（图一三八，2）。标本 AT306③：3，泥质灰陶。圆唇，略外突。斜弧腹，圜底，圈足。素面。口径 20、圈足径 8.8、高 9.6 厘米（图一三八，3）。标本 AT306③：4，泥质灰陶。口沿略外卷，唇较尖，弧腹，圈足。素面。口径 18、圈足径 8、高 9.2 厘米（图一三八，4）。标本 AT306②：3，泥质灰陶。圆唇，近折沿，弧腹，圜底略下凹，圈足。素面。口径 19.2、圈足径 8、高 8.8 厘米（图一三八，5）。标本 AT306③：1，泥质灰陶。唇部略外突，腹壁较直，圜底较窄，圈足，足底略外撇。素面。口径 18、圈足径 7.8、高 9.2 厘米（图一三八，6）。标本 AT306②：5，泥质灰陶。卷沿较明显，弧腹较宽，圈足。圈足底部有一圈外凸棱。素面。口径 18、圈足径 8.4、高 8.8 厘米（图一三八，7）。标本 AT306③：8，泥质灰陶。唇部外突。腹壁斜，较直。素面。口径 19.2、圈足径 9.2、高 9.6 厘米（图一三八，8）。

B 型　18 件。直沿，敞口。

标本 AT306③：14，泥质灰陶。近尖唇，弧腹较深，圈足。素面。口径 17.6、圈足径 7.2、高 8.4 厘米（图一三八，9）。标本 H30：2，泥质灰陶。唇较平，弧腹，底较平，圈足较细。素面。口径 18.6、圈足径 7.7、高 9.6 厘米（图一三八，10）。标本 H5：14，泥质灰陶。近尖唇，斜腹，圈足较矮。素面。口径 18.8、圈足径 6.8、高 8 厘米（图一三八，11）。标本 H30：37，泥质灰陶。唇较尖，弧腹，小圈足。素面。此器可作器盖使用。口径 26、圈足径 6、高 8.4 厘米（图一三八，12）。

C 型　22 件。折沿，弧腹，矮圈足。又分二式。

Ⅰ式　15 件。外折沿。标本 H5：3，泥质灰陶。近圆唇，圈足底外撇。下腹部有一凸弦纹，圈足底外部有一圈凸棱。口径 20、圈足径 8.8、高 10 厘米（图一三八，13）。标本 T31③：5，泥质灰陶。近尖唇，上腹壁较直，圜底。圈足底略外撇并有一圈凸棱。口径 18、圈足径 8、高 10 厘米（图一三八，14）。标本 AT306③：9，泥质灰陶。突唇有

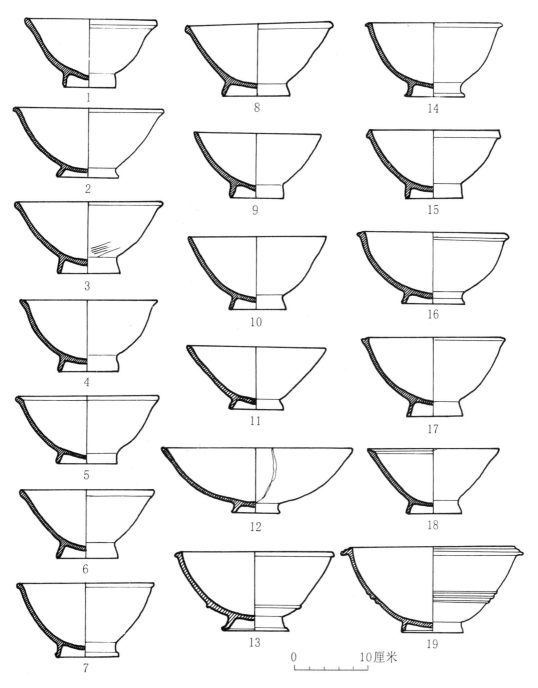

图一三八 石家河文化陶碗

1~8.A 型 AT306②:4、T31④:1、AT306③:3、AT306③:4、AT306②:3、AT306③:1、AT306②:
5、AT306③:8 9~12.B 型 AT306③:14、H30:2、H5:14、H30:37 13~17.C 型Ⅰ式 H5:3、T31
③:5、AT306③:9、AT306②:1、AT306③:2 18.C 型Ⅱ式 AT306③:6 19.D 型 H37:2

棱，圈足壁较直。素面。口径 18、圈足径 7.6、高 9.6 厘米（图一三八，15）。标本 AT306②：1，泥质灰陶。唇外缘较尖，腹较宽，圈足较矮。素面。口径 20、圈足径 8.8、高 9.6 厘米（图一三八，16）。标本 AT306③：2，泥质灰陶。唇部略突，弧腹，圈足较细高。素面。口径 18.8、圈足径 7.8、高 10.4 厘米（图一三八，17）。

Ⅱ式　7 件。内折沿。标本 AT306③：6，泥质灰陶。尖唇，斜腹，圜底，矮圈足。素面。口径 18、圈足径 7.2、高 8.4 厘米（图一三八，18）。

D 型　2 件。翻沿。

标本 H37：2，泥质灰陶。折沿外翻，沿面较宽，并有两道凹槽。口较直，弧腹，圜底，矮圈足。腹中下部有三道凸弦纹。口径 22.4、圈足径 8.4、高 11.2 厘米（图一三八，19；图版三三，1）。

盆　36 件。分二型。

A 型　20 件。仰折沿。

标本 H69：45，泥质黑陶。沿面凹弧形，圆唇，束颈，微鼓腹。下腹残。上腹饰交错篮纹。口径 36 厘米（图一三九，1）。

B 型　16 件。折沿，外翻。

标本 H48：31，泥质黑陶。近圆唇，沿面凸弧形，弧腹内收。下腹残。素面。口径 30 厘米（图一三九，2）。

圈足盘　共 18 件。分三型。

A 型　5 件。微敛口，高圈足。

标本 H116：7，泥质灰陶。盘较浅，曲壁，底略下凹，圈足残。素面。口径 22、腹深 4.8 厘米（图一三九，3）。标本 H34：1，泥质灰陶。近尖唇，腹壁斜收，浅腹，底较平，高圈足，足底略外撇，足沿弧曲形。圈足上有二道凸弦纹。口径 16、腹深 3.2、足底径 12.8、通高 10.8 厘米（图一三九，4；图版三三，2）。

B 型　1 件。小圈足盘。

标本 H31：4，泥质灰陶。尖唇，腹壁斜，较深，底较平，圈足较高，足底沿外撇。腹饰一道凸弦纹。口径 13.6、腹深 4、通高 7.8 厘米（图一三九，5；图版三三，3）。

C 型　12 件。矮圈足。

标本 H118：15，泥质灰黑陶。直口，近平唇。曲斜腹，圜底下凹。喇叭形矮圈足。口径 21.6、圈足径 12.8、通高 6.8 厘米（图一三九，6；图版三三，4）。

钵　44 件，分二型。

A 型　20 件。敞口，尖唇。

标本 H38：6，泥质灰陶。近尖唇，微弧腹，平底。素面。口径 16、底径 6.4、高 8 厘米（图一三九，7）。标本 H30：40，泥质灰陶。尖唇，弧腹，下腹较窄。底残。素面。

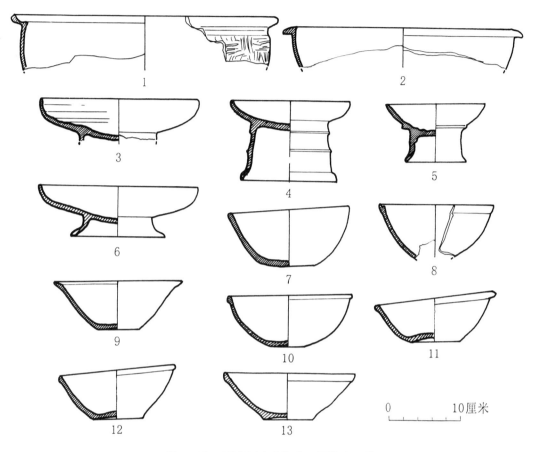

图一三九　石家河文化陶盆、圈足盘、钵

1.A型盆 H69：45　2.B型盆 H48：31　3、4.A型圈足盘 H116：7、H34：1　5.B型盘 H31：4　6.C型盘 H118：15
7～9.A型钵 H38：6、H30：40、AT306③：2　10～13.B型钵 H69：18、H54：3、H41：21、H54：25

口径16、残高6.4厘米（图一三九，8）。标本 AT306③：2，泥质灰陶。敞口，尖唇，
侈沿。微弧腹，平底。素面。口径18、底径6、高6厘米（图一三九，9）。

B型　24件。敞口，厚唇。

标本 H69：18，泥质灰陶。唇外缘有棱，弧腹，近平底。素面。口径16.8、底径
4.8、高6.8厘米（图一三九，10）。标本 H54：3，泥质灰陶。厚唇，微弧腹，内凹底。
素面。口径16.4、底径6.4、高5.6厘米（图一三九，11；图版三三，5）。标本 H41：
21，泥质灰陶。唇略厚，微弧腹，内凹底。素面。口径16、底径6.8、高6厘米（图一
三九，12）。标本 H54：25，泥质灰陶。厚唇，近直腹，底微内凹。素面。口径18、底
径6.4、高6厘米（图一三九，13）。

杯　480件。共四型。

A 型 260 件。斜壁。又分七式。

Ⅰ式 8 件。薄胎，斜壁，尖唇，宽底，整器较矮胖。标本 H119：3，泥质灰红陶。敞口，尖唇，斜直腹，内凹底，底较宽。素面。口径 7.6、底径 3.6、高 5.2 厘米（图一四〇，1）。

Ⅱ式 6 件。薄胎，斜壁，尖唇，底较窄，整器变瘦高。标本 H41：6，泥质灰红陶。敞口，尖唇，斜腹，内凹底。口径 8.4、底径 3.6、高 8 厘米（图一四〇，2）。

Ⅲ式 6 件。胎较薄，斜壁，尖唇，整器更瘦高。标本 H41：5，泥质橙黄陶。近尖唇，斜直腹，内凹底。器内外均涂红陶衣，红陶衣大部分脱落。口径 7.5、底径 3.8、高 7.6 厘米（图一四〇，3）。

Ⅳ式 80 件。胎较厚，斜壁，尖唇。标本 H54：49，泥质红陶。自口至底胎壁逐渐变厚。敞口，尖唇，斜直腹，内凹底。涂红陶衣，红陶衣大部分脱落。口径 8.8、底径 3.8、高 9.2 厘米（图一四〇，4；图版三四，1）。标本 H30：1，泥质灰陶。底部胎厚。口较小，尖唇，斜直腹，内凹底。素面。口径 5.6、底径 3、高 8.4 厘米（图一四〇，5）。

Ⅴ式 94 件。厚胎，斜壁，尖唇，容量小。标本 H30：23，泥质红陶。微敞口，尖唇，斜直腹。厚底，略内凹。素面。口径 6.2、底径 2.8、高 9.8 厘米（图一四〇，6）。标本 H48：11，泥质红陶。微敞口，尖唇，斜直腹。厚底，底内凹。素面。口径 5.6、底径 2.8、高 9 厘米（图一四〇，7）。标本 H30：29，泥质红陶。尖唇，斜直腹，厚底内凹。素面。口径 6.4、底径 2.8、高 9.4 厘米（图一四〇，8）。

Ⅵ式 60 件。厚胎，斜壁，尖唇，整器较矮胖，容量更小。标本 H54：52，泥质红陶。尖唇，斜直腹，内凹底。素面。口径 6、底径 3、高 8 厘米（图一四〇，9）。标本 H38：3，泥质橙黄陶。胎很厚。尖唇，斜直腹，内凹底。素面。口径 5.6、底径 3.2、高 8.2 厘米（图一四〇，10）。

Ⅶ式 6 件。胎特别厚，斜壁，尖唇。接近实心。标本 H31：36，泥质红陶，为底端残件，呈实心圆柱体，底内凹。素面。底径 3.2、残高 7.2 厘米（图一四〇，11）。标本 H31：19，泥质灰胎橙黄陶。上部残，接近实心圆柱体，内凹底。素面。底径 3.2、残高 6.4 厘米（图一四〇，12）。

B 型 180 件。弧壁。分三式。

Ⅰ式 70 件。薄胎壁，口径和底径较大。标本 H19：9，泥质橙黄陶。敞口，近尖唇，弧壁，内凹底。素面。口径 8.2、底径 4、高 7.4 厘米（图一四〇，13）。

Ⅱ式 80 件。胎较薄，器形变瘦高。标本 H54：17，泥质灰黄陶。喇叭形口，尖唇，下腹壁较直，底微内凹。素面。口径 8、底径 3.6、高 8.2 厘米（图一四〇，14）。标本 H19：1，泥质红陶。近底部胎壁较厚。喇叭形口，尖唇，下腹壁较直，平底。素

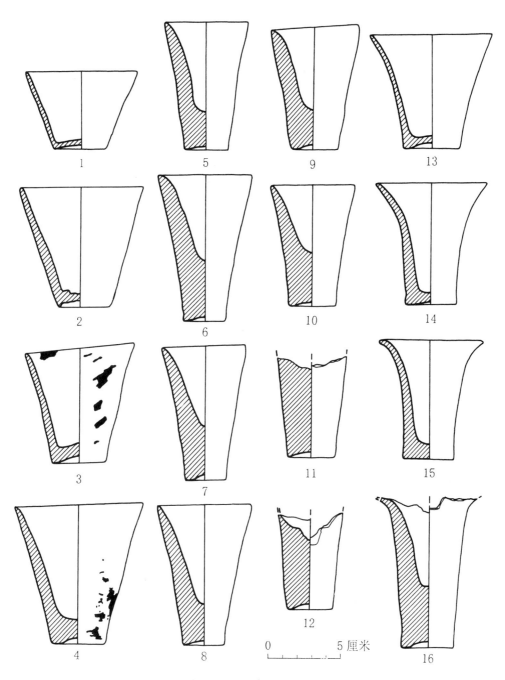

图一四〇　石家河文化陶杯

1.A型Ⅰ式 H119:3　2.A型Ⅱ式 H41:6　3.A型Ⅲ式 H41:5　4、5.A型Ⅳ式 H54:49、H30:1　6
~8.A型Ⅴ式 H30:23、H48:11、H30:29　9、10.A型Ⅵ式 H54:52、H38:3　11、12.A型Ⅶ式
H31:36、H31:19　13.B型Ⅰ式 H19:9　14、15.B型Ⅱ式 H54:17、H19:1　16.B型Ⅲ式 H42:10

面。口径 7、底径 3.4、高 8 厘米（图一四○, 15）。

Ⅲ式　30 件。喇叭形口, 底部呈实心圆柱体。标本 H42:10, 泥质橙黄陶。近口部外侈, 口沿残。腹壁较直较厚, 内凹底。素面。底径 3.8、残高 10 厘米（图一四○, 16）。

C 型　36 件。为高足杯, 又分四亚型。

Ca 型　8 件。侈口, 高圈足, 垂腹, 腹、足间连成弧线。

标本 T30 ㉛:2, 夹砂灰陶。侈口, 口沿外翻, 近尖唇, 颈部略内束, 垂腹, 内凹底。喇叭形高圈足。下腹部饰压印竖条纹。口径 2.6、最大腹径 3.2、圈足径 2.4、高 6 厘米（图一四一, 1; 图版三四, 2）。

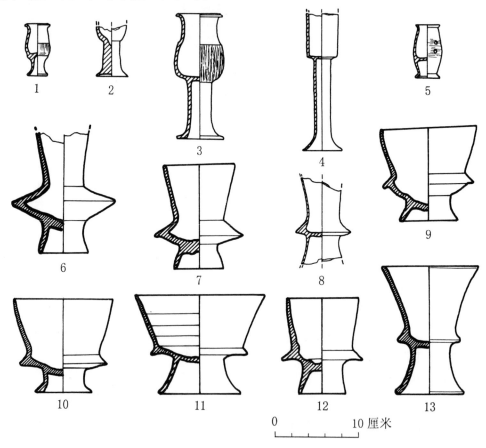

图一四一　石家河文化陶杯、壶形器

1.Ca 型杯 T30 ㉛:2　2.Cb 型杯 H43:15　3.Cc 型杯 T10②:21　4.Cd 型杯 H5:16　5.D 型杯 T31 ㉛:1　6、7.A 型Ⅰ式壶形器 H48:12、H30:10　8.A 型Ⅱ式壶形器 H54:10　9.B 型Ⅰ式壶形器 H30:7　10、11.B 型Ⅱ式壶形器 H48:1、H21:9　12.B 型Ⅲ式壶形器 H30:16　13.B 型Ⅳ式壶形器 H85:6

Cb 型　9 件。高实足，腹壁较直。

标本 H43：15，夹砂灰陶。口部残，下凹底。足柄较直，底部外撇。素面。圈足径 4、残高 6 厘米（图一四一，2）。

Cc 型　9 件。高圈足，鼓腹，颈较长。

标本 T10②：21，夹砂红陶。侈口，沿外翻，近尖唇，颈粗长，鼓腹下垂，宽平底。圈足壁较直，足底外撇。下腹部饰压印竖条纹。口径 5.4、腹径 6、圈足径 5.8、高 14.8 厘米（图一四一，3）。

Cd 型　10 件。腹、足均呈筒状，壁直器高。

标本 H5：16，泥质灰陶。近口部残，直腹内折成平底。足柄细高，底座呈喇叭形。素面。腹径 3.8、圈足径 5、残高 16 厘米（图一四一，4）。

D 型　4 件。整器呈鼓形，假圈足，底在器体中部偏下处。

标本 T31③b：1，泥质红胎黑陶。敛口，折沿上仰，近尖唇。宽平底。圈足较大，并与器腹连成一体。圈足底部内束，沿部外撇。足饰细弦纹和圆形镂孔。口径 3.2、腹径 3.6、圈足径 2.8、高 6.2 厘米（图一四一，5；图版三四，3）。

壶形器　192 件。分二型。

A 型　90 件。折腹，直口，颈较细长。分二式。

Ⅰ式　50 件。口、颈微侈，折腹。腹壁剖面呈角状外突。标本 H48：12，泥质红陶。口沿残。颈壁内收，棱形腹，底下凹，圈足较矮。素面。腹径 12.8、圈足径 5.6、残高 14 厘米（图一四一，6）。标本 H30：10，泥质橙黄陶。微敞口，平唇，口、颈较粗，颈内收，棱形腹，底较平，矮圈足。素面。口径 8.4、腹径 10.4、圈足径 5.6、高 12.4 厘米（图一四一，7）。

Ⅱ式　40 件。长颈，微侈口，颈下部外突成小腹。标本 H54：10，泥质橙黄陶。口沿和底部均残。颈下部略内束，折腹，内腹接近消失，平底。高圈足，下部外撇。素面。腹径 6.4、残高 10 厘米（图一四一，8）。

B 型　102 件。口径较大，颈、腹连成杯形体。分四式。

Ⅰ式　30 件。整器较矮胖，口较大，微敞口，折腹，下腹微外鼓。标本 H30：7，泥质红陶。近尖唇，折腹，近圜底，矮圈足。素面。口径 11.6、腹径 11、圈足径 6.4、高 11.2 厘米（图一四一，9）。

Ⅱ式　40 件。整器基本与Ⅰ式相同，仅下腹变窄小。标本 H48：1，泥质红陶。微敞口，尖唇，下腹外突成棱。圜底，较平。矮圈足，足底外撇。素面。口径 12、腹径 11.6、圈足径 6.2、高 11 厘米（图一四一，10；图版三四，4）。标本 H21：9，泥质红陶。内壁有泥条盘筑痕。口较大，微敞口，尖唇，腹较宽，折腹有突棱，圜底，圈足较高。素面。口径 15.6、腹径 12、圈足径 10、高 11.2 厘米（图一四一，11；图版三四，

5）。

Ⅲ式　28件。直口，近直腹，下腹突棱明显。标本H30：16，泥质灰黄陶。近平唇，内下部略向外凹，底较平，矮圈足，足底直沿。素面。口径8.8、腹径9、圈足径5.6、高11.4厘米（图一四一，12）。

Ⅳ式　4件。喇叭形口，下腹有突棱。标本H85：6，夹砂红陶。近尖唇，腹壁内斜，腹较深，底较平，底四周略外凹，喇叭形高圈足。素面。口径12、腹径7.8、圈足径8.4、高15.2厘米（图一四一，13）。

鬶　20件。分二式。

Ⅰ式　12件。长颈，捏流。标本H30：3，泥质红陶，薄胎。颈细长，口部前端捏成流和口两部分，鋬耳宽扁，乳突状长袋足。素面。流径6.4、通高23.2厘米（图一四二，1；图版三五，1）。

Ⅱ式　8件。长颈，管状流。标本H21：13，泥质红褐陶。长颈，管状流。颈下部较细，鋬宽较厚，尖状袋足。素面。流径9.2、通高25厘米（图一四二，2；图版三五，2）。

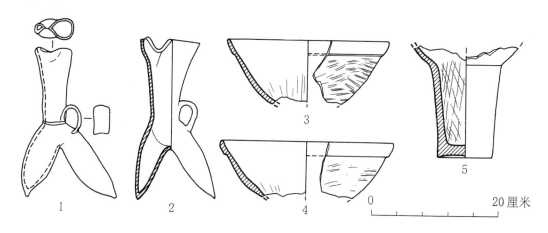

图一四二　石家河文化陶鬶、擂钵

1.Ⅰ式鬶 H30：3　2.Ⅱ式鬶 H21：13　3~5.擂钵 H69：10、H67：9、AT201③：9

擂钵　3件。

标本H69：10，夹砂红胎黑陶。敞口，沿外壁凸起，斜弧腹。近底部残。外腹部饰交错篮纹。器内壁有细浅的竖向刻槽。口径25.2、残高10厘米（图一四二，3）。标本H67：9，夹砂红胎黑陶。敞口，沿外壁凸起，斜弧腹。近底部残，外腹有稀疏的横向篮纹。器内壁有细浅的竖向刻槽。口径28、残高8.8厘米（图一四二，4）。标本AT201③：9，夹砂黑陶，为漏斗形擂钵的底部。内壁有网状刻槽。底径8.8、残高17.2厘米（图一四二，5）。

鸡形壶　1件。

标本 T28②:41，泥质红陶，手制。整体呈鸡形，与陶塑雄鸡相似。鸡首为盖（缺）。鸡颈为壶颈，壶口较直，颈较长，下部弯曲。鸡身为壶腹，近圆形。鸡尾为壶把柄，宽扁形。无鸡翅。鸡腹下三柱矮足。口径3.6、腹径7、通宽11.3、通高11.7厘米（图一四三，1；图版三五，3）。

鸭形壶　1件。

标本 H16:51，泥质红陶，手制。整体呈鸭形。鸭首为盖（缺）。鸭颈为壶颈，略前伸，壶口略外侈，颈较细。鸭身为壶腹，略呈椭圆形，背较平，底比背窄，底为圈形。鸭尾很短，无翅。腹底有三扁小足。颈径2.9、腹宽7.8、通长15.3、通高11.6厘米（图一四三，2；图版三五，4）。

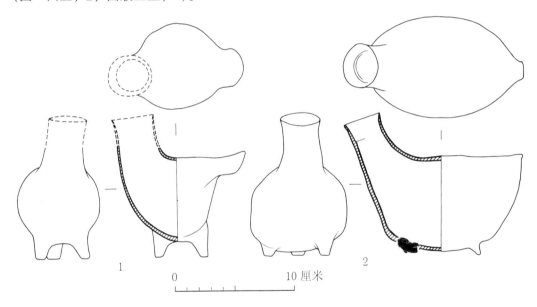

图一四三　石家河文化陶鸡形壶、鸭形壶

1. 鸡形壶 T28②:41　2. 鸭形壶 H16:51

鸟形勺　1件。

标本 T5③:5，泥质红陶，手制。整器呈鸟形，鸟身为器体，近半圆形，无翅，无尾，无足。器把即鸟颈和鸟首，较粗长。残长5.2、通高4.1、颈把粗径1厘米（图一四四，1）。

鸟形器盖　1件。

标本 T5②:12，泥质红陶，捏制。整器呈鸟形，展翅立状。鸟首、鸟翅均残。长颈细身，直立为器纽。鸟尾展开呈喇叭状盖体。纽颈径1、纽腰径1.3、盖径3.4、残高6.5厘米（图一四四，2；图版三六，1）。

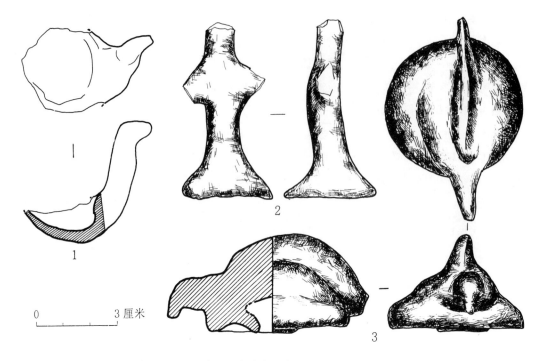

图一四四　石家河文化陶鸟形勺、鸟形器盖、鸡首形器盖
1. 鸟形勺 T5③:5　2. 鸟形器盖 T5②:12　3. 鸡首形器盖 T31②:1

鸡首形器盖　1件。

标本 T31②:1，整器似鸡首，有冠、喙，底部周围有子母形盖口。通长 7.7、宽 5.2、高 3.6 厘米（图一四四，3）。

（二）陶塑品

陶塑品标本共 233 件。

出土大量的小型陶塑品是邓家湾遗址最主要的特点。由于出土的陶塑品绝大多数为碎块，堆积在一起，难以统计精确的数量，估计总数不少于万件。所有陶塑品均为泥质红陶，火候较低，质地细腻，均用手捏塑而成，器形小巧，无彩无衣。根据陶塑品的形象，可分成陶偶和陶塑动物两大类。

1. 陶偶

陶偶及陶偶残件标本共 40 件。

陶偶形象姿态比较复杂，有跨立式、抬腿式、坐式和踞跪式。有的舞手抬腿，有的抱鱼拥物，有的背物抱狗。陶偶细部，如手、脚、脸等处一般不够清晰。头部只有鼻子和两耳明显突出，几乎不见眼和嘴。差不多所有的偶身均细腰，着长袍，不露双手。个别的偶，腰、背裹裙。偶身下部有的露腿，也有不露腿的。头后一般挽髻。头顶有戴冠和免冠之分。冠的形状主要有两种：多为浅沿矮冠，冠两边呈角状外侈，冠顶有平、弧、角形的区别；另一种为环形冠，仅在残偶中发现。据形态可分为单偶、抱鱼偶、背物偶、抱物偶和抱狗偶等（彩版一四）。

（1）单偶

标本 12 件（指挑选出的标本数，下同）。包括跨立式、抬腿式、坐式和跪踞式等姿态，前三种姿态均似舞蹈状。

标本 T3③:1，跨立式。头顶矮冠，略呈双角状。额宽，鼻较高，小嘴大耳，下颏略尖，转颈侧视，后仰身，平胸平背，粗腰瘦臀，左臂前内弯握拳，右臂残，双腿张开跨立。胸宽 2.3、背厚 1.2、腰粗 1.9、通高 9.1 厘米（图一四五，1；彩版一五，1；图版三六，2）。

标本 T4③:30，跨立式。头残。宽胸窄背，长身细腰。右臂上曲贴胸，左臂残。着袍，袍残，袍内左腿斜张，残成锥状。右腿残。残胸宽 2.1、背厚 1.5、残腰粗 1.5、残高 7 厘米（图一四五，2；图版三六，3）。

标本 H106:20，跨立式。头残，颈前伸。胸略宽，背微凹，短直身，腰较粗。右臂斜上伸，手残。左臂朝下，残。右腿斜张，左腿残。胸宽 2.1、背厚 1.6、腰粗 1.8、残高 6.5 厘米（图一四五，3）。

标本 H116:32，抬腿式。头残。颈较细，胸较宽扁，仰身，腰较细。左臂斜上伸，右臂残。右腿伸直，脚部残。左腿斜前抬。披袍，袍前面开敞，下摆为弧形。胸宽 1.9、背厚 1.5、腰粗 1.5、残高 5.4 厘米（图一四五，4）。

标本 H116:33，抬腿式。头残。挺胸直背，微缩身。左臂斜伸上弯，右臂前伸内屈，手残。右腿直，下部残。左腿上抬，脚残。披裙，下摆为弧形。胸宽 2.1、背厚 1.6、腰粗 1.7、残高 5.3 厘米（图一四五，5；图版三六，4）。

标本 H116:34，抬腿式。头残。宽胸，背微驼，细腰缩身。左臂斜上弯，手残。右臂残。左腿微抬，右腿残。披袍，袍下摆为弧形。胸宽 2.1、背厚 1.6、腰粗 1.5、残高 7.3 厘米（图一四五，6）。

标本 T4③:3，坐式。头前倾，平向，头顶扁，较平，无冠，头后挽髻。高鼻，宽额，无眼，小嘴，圆耳，尖下颏，细长颈。扁胸，背微弓，瘦身细腰。左手下垂至腰前，右手上抬至左肩。腰以下残，似穿长袍。胸宽 1.9、背厚 2、腰粗 1.5、残高 8.6 厘米（图一四六，1；彩版一五，2；图版三七，1）。

标本 T4③:26，似坐式。头前倾，顶部残。高鼻，大耳，右耳残。颈较细，宽平胸，背微弓，细腰。左臂下垂，前臂残。右臂上抬至颈贴胸。腰以下残，似穿长袍。胸宽 2.4、背厚 1.4、腰粗 1.4、残高 8 厘米（图一四六，2；图版三七，2）。

标本 T2③:27，跪踞式。头部及右前臂残。平胸，背微弓，腰较细。左臂下垂至腹。着长袍。右腿踞，左腿跪。胸宽 2.1、背厚 1.5、腰粗 1.6、残高 5 厘米（图一四六，3；图版三七，3）。

标本 T4③:11，跪踞式。头部残。宽胸，直背，短身细腰。左臂曲，按左膝。右臂残。右腿踞，左腿跪。着袍，袍下摆近弧形。胸宽 2、背厚 1.3、腰粗 1.5、残高 3.7 厘米（图一四六，4）。

(2) 抱鱼偶

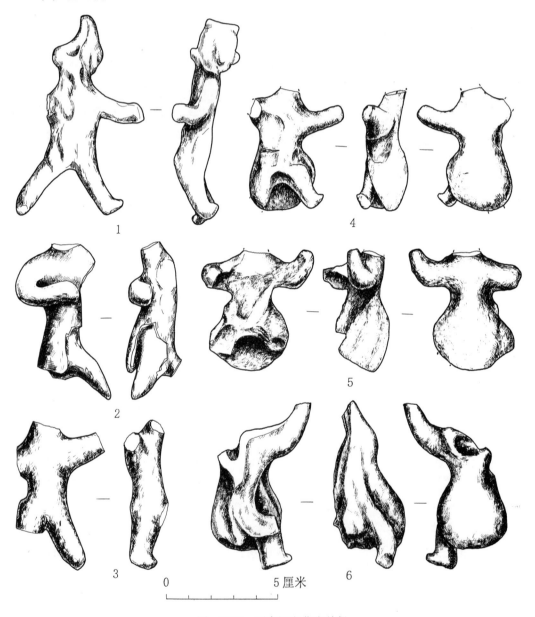

0　　　　　　　　5厘米

图一四五　石家河文化陶单偶

1～3.跨立式 T3③:1、T4③:30、H106:20　4～6.抬腿式 H116:32、H116:33、H116:34

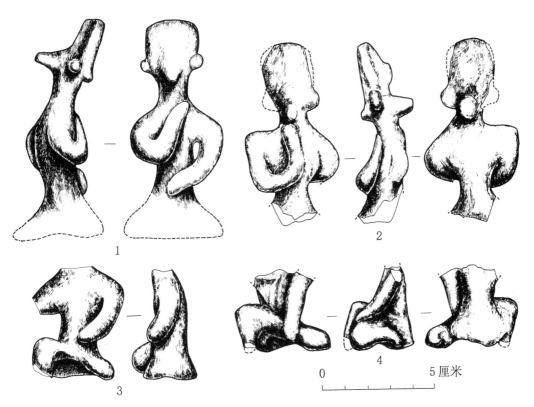

图一四六　石家河文化陶单偶

1、2. 坐式 T4③:3、T4③:26　3、4. 跪踞式 T2③:27、T4③:11

　　标本9件。在陶偶中数量最多，形态基本相同。为坐式或跪式，直身，前视，穿长袍，宽裾，细腰，长方扁形头，耳鼻外突，戴两角浅沿圆帽，颈修长。两手横抱大鱼，左手后托鱼尾，右手前抱鱼头，神态虔诚。一般高约10厘米左右。

　　标本H67:5，抱鱼偶。高鼻突耳，尖下颏，宽额，矮冠，冠两边外侈呈角状，冠顶有脊，脑后挽髻。细长颈，平胸直背，腰较细，肩较平。双臂细长，抱鱼于腹部。鱼形不明显，头朝右边，左手后托，右手前按。不见双腿，似盘坐。身穿长袍，袍下摆外侈，侧面内褶。整个形态又像在弹奏。胸宽1.8、背厚1.3、腰粗1.5、通高9.5厘米（图一四七，1）。

　　标本H67:50，坐偶，抱鱼。全身较扁平。高鼻突耳，尖下颏，宽额，矮冠，冠顶略呈尖状，挽髻。细长颈，平胸直背，溜肩细腰。双臂抱大鱼于腹部，左手后托，右手前按。不见双腿，似盘坐，长袍围膝。胸宽1.9、背厚1.4、腰粗1.5、通高9.9厘米（图一四七，2）。

　　标本H67:57，坐偶，抱鱼。全身扁平。高鼻突耳，尖下颏，宽额。矮冠，弧顶，侈角。头后挽髻。细长颈，窄胸直背，溜肩细腰。双臂细长，横抱大鱼于腰前。鱼和左臂下部残。右手抱按鱼的头端。不见双腿，似盘坐。长袍围膝，袍下摆侧面微内褶。胸

图一四七　石家河文化陶抱鱼偶

1.H67:5　2.H67:50　3.H67:57

宽 1.7、背厚 1.3、腰粗 1.6、通高 10.4 厘米（图一四七，3）。

标本 H67:58，坐偶，抱鱼。全身略后仰，头较厚。小鼻，圆耳，尖下颏，额较窄。矮冠，顶较平，冠角两边外侈。头后挽髻。细长颈，窄胸，直背，左肩较高，右肩较低，左臂下垂。腰以下残。胸宽 1.7、背厚 1.5、残高 7.6 厘米（图一四八，1；彩版一五，3；图版三七，4）。

标本 H67:56，坐偶，抱鱼。头残，身后微曲。窄胸略弯背，细腰，肩较平。双臂抱大鱼。穿袍围臀端坐，袍下部侧面内褶。胸宽 1.7、背厚 1.5、腰粗 1.4、残高 5.8 厘米（图一四八，2）。

标本 H67:2，坐偶，抱鱼。肩以上残。宽胸直背，短身，腰略内束。左肩较高，右肩较低。双臂较短，抱鱼于腰前。所着长袍下部侧面内褶。胸宽 2.2、背厚 1.2、腰粗 1.9、残高 5.1 厘米（图一四八，4；图版三八，1）。

标本 H67:4，坐偶，抱鱼。颈以上残。窄胸直身，细腰，左肩较高，右肩较低。双臂细长，抱鱼于膝部，左手后托，右手鼓起在前。袍内褶于臀底。胸宽 1.7、背厚 1.4、腰粗 1.6、残高 6.3 厘米（图一四八，3；图版三八，2）。

标本 H67:7，坐偶，抱鱼。颈以上残。窄胸内束，腰背内曲。左肩较高，右肩较低。双臂微展，抱鱼于腹前，左手从后卷托，右手放在鱼头前。长袍下部两侧内褶。胸宽 1.9、背厚 1.3、腰粗 1.6、残高 6.1 厘米（图一四八，5；图版三八，3）。

（3）背物偶

标本 2 件。较少见，并且均残损。

标本 H106:9，偶背筒状物，躬身立式。头略残，前倾，面目不清。颈较粗，身前弯，双臂环抱，左手压右手于腹部，斜肩。背负圆筒状物，筒状物残，内空。偶穿长袍，袍的后面下部敞开，前面下摆为弧形。三圆锥状短腿。以三腿及袍着地可站立。胸宽 2.4、背厚 1.9、腰粗（穿袍）2.4、通高 7.5 厘米。背负物残长 1.4、扁径 1.6 厘米（图一四九，1）。

标本 T4②:14，偶背筒状物，躬身立式。头残。宽胸，弧形肩，双臂下部残。背负圆筒状物。此物较粗，中空。腰以下残，还可看出三腿痕迹。胸宽 2.6、背厚 1.9、腰粗 2.4、残高 5.8 厘米，背负物残长 1.9、扁径 2.5 厘米（图一四九，2；图版三八，4）。

（4）抱物偶

标本 2 件。较少见，并且均残损。

标本 T2③:28，拥抱长形物，坐式。头残。窄胸，颈微前弯，胸、腰较直，垂肩。双臂弯曲于腹前，托抱长形物。左手稍高，右手较低。所托物为圆柱形，两端较细，实心。着长袍，似跪坐。胸宽 1.9、背厚 1.5、腰粗 1.5、残高 6.5 厘米，所抱物残长 2、最粗径 1.3 厘米（图一四九，3；图版三九，1）。

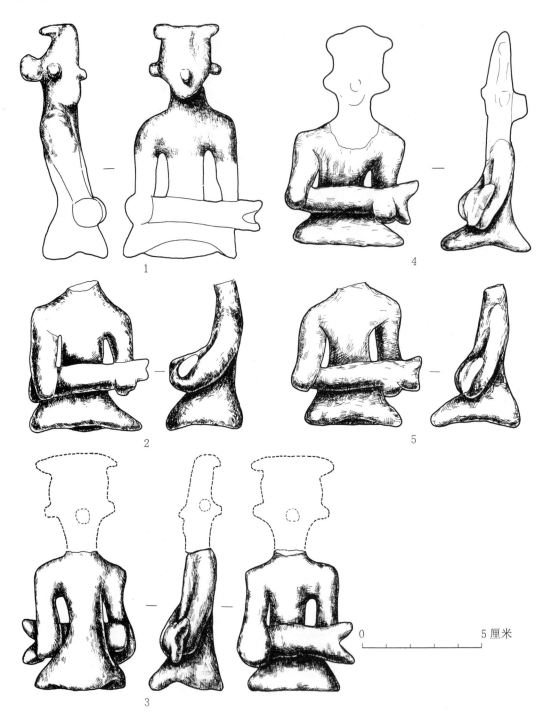

图一四八　石家河文化陶抱鱼偶

1. H67:58　2. H67:56　3. H67:4　4. H67:2　5. H67:7

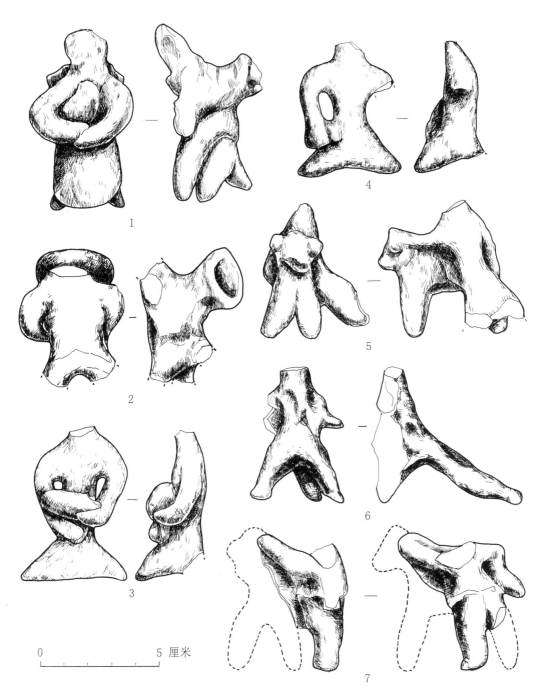

图一四九　石家河文化陶背物偶、抱物偶、抱狗偶

1、2.背物偶 H106:9、T4②:14　3、4.抱物偶 T2③:28、T4③:31　5～7.
抱狗偶 H67:63、H67:64、H67:65

标本 T4③:31，夹抱物体，坐式。头和左手残。缩腰，穿长袍，似跪坐，两膝之间呈内弧状。右手夹抱一圆形物体。最宽 3.9、残高 5.8 厘米，所抱物直径 0.9 厘米（图一四九，4；图版三九，2）。

（5）抱狗偶

标本 3 件。偶和狗的大小相差不大。狗为立状。偶似斜伏于狗背上，横抱狗身，又似狗驮偶。

标本 H67:63，偶头残。手臂及胸贴狗背，横抱狗身，左臂较细长。手抓狗头。右臂在狗尾，手残。偶身斜状，着长袍，腰部内束，双腿残。狗体较高，嘴略尖，宽额，大耳，粗短颈。腿呈柱状，伸直。偶胸宽 1.6、偶腰粗 1.3 厘米，狗颈粗 1.5、腰粗 1.9 厘米，整器残长 6.3、残高 5.7 厘米（图一四九，5）。

标本 H67:64，抱狗，偶头及双臂残。偶体窄胸薄背，短身束腰，腿较长，双腿叉开，斜伏于狗身上。狗残。偶胸宽 1.7、腰粗 1.4 厘米，整器残长 6.7、残高 5.6 厘米（图一四九，6）。

标本 H67:65，抱狗，偶头残。偶窄胸厚背，短身粗腰。伸左臂，左臂前部残。右臂下弯，右臂前部残。左腿较短，直伸。右腿残。全身呈躬状，伏抱于狗上，狗残。偶胸宽 2.1、腰粗 1.7 厘米，整器残长 5.6、残高 5.8 厘米（图一四九，7）。

除上述陶偶外，还有残偶头、残偶身和鱼等较特殊的标本。

残偶头　标本 9 件。

标本 T4③:29，无冠，宽鼻，下突耳，尖下颏，宽平额。扁形头，顶近平，后挽髻。髻突长而尖。额宽 2.3、头高 3.4 厘米（图一五〇，1）。

标本 H118:13，环形冠，小鼻，歪突耳，瘦脸，额较宽且微前鼓，顶戴环形冠。头顶残。无髻，细颈残。额宽 2.3、头高 3.6 厘米（图一五〇，2；图版三九，3）。

标本 H67:61，凹顶头。圆鼻，耳不对称，颏不明显，额宽平，冠与头顶无界线，冠顶下凹，两边成角，头后挽髻。额宽 2.2、头高 3.1 厘米（图一五〇，3；图版三九，4）。

标本 H116:37，前倾头。高鼻，未见左耳，尖下颏，额较窄，微内凹。顶近平而较窄小，无冠，头后内凹，挽髻。额宽 1.6、头高 2.9 厘米（图一五〇，4）。

标本 T4③:23，粗髻头，鼻残，突耳，宽平额，矮冠，冠两边外侈，冠顶呈弧状。头后髻较粗大。额宽 2.3、头高 3.1 厘米（图一五〇，5）。

标本 T3②:55，尖顶头。尖鼻，大耳，扁下颏，额宽而凸，尖顶无冠，头后残，长颈。额宽 2.4、头高 3 厘米（图一五〇，6）。

标本 T3②:54，勾鼻头。大耳，扁下颏，额较宽而微凹，冠矮。冠顶左低右高。头后挽髻。额宽 2、头高 2.8 厘米（图一五〇，7）。

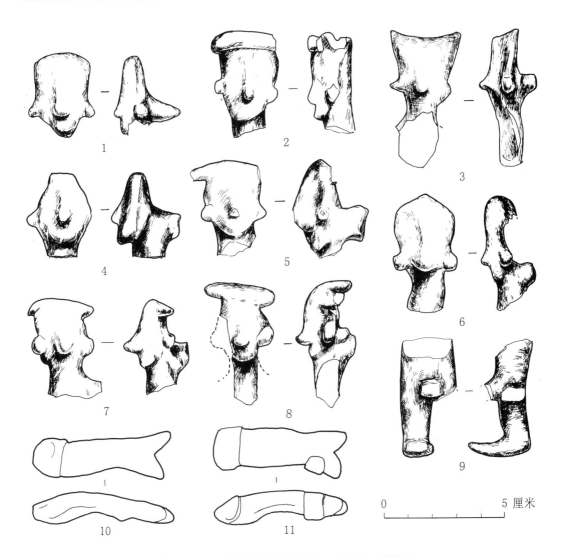

图一五〇　石家河文化陶残偶头、残偶身、附件鱼

1~8. 残偶头 T4③:29、H118:13、H67:61、H116:37、T4③:23、T3②:55、T3②:54、
T4③:27　9. 残偶身 H106:27　10、11. 附件鱼 T4③:14、T4③:15

　　标本 T4③:27，勾鼻头。大耳，右耳残，圆扁下颏，额窄而微凸，冠矮。冠顶左低右高。头后残。长颈。残额宽 1.7、头高 3.1 厘米（图一五〇，8；图版三九，5）。

　　残偶身　标本 1 件。

　　标本 H106:27，腰以上和左腿残。右腿直立。脚掌宽而较长，脚底弧形，脚尖上翘。胯间有一突起，残。残高 4.7 厘米（图一五〇，9；图版三九，6）。

　　附件鱼　标本 2 件。为偶抱鱼附件。

标本 T4③:14，略呈鱼形，腹微鼓，尾呈"八"字形张开。前后部有带状叠加物。中厚 1.4、长 5.8 厘米（图一五〇，10）。

标本 T4③:15，略呈鱼形，腹微鼓，"八"字形尾。前部有带状叠加物。中厚 1.6、长 5.6 厘米（图一五〇，11）。

2. 陶塑动物

陶塑动物标本共 193 件。

陶塑动物的数量较陶偶多，占陶塑品的 90% 以上。许多陶塑动物的基本形象破损，不容易准确辨认。基本形象完整的大多数陶塑动物都具有写实性，主要特征明显，较容易辨识定名。少数陶塑动物带有写意性，个性特征不突出，难以确切定名。根据出土陶塑动物特征明显的标本，可分为家畜、野兽、禽类、龟鳖和鱼四类。

（1）家畜

家畜类陶塑动物标本共 60 件。

家畜类陶塑动物主要有狗、猪、羊、兔和猫。其中以狗的数量最多，狗的形态复杂，造型生动；猫为仅见，不见牛、马等重要家畜。

狗　标本 43 件。根据不同的造型和形态，分为立狗、卧狗、吠狗、含物狗、抱物狗、驮物狗（彩版一六）。

立狗　21 件。四足站立，直身或略曲身，仰首，翘尾或拖尾。神态和个体大小差异较大。

标本 H4:4，站立，略后缩状。抬头，椭圆形平吻，大鼻，环耳，粗颈，筒状身，圈翘尾，直立足，后肢略弯，前二肢残。颈粗 2.4、腰粗 2.7、通长 11、通高 7.8 厘米（图一五一，1；彩版一七，1；图版四〇，1）。

标本 H4:8，站立，后缩状。抬头，略前伸。小嘴微张，立耳，圆顶，粗颈。筒状身，略后弓，翘尾。四肢前伸。颈粗 2.1、腰粗 2.3、通长 10.5、通高 5.8 厘米（图一五一，2；图版四〇，2）。

标本 T28③:1，站立，张望状。抬头，前探。嘴较小，圆形平吻，微贴耳，颈和耳较粗，腰略细。短尾微后拖。四足柱状，直立。颈粗 1.8、腰粗 2.7、通长 8.6、通高 5.5 厘米（图一五一，3）。

标本 H69:3，站立，前伸状。头略抬，前伸，嘴较粗，圆形平吻，立耳，颈较粗，身较肥。尾后拖，微上弯。四足锥状，基本直立。通长 10.2、通高 5.3 厘米（图一五一，4）。

标本 AT10③:3，立式，头小身大，足、尾短。圆短嘴，圆耳，头上仰，细颈，椭圆形身，尾部略凸，四小足正立。颈粗 1.4、腰粗 4.3、通长 6.4、通高 6.4 厘米（图一五一，5；图版四一，1）。

图一五一　石家河文化陶立狗

1.H4:4　2.H4:8　3.T28③:1　4.H69:3　5.AT10③:3　6.H67:3　7.H67:1　8.H67:50

标本 H67:3，正立，头、嘴较扁小，小竖耳，颈较直，筒形身，凹弧背，残尾，四柱状足正立。颈粗 1.2、腰粗 1.4、残长 5.5、通高 4.9 厘米（图一五一，6）。

标本 H67:1，正立，小头，宽额，张大耳，颈较细，颈略前伸，身瘦，腰部略细，背近平，翘尾，尾略残，四柱状足正立。颈粗 1.1、腰粗 1.5、残长 6、通高 4 厘米（图一五一，7）。

标本 H67：50，鼓颈站立，小扁头，宽额，外张大耳。颈较长而鼓起，细身平背，细长尾上翘，四柱状足直立。颈粗 1.2、腰粗 1.4、通长 6.2、通高 4.7 厘米（图一五一，8；图版四一，2）。

标本 H116：38，侧视站立，转颈侧头，头较大，嘴粗，竖耳，粗颈，短身粗腰，弓背。锥状短尾略下拖，四矮足，前肢直立，后肢略前伸。颈粗 1.4、腰粗 1.7、通长 6.4、通高 4.9 厘米（图一五二，1）。

标本 H1：8，侧视站立，转颈侧头，近尖吻，窄额，大竖耳，颈较长，短身细腰，微凹背，短尾略垂，张立四矮足。颈粗 1.2、腰粗 1.4、通长 5.3、通高 4.8 厘米（图一五二，2；图版四二，1）。

标本 H1：19，侧视站立，转颈侧仰，近尖吻，小头窄额，小竖耳，长颈，束腰，凹弧背，短尾略下拖，张立四柱状足。前左足残。颈粗 1.4、腰粗 1.6、通长 5.9、通高 4.2 厘米（图一五二，3；图版四二，2）。

标本 H1：12，前倾站立，微抬头，嘴较尖，额较窄，竖耳，颈前伸，短粗身，略弓背，短尾后举，张立四小足。颈粗 1.2、腰粗 2.1、通长 6.9、通高 4.1 厘米（图一五二，4）。

标本 H67：6，站立，头扁肥，宽吻，宽额，张环耳，粗短颈微缩，瘦长身，背略弓，尾残，四柱状足张立。颈粗 1.6、腰粗 1.7、残长 6.6、通高 4 厘米（图一五二，5）。

标本 H67：13，站立，头扁肥，吻残，宽额，头顶上凸，侈耳，短颈微缩，瘦长身，背较平，翘短尾，张立四柱状足。前二足残。颈粗 1.3、腰粗 1.6、残长 6.5、残高 3.5 厘米（图一五二，6）。

标本 H67：10，站立，头扁肥，平扁吻，宽额，头顶凹，外张大耳，缩短颈，上弓身，腰较粗，翘尾，尾残，立四柱状足。颈粗 1.4、腰粗 2、残长 6、通高 4.6 厘米（图一五二，7）。

标本 AT2 ㉛b：3，弓背站立，大头，近圆吻，窄额，竖大耳，粗短颈微缩，粗短身而上弓，短尾下垂，四柱状短足张立。颈粗 1.7、腰粗 2.6、通长 7.2、通高 5 厘米（图一五二，8）。

标本 T34②：2，站立，抬头前视，嘴较瘦长，平吻，窄额，竖耳，细长颈，身较粗，略弓背，夹尾，四柱状粗长足，直立。前二足残。颈粗 1.4、腰粗 2.5、残长 8.8、残高 6.5 厘米（图一五二，9；图版四二，3）。

标本 T34②：1，站立，高抬头，头小，近圆吻上仰，双竖耳，耳残。粗长颈前伸，长身，平背，锥状短尾平举，四足残。颈粗 1.6、通长 8.8、残高 4.5 厘米（图一五三，1；图版四二，4）。

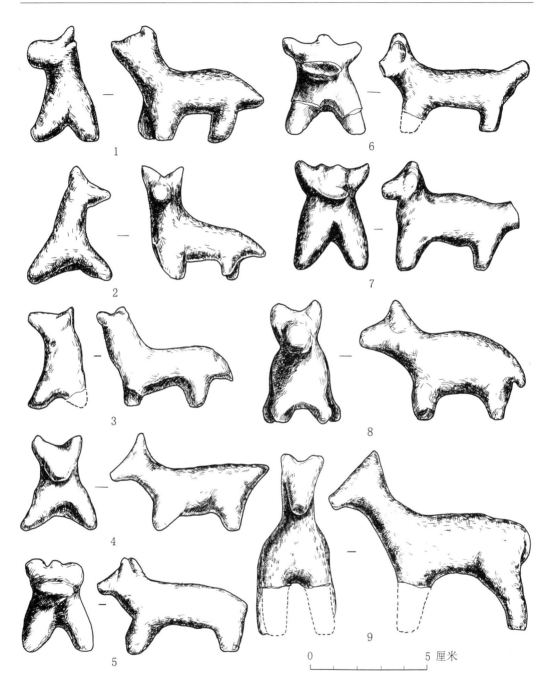

图一五二 石家河文化陶立狗

1.H116:38 2.H1:8 3.H1:19 4.H1:12 5.H67:6 6.H67:13 7.H67:10 8.AT2③b:3 9.T34②:2

标本 H1:43，站立，弓背状，似狗。大头，短嘴，圆耳，缩颈，弓背，收腰，短尾下垂，短锥足外张。颈粗 1.8、腰粗 1.8、通长 6.8、通高 3.4 厘米（图一五三，2）。

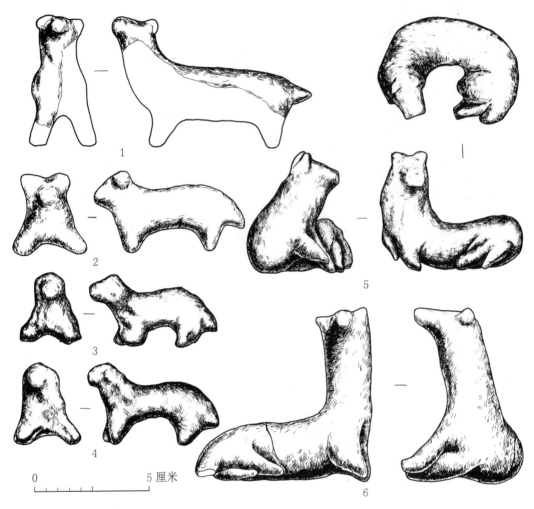

图一五三　石家河文化陶立狗、卧狗

1～4.立狗 T34②:1、H1:43、H1:1、H1:49　5、6.卧狗 AT201①:17、H4:1

　　标本 H1:1，站立，弓背状。头前伸，前视，嘴较粗，圆头顶，贴耳。长身后弓，短尾下垂，短三足，前二足外张。颈粗 1.2、腰粗 1.6、通长 5.8、通高 3 厘米（图一五三，3）。

　　标本 H1:49，站立，弓背状。小头上仰，短嘴，圆吻，小耳，圆头顶，长身后弓，短尾下垂，柱状足外张，足短。颈粗 1.2、腰粗 1.4、通长 6.2、通高 3.5 厘米（图一五三，4）。

　　卧狗　标本 6 件。有卷卧、俯卧、侧卧等形态，一般抬头张望。

　　标本 AT201①:17，卷卧，抬头向左张望。宽平吻，窄额，立耳，粗颈，长身，略凹背，短尾内缩，前肢微抬，后肢内屈。颈粗 1.9、腰粗 1.8、通长 6.4、通高 5.2 厘米（图一五三，5；彩版一七，2；图版四三，1）。

标本 H4:1，卷卧，抬头向右张望。吻较尖，宽额，竖耳。粗长颈，高抬。身较瘦长，微曲背。内卷尾，残。后肢内屈。前右肢斜支地，并压前左肢，前左肢残。颈粗 1.9、腰粗 2.6、通长 7.7、通高 7.4 厘米（图一五三，6）。

标本 T34①:21，俯卧，抬头左望。头较小，嘴较大，窄额，立耳。右耳残。颈上举，前身正俯，后身向左弧曲，微弓背，短尾略内摆。后肢微屈，前伸。前肢外张支地。颈粗 1.2、腰粗 1.6、残长 4.7、通高 4 厘米（图一五四，1）。

标本 H116:26，俯卧，抬头前望，正身俯卧。头较大，宽吻，宽额。大竖耳，外侈。短颈略前伸，短身短肢。前两肢外张，着地。后两肢内缩于身两侧。尾残。颈粗 1.4、腰粗 1.7、残长 5、通高 3.4 厘米（图一五四，2）。

标本 H67:46，俯卧，抬头前望。头较大，肥嘴，宽额，贴耳。粗短颈，正举。肥胖身，前身正俯，后身左曲。尾和后肢缩于身左。前肢左右张开，着地。颈粗 2、腰粗 2.6、通长 6、通高 4.2 厘米（图一五四，3）。

标本 H69:63，侧卧，低头前伸。平吻，额较宽，似贴耳。粗颈，微上抬，长身卷曲侧卧，尖短尾。四肢缩于左侧，残。颈粗 1.6、腰粗 2.4、通长 7.2、通高 2.7 厘米（图一五四，4；图版四三，2）。

吠狗　标本 1 件。出土陶塑动物中，明显张嘴吠叫的狗比较少见。

标本 H3:1，伸颈仰头，张大嘴，窄额，张大耳，粗鼓颈。长筒身，平背。前左肢前伸，张立状。尾、后肢及前右肢残。颈粗 2、腰粗 2.7、残长 10.4、通高 6.4 厘米（图一五四，5；图版四三，3）。

含物狗　标本 7 件。有站立含物和仆卧含物两种形态。一般神态为前视，竖尾。所含物形状多种。

标本 H63:28，大头，大嘴含半环状物，此物较薄。尖鼻，大贴耳，宽额，头顶圆。粗短颈，微缩。筒形身，平背，平腹，翘锥状尾，张立四柱状足。颈粗 2.6、腰粗 3、通长 11、通高 6.6、所含物宽约 1.7、长约 3.1、厚约 0.2 厘米（图一五五，1）。

标本 T4③:7，微低大头，大嘴含不规则物。宽额，贴耳，粗短颈，身较瘦长，微束腰，略凹背。粗尾，后竖，残。后肢及前左肢残。前右肢呈柱状，较粗。颈粗约 1.5、腰粗 1.8、残长 8、通高 5.2 厘米。口中含物实心，宽 1.4、残长 4.1 厘米（图一五五，2）。

标本 H67:45，扁头，大扁嘴含长方形物，此物较薄。扁额，大竖耳，耳略残。粗短颈，瘦身收腰，微弓背。尾微下垂，残。四肢残。颈粗 1.6、残长 6.6、高 4.4、所含物宽约 1.5、长约 3.2、厚约 0.2 厘米（图一五五，3；图版四四，1）。

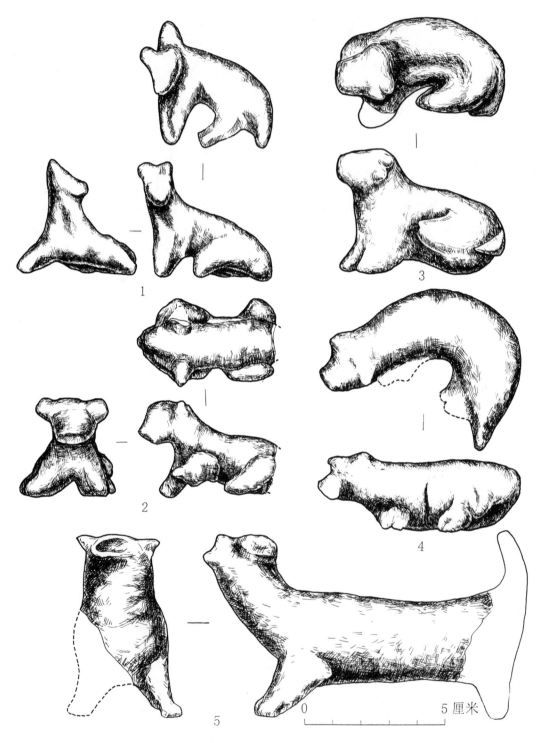

图一五四　石家河文化陶卧狗、吠狗

1～4.卧狗 T34①:21、H116:26、H67:46、H69:63　5.吠狗 H3:1

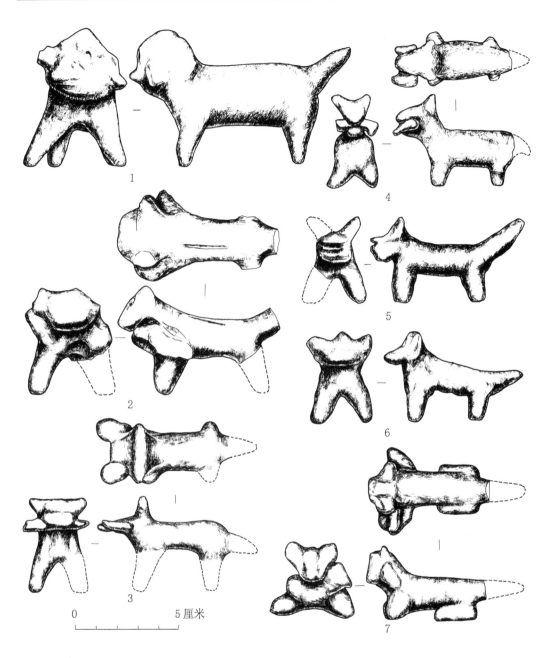

图一五五　石家河文化陶含物狗

1.H63:28　2.T4③:7　3.H67:45　4.H116:36　5.H67:20　6.H1:3　7.H67:46

　　标本 H67:46，仆卧含物，半俯卧状。头较小，微下低。大嘴含半环形物，所含物
较厚，似小狗。窄平额，外张大耳。颈略前伸，筒形身，平背。粗尾，残。两后肢分别
屈于身两侧。前肢斜张开，夹一半环状物下部。颈粗 1.2、腰粗 1.5、残长 6.1、通高

3.6厘米，所含物宽1、长3.1、厚0.6厘米（图一五五，7；图版四四，2）。

标本H67:20，小头缩颈，张嘴含球状物。窄额，竖长耳，右耳残。筒形身，平背，高翘长尾。四柱状足，较粗，正立，前右肢残。颈粗1.5、腰粗1.6、通长7.7、通高4.2厘米。所含物实心，直径约1厘米（图一五五，5）。

标本H1:3，扁头，大嘴含不规则四边形物。窄额，张大耳，耳外侈，双耳均略残。缩颈，瘦身，四肢呈柱状，后肢较短。颈粗1.7、腰粗1.5、通长7、通高4.4厘米。所含物实心，宽约0.4、长约1.4厘米（图一五五，6）。

标本H116:36，抬头，张嘴含不规则扁长形物。窄额，竖耳，耳较小。细颈，短身，腰部较粗，平背。尾残。四柱状矮足，正立。颈粗1.3、腰粗1.7、残长6、通高4.5厘米。所含物实心，宽1.2、长2、厚0.5厘米（图一五五，4；彩版一八，1；图版四四，3）。

抱物狗　标本4件。出土数量不多，并有残损。均呈玩耍状，形态各异，神态生动。

标本H67:49，仆状抱物，前肢与颈夹抱长圆形物。抬头，大竖耳，缩颈，短身俯仆，近平背，翘尾，尾残。两后肢屈缩于身两侧，前肢斜张仆夹长圆形物于颏下。颈粗1.7、腰粗1.5、长7.5、通高3.7厘米。所抱物厚1.1、长2.9厘米（图一五六，2；图版四五，1）。

标本H1:8，立状抱物。头上仰，近圆吻，窄平额，竖双耳，伸颈，短身细腰，凹背。锥状短尾，下拖。柱状肢足，后肢较短，正立。前两肢抱不规则物。颈粗1.3、腰粗1.5、通长5.2、通高4.9厘米。所抱物宽0.7、长2.1厘米（图一五六，1；图版四五，2）。

标本AT201①:8，坐状抱物。卷身侧坐，举头前望。近圆吻，窄额，竖立耳。左转颈，短身卷曲，弓背内收尾。后肢屈缩，前肢斜支抱半环状物。颈粗1.6、腰粗2.6、通长5.4、通高5.3厘米。所抱物宽1.2、长2.8厘米（图一五六，3；彩版一八，2）。

标本H1:28，俯状抱物。头较大，下低。近圆吻，宽额，竖双耳，短颈，短身弓背，短尾内收。后肢屈卧，前肢斜支抱不规则圆形物。颈粗1.4、腰粗约1.7、通长4.6、通高3厘米。所抱物实心，最宽约1.5、长约3厘米（图一五六，4）。

驮物狗　标本4件。所驮物多为小狗，也有驮物品的。

标本H106:24，大狗背上站立小狗。大狗抬头前伸，近平吻，窄平额，张大耳，右耳残。粗短颈，短胖身，收腰弓背，短尾微下垂。四肢正立，残。颈粗1.4、腰粗1.6、残长6.2、残高3.5厘米。小狗站于大狗背上，正立，收腰，翘短尾。头残。颈粗1、腰粗1.1、残长4.3、通高3.6厘米（图一五七，1；彩版一九，1；图版四五，3）。

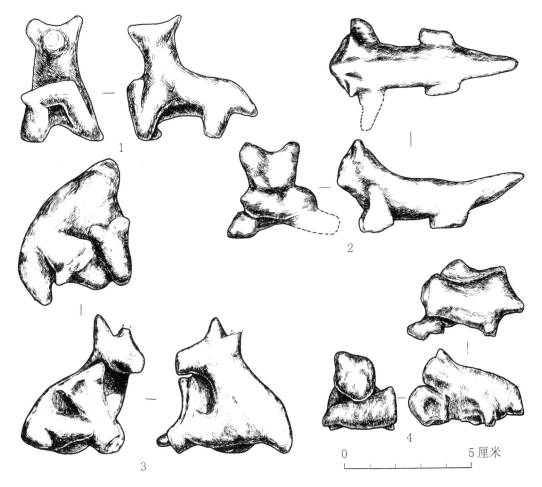

图一五六　石家河文化陶抱物狗
1. H1:8　2. H67:49　3. AT201①:8　4. H1:28

标本 T3③:21，大狗背上骑背小狗。大狗小头，嘴略残，圆额，短耳，短颈，粗短身，弓背，垂短尾。四柱状足，正立。颈粗 1.3、腰粗 1.7、残长 5.1、通高 4 厘米。小狗头小，无耳。四肢较粗，骑于大狗背上。颈、身较细，凹背，翘锥状短尾。颈粗 0.6、腰粗 0.7、通长 2.7、通高 1.6 厘米（图一五七，2）。

标本 H116:24，大狗背上骑背小狗。大狗头小，扁嘴，窄额，竖双大耳，左耳残。颈、身较短胖，弓背，垂锥状短尾。四柱状足，正立。颈粗 1.4、腰粗 1.9、通长 6.1、通高 4.5 厘米。小狗较大，四肢骑于大狗背上，头残，身较瘦，背微弓。尾上抬，残。四柱状足，较粗长。颈粗 0.6、腰粗 0.8、残长 3.2、残高 1.7 厘米（图一五七，3；彩版一九，2；图版四五，4）。

标本 H116:40，驮物，转颈侧视坐卧状。抬头，伸颈，仰视。窄额，张双耳。弓背

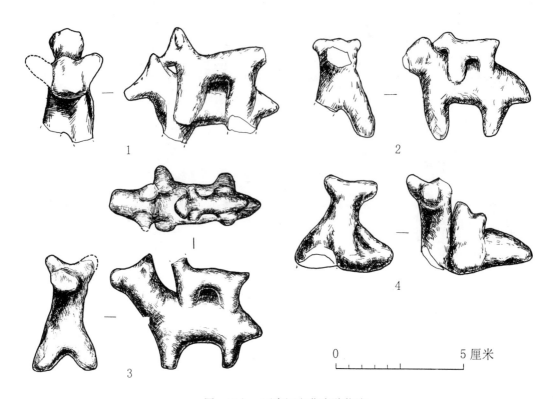

图一五七　石家河文化陶驮物狗

1.H106:24　2.T3③:21　3.H116:24　4.H116:40

卷身，横驮实心长物。颈粗1.1、通长4.9、残高3.8厘米。所驮物长约1.4、高约1厘米（图一五七，4）。

猪　标本7件。基本为直立，抬头，前视。个体肥瘦、高矮和头嘴大小差别较大。

标本H16:13，大头，圆短嘴张开，竖双大耳，粗短颈，短身，前身上抬，腰部内收，斜背。短尾下垂。四足正立。颈粗3.4、腰粗4、通长8.5、通高6.2厘米（图一五八，1）。

采集:30，粗嘴，体肥。吻部圆形，微上翘，鼻眼和嘴清楚，小竖耳，近椭圆身，短尾上翘。四足锥状，短矮，正立。颈粗2.6、腰粗2.6、通长6.4、通高3.6厘米（图一五八，2；彩版二〇，1；图版四六，1）。

标本H4:3，尖嘴，粗颈。残吻，双大耳。粗身，弓背，收腰。短尾残，四肢残。颈粗2.5、腰粗3.5、残长6.8、残高6厘米（图一五八，3；图版四六，2）。

标本T10③:7，长嘴，平吻，双小耳，粗颈下微鼓，粗肥身，尾残。张立四短足。前肢残。颈粗1.6、腰粗2.8、残长6.3、通高3.6厘米（图一五八，4）。

标本H31:38，细长嘴，似野猪。平吻，嘴部圆柱形。双大耳，侧竖。粗短颈，短

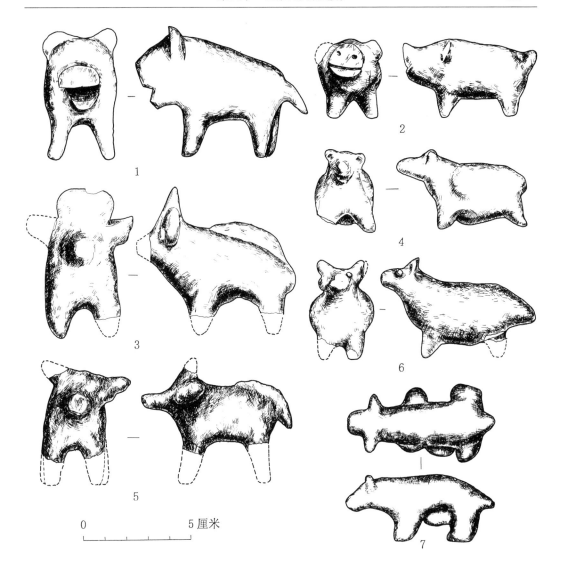

图一五八　石家河文化陶猪

1.H16:13　2.采集:30　3.H4:3　4.T10③:7　5.H31:38　6.H69:67　7.H116:25

身收腰。尾下垂，残。足圆柱形，较高，残。颈粗2.1、腰粗2.6、残长7、残高3.5厘米（图一五八，5）。

　　标本H69:67，头较小平吻，竖耳，小圆眼。粗身，粗尾。短锥足，残。颈粗1.4、腰粗3、通长7.5、残高4.6厘米（图一五八，6）。

　　标本H116:25，头前伸，略低下。宽平吻，窄额，竖耳，长身，弓背，短尾下垂。柱状足，较粗，正立。腹部四足高拥夹长圆形物。颈粗1.5、腰粗1.7、通长7、通高3.1、腹下之物粗约1.4、长约2.1厘米（图一五八，7；图版四六，3）。

羊　标本 4 件。正立，抬头，卷角。短尾，微垂。

标本 H4：51，个体较大，为绵羊。抬头前视，嘴较尖细，平吻。卷角下弯。肥大短身。短尾略下垂。前肢直立，后肢略弯。颈粗 1.7、腰粗 4.5、通长 10、通高 7.6 厘米（图一五九，1）。

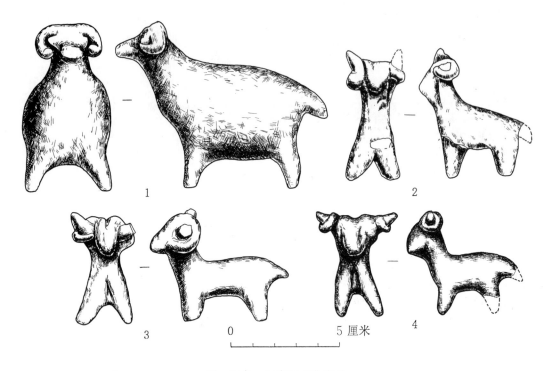

图一五九　石家河文化陶羊
1.H4：51　2.H67：48　3.H67：46　4.H67：51

标本 H67：48，个体较小，为山羊。高抬头前视，嘴较短平，窄平额，竖耳，卷转长角。短身，腰部略内收，平背。尾残。柱状足，较粗，正立。前左肢残。颈粗 1.2、腰粗 2、残长 4.8、通高 6 厘米（图一五九，2）。

标本 H67：46，个体较瘦长，为山羊。抬头前视，嘴较粗长，窄额，竖耳，耳较宽，左耳略残。卷转角，右角略残。身较细长，微弓背，锥状短尾略下垂。柱状足，较粗，正立。颈粗 1.3、腰粗 1.7、通长 6.5、通高 5.1 厘米（图一五九，3；彩版二〇，2）。

标本 H67：51，个体较大，身较小，属山羊。抬头前视，短平吻，窄额微凸。双耳张开，卷转角。短身，收腰，弓背。尾下垂，残。柱状足，正立，后肢残。颈粗 1.1、腰粗 1.6、残长 5.2、高 4.8 厘米（图一五九，4；图版四七，1）。

兔　标本 5 件。大小差别不大，一般站立，抬头仰视，竖耳，垂尾。

标本 H116：31，小头，短吻，窄额，大耳，微伸颈。短身，收腰，弓背。秃短尾，

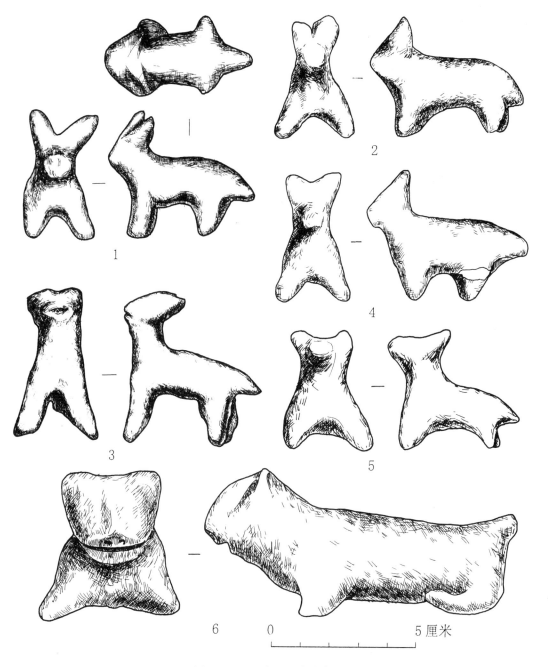

图一六〇　石家河文化陶兔、猫

1～5. 兔 H116:31、H1:2、H67:70、H116:41、H1:48　6. 猫 H4:2

微下垂。柱状矮足，正立，前足较长。颈粗 1.4、腰粗 1.6、通长 5.1、通高 4.3 厘米
（图一六〇，1；彩版二〇，3；图版四七，2）。

标本 H1:2，小头，短吻，窄额，大耳，微缩颈，颈较粗。身较长，收腰，微弓背。秃短尾，下垂。柱状足，四足均短矮。颈粗 1.6、腰粗 1.7、通长 5.5、通高 4.1 厘米（图一六〇，2；图版四七，3）。

标本 H67:70，较瘦高，身似狗。嘴短微张。小头，仰视。大耳，后侈。长伸颈，身较细，背较平。锥状短尾，微翘。柱状细长足，正立。颈粗 1、腰粗 1.5、通长 5、通高 5.3 厘米（图一六〇，3）。

标本 H116:41，小头，前视。短吻，窄额，大耳，微缩颈，短身，微弓背。短尾残。锥状足，均粗矮。颈粗 1.2、腰粗 1.9、残长 5.8、通高 4.4 厘米（图一六〇，4）。

标本 H1:48，小头，仰视。短吻，窄平额，双耳外侈。伸颈，短身细腰，弓背。秃短尾，微下垂。张立四柱状矮足，足较粗。颈粗 1.3、腰粗 1.4、通长 4.6、通高 4 厘米（图一六〇，5；图版四七，4）。

猫　标本 1 件。

标本 H4:2，俯卧状。大头，平吻，微张大嘴，大鼻，鼻有二孔，宽额，竖宽耳。粗颈，长身，腹背较平，举尾，尾残。前肢斜支，后肢屈卧。颈粗 2.8、腰粗 2.9、残长 11、通高 5 厘米（图一六〇，6）。

（2）野兽

标本共 29 件。

野兽类陶塑动物主要有猴、象、獏、狐等。其中以大象的数量较多，形象较复杂。江汉地区新石器时代遗址出土的兽骨中，以鹿角和鹿骨最为常见，而邓家湾出土的野兽类陶塑动物中没有鹿，这是值得注意的问题。

猴　标本 7 件。一般为正面站立状，用后肢和尾支撑，直身，前肢弯曲于胸前。

标本 H33:2，抱肢立状，扁圆小头，小鼻，小耳，小眼，尖下颏，粗短颈。柱状身，较粗。上肢环抱交压于胸前。两下肢左右分开，并与锥状尾支立。下肢残。颈粗 1.2、胸宽 1.8、背厚 1.5、腰粗 1.5、通高 5.4 厘米（图一六一，1；图版四八，1）。

标本 H106:25，较矮胖，大头。圆形鼻，耳较大，窄短额，顶近平，粗短颈。粗胖身，背微弯。上肢和右下肢残。左下肢和尾呈锥状，分开支立。颈粗 1.4、胸宽 1.9、背厚 1.8、腰粗 1.7、通高 6.2 厘米（图一六一，2；图版四八，2）。

标本 H106:26，大头，略呈猴形。扁鼻，突耳，圆下颏，宽额，圆尖顶。粗缩颈，束腰身。四肢及尾均残。颈粗 1.7、胸宽 2.3、背厚 1.4、腰粗 1.5、残高 6.6 厘米（图一六一，3；图版四八，3）。

标本 H33:1，抱物，短平吻，小耳，两颊外鼓，窄额，小圆顶，粗短颈，弯形身。后二肢及尾呈乳形支立。前二肢抱球状物于颈部。球状物实心。颈粗 1.1、胸宽 1.2、背厚 1.3、腰粗 1.1、通高 5.8 厘米。所抱物直径约 1 厘米（图一六一，4；图版

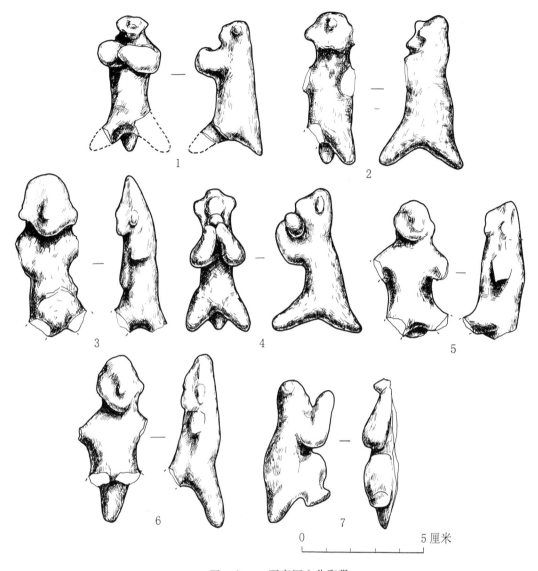

图一六一　石家河文化陶猴

1.抱肢猴 H33:2　　2、3、5、6.猴 H106:25、H106:26、采集:1、采集:2

4.抱物猴 H33:1　　7.坐猴采集:3

四八，4)。

采集:1，短束腰，略呈猴形。圆形尖顶头，圆突鼻，小耳，窄额。粗短颈、短束身。四肢及尾均残。颈粗1.5、胸宽2.3、背厚1.5、腰粗1.7、残高5.8厘米（图一六一，5)。

采集:2，短身猴。头较大，小鼻，贴耳，窄额，圆尖顶。短身微弓，四肢残。圆锥形尾外侈。颈粗1.5、胸宽2.1、背厚1.7、腰粗1.7、残高6.7厘米（图一六一，6)。

采集:3，缩身猴。头残。粗颈，短身前缩，弓背，翘状锥形短尾。上肢上屈，下肢内缩。呈坐状。残高6厘米（图一六一，7；图版四九，1）。

象　标本14件。一般形体较大，长鼻，大耳，粗颈身，尾下垂，柱足直立。鼻、齿、颈、身、尾、足的长短粗细有较大差异（彩版二一）。

标本T35②:7，低头前伸，粗长鼻，鼻前端向下内卷，低宽额。双大圆耳，短颈粗身。短尾，残。粗状足，较短。除长鼻外，与貘近似。颈粗2.4、鼻长2.6、腰粗3.5、通长9.4、通高4.5厘米（图一六二，1；彩版二二，1；图版四九，3）。

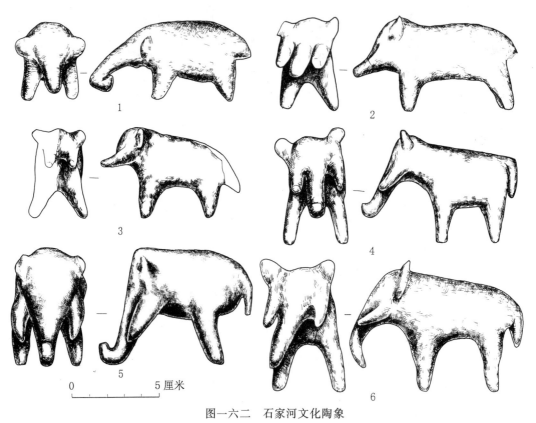

图一六二　石家河文化陶象

1.T35②:7　2.T37②:2　3.H4:7　4.T37②:1　5.H69:66　6.H4:15

标本T37②:2，缩颈微抬头。长鼻，残。鼻两边有二短门齿，残。头较大，圆顶突起。宽额，双大耳侧立，一耳残。粗颈长身。下垂尾，残。四柱足，微张立。颈粗3、残鼻长2、残门齿长1.2、残长9.6、通高5.2厘米（图一六二，2；彩版二二，2）。

标本H4:7，短颈抬头，无鼻，双短门齿，大耳侧立，宽额圆顶，微溜背，收腹，残尾。柱状足，张立。门齿长2、颈粗2.3、腰粗2.8、残长7.2、通高5厘米（图一六二，3）。

标本 T37②:1，抬头前伸。长鼻上卷，残。鼻两边有二短门齿，宽额圆顶。双圆耳，侧张。颈较细长，短身，平背，尾下垂。四柱足，直立。颈粗 2.3、门齿长 2.3、腰粗 3.2、长 8.8、高 6.5 厘米（图一六二，4）。

标本 H69:66，低头前视，粗长鼻，鼻前端上卷，鼻尖残。鼻两侧门齿较粗，残。宽额平顶，双贴耳。颈、身不分，呈椭圆形。小尾下垂。仅二柱足，以鼻和二足站立。颈粗 3.1、残鼻长 3.8、腰粗 3.9、长 8.8、通高 6.7 厘米（图一六二，5；图版四九，2）。

标本 H4:15，抬头前视，长鼻，鼻尖内屈。二短门齿，宽额圆顶。耳较大，侧张。粗颈，身腹内收，背较平，短尾下垂。四柱足，较高，正立。鼻长 4.5、齿长 2、颈粗 3.2、腰粗 3.4、通长 10、通高 7.3 厘米（图一六二，6）。

标本 H67:1，抬头前伸。突鼻，残。双门齿较粗，残。宽额内凹，张立双耳，耳较大。头顶圆状上突，颈、身较瘦，平背，收腰。锥尾，下垂。柱状足较粗，前二足及后右足残。颈粗 1.8、腰粗 2.2、残长 6.6、残高 4.8 厘米（图一六三，1；图版五〇，1）。

标本 T31②:1，抬头，头端较粗壮。粗鼻下垂，鼻前端残。无门齿。宽额微内凹。立双耳，左耳残。粗短颈，短身，粗圆腰，斜背。锥状短尾，微上举，四柱状矮足。前左足残。颈粗 3、腰粗 3.6、残长 7.3、通高 5.5 厘米（图一六三，2）。

标本 T31②:2，抬头，头端较粗壮。粗鼻下垂，鼻下端残。双门齿上翘，门齿前端残。宽额微突，双贴耳，圆头顶，粗短颈。粗身，斜弓背，内收腹，锥状尾下垂。四柱状足正立，前左足残。颈粗 3.5、腰粗 3.8、残长 9.5、通高 6.6 厘米（图一六三，3）。

标本 T31②:3，抬头，长鼻下伸。双粗门齿，残。宽额，微外突。圆头顶，竖双大耳，左耳残。粗短颈，短身，下腹略内收，近平背。小尾，残。四柱状足，张立。足较粗，后足较长。颈粗 3.8、腰粗 3.7、残长 9.6、通高 7 厘米（图一六三，5；图版五〇，2）。

标本 T31②:11，抬头，前伸。头前部残。侧张大耳，左耳残，粗长颈。短身，近斜背，略收腹。粗长尾下垂，残。四柱状足，前二足略前伸，后二足残。颈粗 2.5、腰粗 3.3、残长 6.4、残高 6.7 厘米（图一六三，4）。

标本 T2②:22，象残件。细鼻，残。双门齿，双大圆眼。宽额内凹。其他部分残（图一六三，6）。

貘　标本 3 件。短足，短尾，粗身，鼻子向前突出。

标本 T3④:46，头低平，鼻子向前突，近尖吻，窄额微内凹。大耳，残。粗短颈，短身，近平背。短尾，较粗，微下垂。柱状足，较长，后足及前左足残。颈粗 2.2、腰

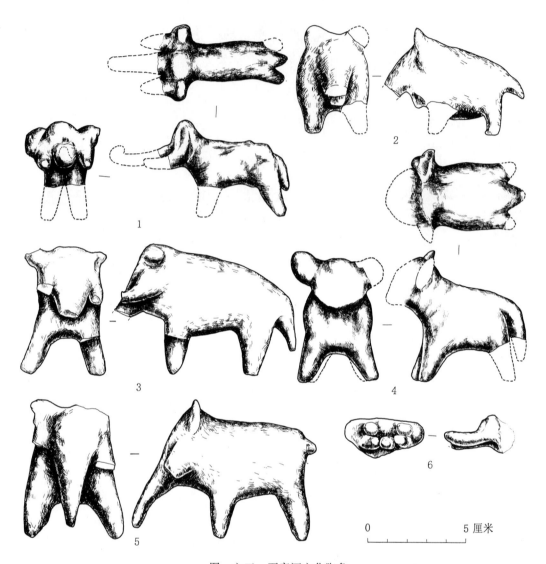

图一六三　石家河文化陶象

1.H67:1　2.T31②:1　3.T31②:2　4.T31②:11　5.T31②:3　6.T2②:22

粗 2.4、通长 7.3、通高 4.6 厘米（图一六四，1）。

标本 H4:10，头顶圆平。鼻子前突，较细长，不见两目，宽竖耳。椭圆形身，背微凹，颈腹下鼓。垂尾，残。锥状短足正立。颈粗 3.3、腰粗 4.4、残长 10、通高 6 厘米（图一六四，2）。

标本 H1:1，头、颈较细小，抬头仰视。突鼻，尖嘴，两小耳竖立。粗身，四短柱足，直立。内贴尾。颈粗 2、腰粗 3.5、通长 7.5、通高 6.6 厘米（图一六四，3）。

狐　标本 1 件。

标本 AT102 ㉕:2，头较小，前视。嘴较细长，近平吻，窄额，张小耳。粗长颈，前伸。身较粗长，略收腰凹背，长尾下拖。锥状短足，外张立。颈粗 1.5、腰粗 2、通长 7.2、通高 3.8 厘米（图一六四，4）。

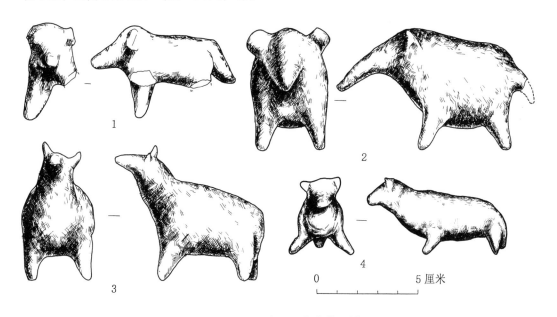

图一六四　石家河文化陶獏、狐
1～3. 獏 T3④:46、H4:10、H1:1　4. 狐 AT02 ㉕:2

陶塑动物　标本 4 件。动物特征不明显，未定名。

标本 T10③:1，小头，微左转。尖吻，双小耳。细颈前伸。身体肥大，鼓腹，残尾上翘。前肢内缩，后肢斜后伸，一后肢残。整器较粗大，似袋鼠，但腹下无袋。颈粗 1.5、腰粗 4、残长 9.5、通高 4.6 厘米（图一六五，1）。

标本 H63:27，小头，近尖吻，窄平额，竖小耳。伸粗长颈，微抬。肥大身，圆腰，弓背。长尾上翘。张立四足，足较短。整器较粗大，似袋鼠。颈粗 1.8、腰粗 4.1、残长 11.2、残高 5.1 厘米（图一六五，2；彩版二二，3；图版五一，1）。

标本 H116:42，小头，前视。尖吻，窄额，双耳较大。缩颈，粗短身，微弓背。翘尾，尾较粗长。粗矮足。整器较短小，侧视似鼠，正视似狗。颈粗 1.4、腰粗 2.2、通长 5.2、通高 2.9 厘米（图一六五，3）。

标本 H116:23，头端细小，尾端粗大。小头，短吻。窄额，微凹。小耳，外张。缩颈，长身，粗腰，翘背。粗长尾，上翘。锥状矮足，张立。前右肢残。颈粗 1.3、腰粗 1.8、通长 6.1、通高 4.6 厘米（图一六五，4；图版五一，2）。

（3）禽

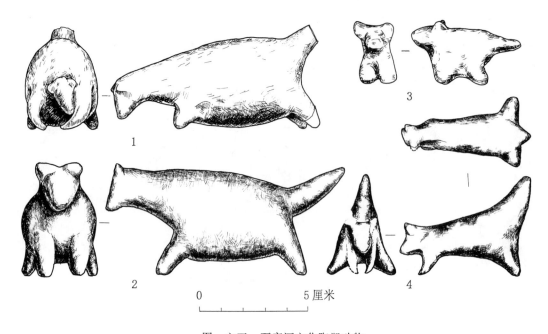

图一六五　石家河文化陶塑动物

1.T10③:1　2.H63:27　3.H116:42　4.H116:23

陶禽的数量最多，包括鸡类和鸟类。标本共 89 件。

鸡类　标本 41 件。一般为粗颈肥身小翅。尾下另附一足，与二足呈三足鼎立，足呈柱形。鸡又可分为雄鸡、雌鸡、小鸡和异形鸡（彩版二三）。

雄鸡　标本 23 件。一般个体较肥大，伸颈仰首，有冠，翘尾。冠、翅、足和个体形态有差异，其中以三足站立、粗身、抬头的最多。

标本 H4:11，三足站立，仰首侧视。尖喙，高冠。微伸颈，颈较粗。展双翅，翅较小。略弓背，翘尾，尾残。柱足，胸底二足，尾下一足。颈粗 1.9、身粗 4.2、残长 7、通高 9.4 厘米（图一六六，1；图版五二，1）。

标本 H4:3，后仰首，侧视。尖喙，高冠，伸颈，颈略扁。身近圆形，展双翅，翅较小，略弓背。扁长尾，上翘。身下部及足残。颈粗 1.5、通长 8、残高 6.4 厘米（图一六六，2）。

标本 H4:13，三足站立，昂首前视。尖喙，略残。高冠，长伸颈，颈较粗，粗圆身，展双翅，翅较小，平背。锥形短尾，微上翘。足略呈锥状，后一足略残。颈粗 1.9、身粗 4.7、通长 6.7、通高 10.4 厘米（图一六六，3；图版五三，1）。

标本 H4:6，三足站立，身微侧，昂首前视。喙残。高冠，伸颈，颈较粗，粗圆身，展双翅，翅较小，近平背，翘宽短尾。柱足，前二足直立，后一足向后撤。颈粗 1.8、身粗 3.7、残长 8.1、通高 9 厘米（图一六六，4；图版五二，2）。

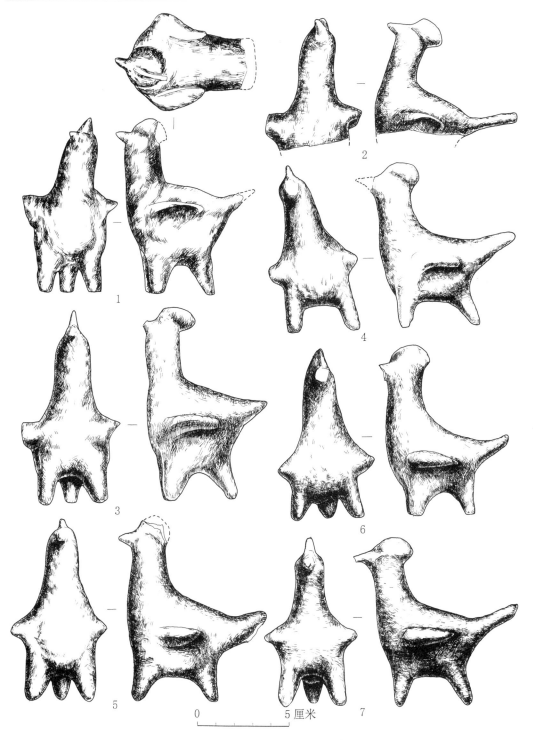

图一六六　石家河文化陶雄鸡

1.H4:11　2.H4:3　3.H4:13　4.H4:6　5.H4:2　6.T28②:1　7.H4:5

标本 H4:2，三足正立，抬头前视。尖喙，高冠，冠顶残，颈较粗短，粗圆身，展双翅，翅较小，略弓背。宽短尾，上翘。锥状足。颈粗 1.8、身粗 4.4、通长 8.3、残高 9.6 厘米（图一六六，5；图版五三，2）。

标本 T28②:1，三足正立，抬头前视。尖喙，高冠，颈较粗。粗身，身后部略细。展双翅，翅较小，凹背。宽短尾，上翘。柱足，较短。颈粗 1.9、身粗 3.5、通长 7.2、通高 9.2 厘米（图一六六，6）。

标本 H4:5，三足正立，头微前伸。尖喙，高冠，颈较粗，粗圆身，展双翅，翅较小，近平背，翘长尾。柱足，前二足相距较近。颈粗 1.9、身粗 3.8、通长 9.1、通高 9 厘米（图一六六，7；图版五四，1）。

标本 T28②:2，三足站立，后仰首。喙、冠残。颈下部较粗。粗圆身，身较短。展双翅，翅较小，略弓背。宽短尾，上翘。柱足，三足相距较近，后一足残。颈粗 1.8、身粗 5.2、通长 7.2、残高 10.4 厘米（图一六七，1）。

标本 AT10③:2，三足，向前行动状。头部残。颈后仰，粗圆身。翅残。平背，翘长尾。柱足，前二足向前伸。颈粗 1.8、身粗 4.2、残长 6.2、残高 8.6 厘米（图一六七，2；图版五四，2）。

标本 AT2 ③b:21，三短足站立，伸头前视。尖喙，喙较短。高冠，残。粗短颈，前伸。圆身，身较短，凹背。长尾，尾上翘，尾残。二小翅微张。锥足，前右足残。颈粗 1.8、身粗 3.7、残长 6.9、残高 7.7 厘米（图一六七，3）。

标本 H4:17，三足正立，抬头鼓眼前视。尖喙，高冠，冠残。头两侧各有一突出的圆形眼。粗圆身，展双翅，翅较小，略弓背。翘宽扁尾。柱足，较粗，足底外撇。颈粗 1.8、身粗 4.5、通长 7.8、残高 9.4 厘米（图一六七，4；图版五五，1）。

标本 T37②:4，三足站立，昂首，鼓眼。喙残。高冠，双圆鼓眼，伸颈仰视。颈下部较粗，粗圆身，展双翅，翅较小，平背，翘尾，尾略残。三足下部残。颈粗 1.9、身粗 4.1、残长 7、残高 9.1 厘米（图一六七，5；图版五五，2）。

标本 H4:4，三足，抬头向前走动状。喙残。立冠，冠较矮。微伸颈，颈下部较粗，粗圆身，展双翅，翅较小，略弓背。宽短尾，上翘。锥状足，前足向前伸。颈粗 1.8、身粗 4.4、残长 7.4、通高 8.9 厘米（图一六七，6；图版五六，1）。

标本 H3:3，三足站立，抬头。头残。粗颈，圆身，尾端较细长，弓背，二翅微张，翅略残。翘长尾。柱足，三足靠拢。颈粗 1.7、身粗 3.1、残长 7.1、残高 6.2 厘米（图一六八，1）。

标本 T28③:72，三足正立，伸头前视。头较小，尖喙，冠残。颈较细，粗身，身较长，展双翅，翅较小，略弓背。宽尾，尾后伸。柱状足较短。颈粗 1.5、身粗 3.2、通长 8.1、残高 9 厘米（图一六八，2）。

标本 H3:2，伸颈昂首，三足，走动状。喙残。大冠，颈下部较粗，尾端较细长，凹背，圆翅拍身，翘长尾。锥状足，前足与后足相距较远。一翅一足残。颈粗 1.3、身粗 2.5、残长 7、通高 7 厘米（图一六八，3）。

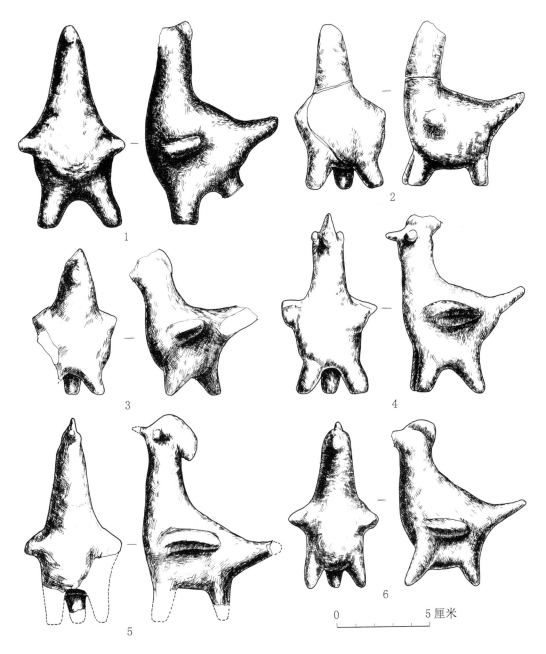

图一六七　石家河文化陶雄鸡

1.T28②:2　2.AT10③:2　3.AT2③b:21　4.H4:17　5.T37②:4　6.H4:4

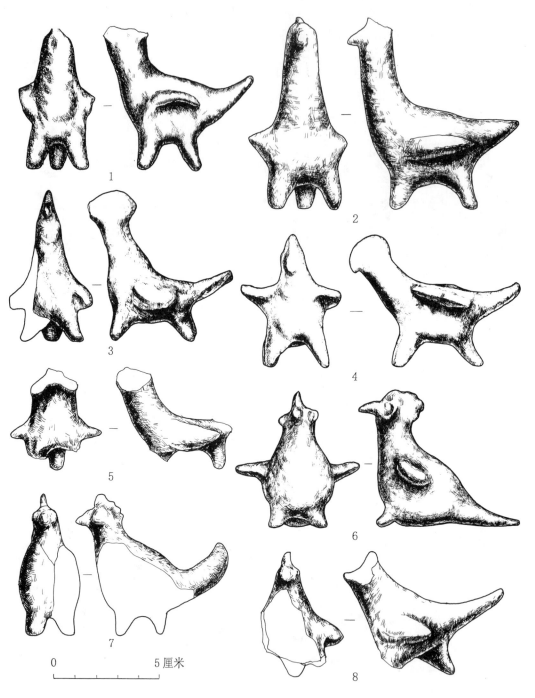

图一六八　石家河文化陶雄鸡

1.H3:3　2.T28③:72　3.H3:2　4.H42:33　5.T3④:47　6.H69:65　7.H16:2　8.H103:7

标本 H42:33，三足，伸颈抬头，略呈飞动状。斜颈前伸，颈较细。身较细长，展双翅，翅较小，近平背。宽尾，较长，后微翘。颈粗 1.4、身粗 2.7、长 8.4、高 6.3 厘米（图一六八，4）。

标本 T3④:47，飞动状。头残。前伸颈，身长细。尾残。展二翅。三足，前二足残。颈粗 1.6、身粗 1.6、残长 5.6、残高 4.2 厘米（图一六八，5）。

标本 H69:65，齿冠，二足。尖喙，齿状冠，双圆突眼，抬头仰视。颈较短，粗圆身，微弓背，长尾后拖。二小足，以二足及尾站立。颈粗 1.6、身粗 3.5、通长 7.7、通高 6.4 厘米（图一六八，6；彩版二四，1）。

标本 H16:2，齿冠，无翅。尖喙，齿状冠，双圆突眼，粗短颈，弓背，翘长尾。足较短。左身和足残。颈粗 1.5、通长 7.3、高 6.7 厘米（图一六八，7）。

标本 H103:7，行走状。头顶残。尖喙，粗颈前伸，短身，微凹背，翘长尾。双小翅展开。三锥状足，前伸，前二足残。颈粗 1.8、身粗 3.1、残长 7.6、残高 5.3 厘米（图一六八，8）。

标本 H67:52，器体较扁，大齿冠，粗颈细身。尖喙，冠残。长尾残。三锥状足，前右足残。颈粗 1.6、身粗 1.6、残长 6、残高 6.3 厘米（图一六九，1；图版五六，2）。

标本 T10②:1，无翅。喙、冠残。抬头上仰，颈下部较粗，椭圆粗身，平背。尾上翘，残。三柱足，直立。前左足残。颈粗 1.8、身粗 4、残长 6.7、残高 8.1 厘米（图一六九，2）。

雌鸡 标本 6 件。一般个体比雄鸡小，无冠或矮冠，以展翅、拖尾为多。有的有双翅，有的无翅，还有三足与二足之别。

标本 AT203 ②a:1，三足正立，抬头前视。近尖喙，无冠，颈较粗短，粗身，展双翅，凹背，翘宽尾。柱足，前左足略残。后足残。颈粗 2.1、身粗 3.8、通长 8.3、残高 8.1 厘米（图一六九，3；图版五七，1）。

标本 H16:4，三足站立，伸颈昂首。喙尖短，短冠，上细下粗颈，圆扁身，弓背。宽长尾，后伸，尾端残。柱足，较短。前右足及前身部分残。颈粗 1.6、身粗 4.5、残长 7.8、通高 8.3 厘米（图一六九，4；图版五七，2）。

标本 H16:1，三足站立，抬头前视。近圆喙，低冠，上细下粗颈，圆身，略弓背。宽长尾上翘。柱足，前二足左右相靠，后一足支尾。前左足残。颈粗 1.3、身粗 4.1、通长 9、通高 8.6 厘米（图一六九，5；图版五八，1）。

标本 H63:15，三足站立，抬头。头、喙残。粗颈，圆身，弓背。宽长尾，上翘。柱足，前二足残，后一足支尾。颈粗 1.5、身粗 3.8、残长 8.4、残高 5.9 厘米（图一六九，6）。

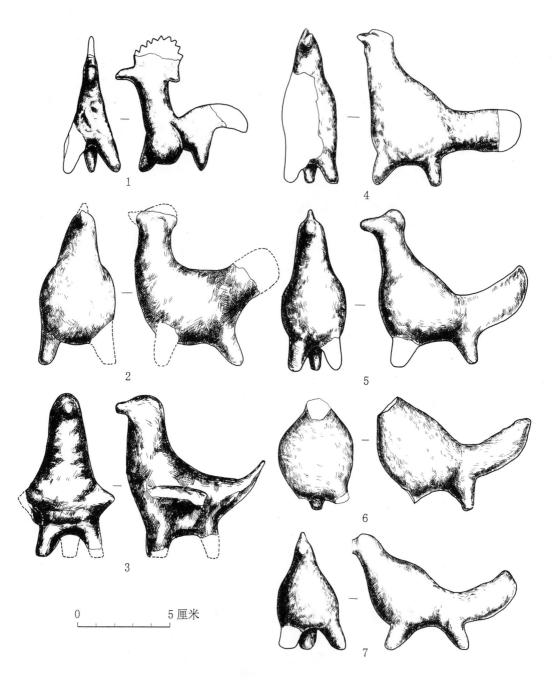

图一六九　石家河文化陶雄鸡、雌鸡

1、2. 雄鸡 H67:52、T10②:1　3～7. 雌鸡 AT203 ②ₐ:1、H16:4、H16:1、H63:15、H16:3

　　标本 H16∶3，三足站立，缩颈低抬头。喙残。小圆头，颈较短，圆身，弓背。宽长尾，上翘。柱足，前二足前伸，后一足支尾。颈粗 1.3、身粗 3.2、残长 9、通高 6.1厘米（图一六九，7）。

　　标本 H69∶64，二足和尾站立，拍翅伸颈状。头残。伸长颈。腹部较瘦，展双翅。翅较宽，略呈弧形。尾下弯垂立，二足较粗，张立。颈粗 1.2、身粗 2.3、残长 5.7、残高 6 厘米（图一七〇，1；彩版二四，2）。

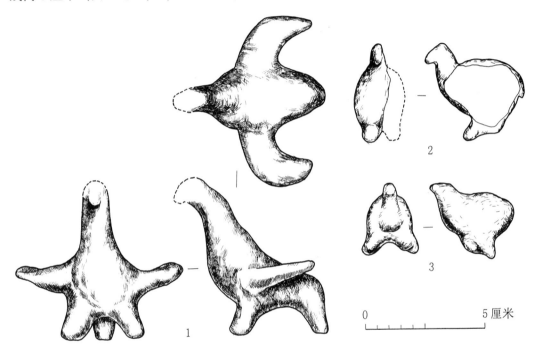

图一七〇　石家河文化陶雌鸡、小鸡
1. 雌鸡 H69∶64　2、3. 小鸡 T4②∶13、T4③∶25

　　小鸡　标本 2 件。头小，身短圆，秃尾。

　　标本 T4②∶13，尖喙，小头，缩颈，二圆翅贴身，翅较大。残尾。短尾及二足站立。左足及身左侧残。颈粗 0.7、残长 4、残高 3.9 厘米（图一七〇，2）。

　　标本 T4③∶25，尖喙上仰，小头，缩颈，短粗身，弓背，二圆翅贴身，秃短尾，二足外张。颈粗 0.5、身粗 2、通长 3.5、通高 2.7 厘米（图一七〇，3）。

　　异形鸡　标本 10 件。多有双翅和尾，三足，伸颈抬头，带冠带喙。基本形状与鸡相似，但多数身或头又与兽接近。

　　标本 H1∶32，身细长，似兽。尖喙，有冠，粗短颈，细腰，凹背，无翅，粗尾下垂。三柱足，足较粗，前二足外张。颈粗 1.1、身粗 1.4、长 6.3、高 4.8 厘米（图一七一，1；图版五八，2）。

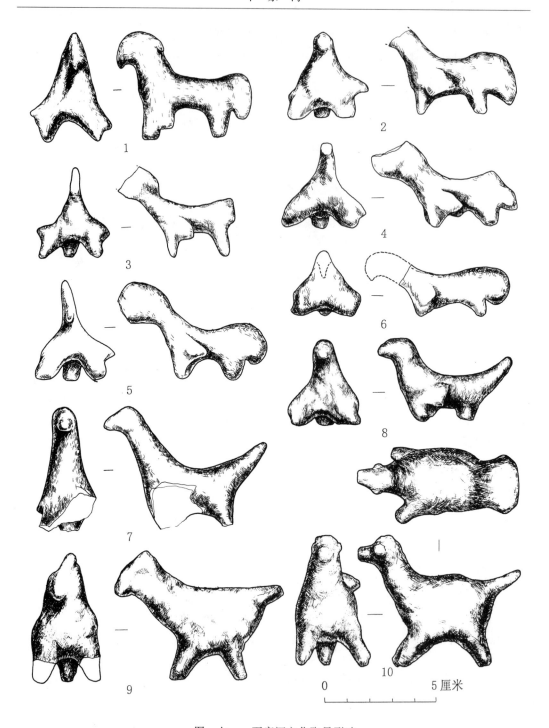

图一七一　石家河文化陶异形鸡

1.H1:32　2.H1:5　3.H1:14　4.H1:27　5.H1:30　6.H1:2　7.T5③:11　8.H116:27
9.T31②:1　10.H4:40

标本 H1：5，身细长，似兽。头残。细长颈，细腰，凹背，展双翅，宽尾下垂。三短柱足，前二足外张。颈粗 1.1、身粗 1.6、残长 6、残高 3.9 厘米（图一七一，2）。

标本 H1：14，身细长，似兽。头残。高扁冠，扁形颈，细腰，凹背，宽尾残。展双翅，三锥足，前二足外张。颈粗 0.8、身粗 1.2、残长 5.5、残高 4.1 厘米（图一七一，3）。

标本 H1：27，身较长，凹背，似兽。大头，残。粗扁颈，收腰，二小翅微张。宽尾，残。三矮足，前二足外张。颈粗 1.4、身粗 1.5、残长 6.7、残高 3.9 厘米（图一七一，4）。

标本 H1：30，长身束腰，似兽。大扁头，喙残。束颈，凹背，二小翅张开。宽扁尾，下垂。三粗短足，前二足外张。颈粗 1、身粗 1.3、残长 6.8、通高 4.3 厘米（图一七一，5）。

标本 H1：2，身细长，似兽。头残。颈较细，束腰，凹背，微张双翅。圆扁形尾，下垂，三矮足。前伸颈。颈粗、身粗 1.3、残长 5.1、残高 2.2 厘米（图一七一，6；图版五八，3）。

标本 T5③：11，小圆头，喙较粗，似兽。圆尖喙，头无冠。细长颈，颈前伸，束腰，长尾上翘。三足，足残。颈粗 1.1、残身粗 2、通长 7.9、残高 5.5 厘米（图一七一，7）。

标本 H116：27，侧视，头部和身似兽。兽嘴，圆顶头，无冠。颈较短，细腰，凹背，展双翅，翅略残。翘长尾。三短足。前二足外张。颈粗 1.2、身粗 1.5、通长 6.2、残高 3.9 厘米（图一七一，8）。

标本 T31②：1，头、颈较大，似兽。低头，兽嘴，尖小冠，粗长颈前伸。短粗身，平背。短尾，微上翘。尾略残。三柱足，前二足残。颈粗 1.7、身粗 3、残长 8、通高 5.9 厘米（图一七一，9）。

标本 H4：40，圆嘴，弓背，似兽。双圆眼，高额圆顶，无冠。颈较粗，微弓身，身粗圆。宽尾上翘。三柱足，前二足前伸。颈粗 1.4、身粗 3、通长 7.6、通高 5.9 厘米（图一七一，10）。

鸟类　标本 48 件。造型生动复杂，基本形象为个体小巧，二足站立，伸颈抬头，有明显的二圆翅。大体可分为短尾鸟、长尾鸟、连体鸟、含物鸟、猫头鹰五种。

短尾鸟　标本 8 件。个体较小，抬头前视。身近圆形，二足。颈、尾、翅有较大区别。

标本 H1：65，近圆喙，圆顶头，伸颈，短身略弓背，二翅贴身，二足张立。翅圆形，较大。短尾残。颈粗 1、身粗 1.9、残长 4.2、通高 4.5 厘米（图一七二，1）。

标本 H116：28，近尖喙，圆顶头，伸长颈，短身弓背，二圆翅贴身，圆短尾。以尾

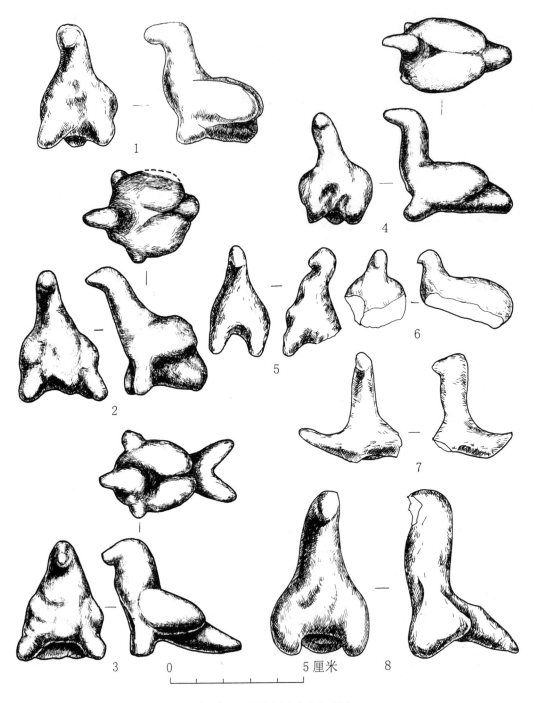

图一七二　石家河文化陶短尾鸟

1.H1：65　2.H116：28　3.H116：37　4.H34：22　5.T4②：32　6.T3②：56　7.T2②：21　8.H115：11

及二足站立。颈粗0.9、身粗2、通长4.5、通高4.8厘米（图一七二，2；图版五九，1）。

标本H116:37，喙较尖，头较大，头顶圆，粗颈，短身凹背，二圆翅贴身，分叉短尾。以尾及二足站立。颈粗1.5、身粗1.4、通长5.2、通高4.4厘米（图一七二，3；图版五九，2）。

标本H34:22，尖喙，小头右歪，细长颈，短身略凹背，二圆翅贴身，秃短尾。以尾及二足站立。颈粗1、身粗1.6、通长4.9、通高4.1厘米（图一七二，4；图版五九，3）。

标本T4②:32，近尖喙，小头后仰，圆头顶，细短颈，短身。残尾。二足直立。颈粗0.7、身粗1.7、残高4厘米（图一七二，5）。

标本T3②:56，尖喙，小圆头左歪，细短颈，短圆身，弓背，无尾。下身残。颈粗0.6、通长3.6、残高2.8厘米（图一七二，6；图版五九，4）。

标本T2②:21，尖喙，小头，长伸颈，短身凹背，展二翅，左翅略残，宽短尾。二足残。颈粗0.9、身粗1.2、残长2.8、残高4厘米（图一七二，7）。

标本H115:11，喙残。头、颈较粗大，长伸颈，短身略凹背，二圆翅贴身，圆扁短尾，二短足直立。颈粗1.8、身粗1.9、残长4.2、通高6.2厘米（图一七二，8；图版六〇，1）。

长尾鸟　标本31件。又分为宽长尾鸟、窄长尾鸟和分叉长尾鸟三种。

宽长尾鸟　标本11件。一般抬头昂首，二圆翅贴身，二足张立，宽长尾着地上翘。尾相对较短。

标本AT102②:18，抬头略上仰。近圆喙，大头，圆顶，粗颈，短身，小翅下垂，宽长尾着地。二短足张立。颈粗1.7、身粗2.2、通长5.4、通高4.3厘米（图一七三，1；图版六〇，2）。

标本H1:4，伸颈抬头。近圆喙，小头，平顶，颈较细，短身凹背，二小翅贴身，宽长尾略上翘。二矮足张立。颈粗1、身粗1.8、残长5.4、通高3.8厘米（图一七三，2）。

标本H1:21，抬头略上仰。尖喙，小头近圆顶，细长颈，短身略凹背，二小翅贴身，翅略残，宽长尾着地，二矮足张立。颈粗0.9、身粗1.5、通长4.7、通高4.2厘米（图一七三，3；图版六〇，3）。

标本H1:53，抬头略上仰，近尖喙，头顶近平，短身略凹背，二小翅贴身，翅略残，宽长尾着地，二小足张立。颈粗1、身粗1.4、通长4.7、通高4.1厘米（图一七三，4；图版六〇，4）。

标本H1:28，缩颈微抬头，尖喙略残，头近圆顶，短身略凹背，二小翅微张，宽长尾着地，二粗矮足正立。颈粗1、身粗1.4、残长5.2、通高3.1厘米（图一七三，5）。

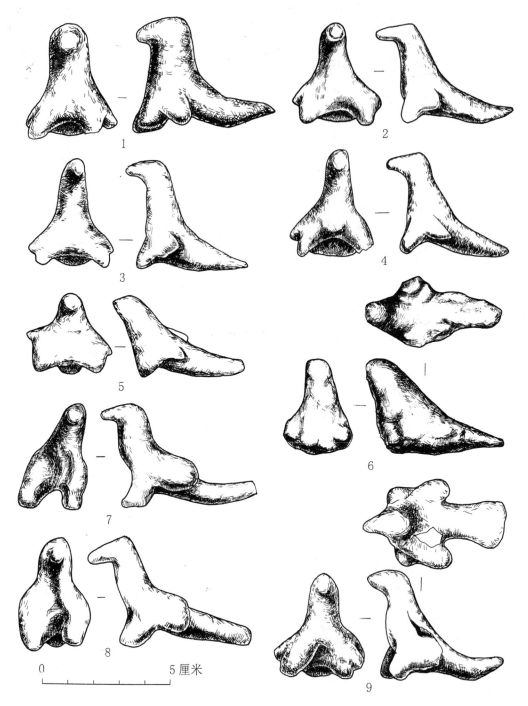

图一七三　石家河文化陶宽长尾鸟

1.AT102②:18　2.H1:4　3.H1:21　4.H1:53　5.H1:28　6.H1:13　7.H116:45

8.H116:46　9.H116:44

标本 H1：13，微缩颈歪头，喙与头残，粗颈，圆身近平背，二翅贴身。宽长尾拖地，残。二足残。颈粗 1.4、身粗 2.4、残长 5.4、残高 3.5 厘米（图一七三，6）。

标本 H116：45，曲颈略歪头，尖喙，头顶近平，粗颈，短身略扁，二圆翅贴身，宽长尾上翘，尾后端略残，二柱状矮足。颈粗 1.2、身粗 1.4、残长 6.2、通高 4 厘米（图一七三，7）。

标本 H116：46，伸颈头略下低，喙较粗长，头顶平，短身凹背，二圆翅贴身，宽长尾残，二粗短足直立。颈粗 1.2、身粗 1.4、残长 6.6、通高 4.2 厘米（图一七三，8）。

标本 H116：44，抬头略上仰，尖喙，头顶圆，颈较粗，短身略凹背，二小翅微张，翘长尾，二柱状矮足。颈粗 1、身粗 1.7、通长 5.5、通高 4.2 厘米（图一七三，9）。

标本 AT2③b：1，伸颈头略下低，尖喙残，粗颈，短身略凹背，二小翅微张，宽长尾上翘，尾较厚，二短足张立。颈粗 1.4、身粗 1.6、残长 5.5、通高 3.6 厘米（图一七四，1）。

标本 H67：74，抬头后仰，向右歪。尖喙较长，头顶平，双圆鼓眼，颈后弯，短身凹背，二小翅贴身，宽长尾拖地，二柱状足前伸。颈粗 1、身粗 1.2、通长 5、通高 4 厘米（图一七四，2）。

窄长尾鸟　标本 2 件。差别在尾部。尾端平面窄而尖。

标本 H1：37，抬头前伸，头残。颈较短，身较粗，背残。二翅微张，右翅残。窄长尾，呈圆锥形。二足呈短圆锥形，张立。颈粗 0.4、残长 5.5、残高 3.3 厘米（图一七四，3；图版六一，1）。

标本 H116：30，伸颈抬头，喙较长，头顶圆，颈较粗，短身凹背，二圆翅贴身。窄长尾，尾端呈尖状，残。二短柱足，直立。颈粗 1、身粗 1.8、残长 6、通高 4.3 厘米（图一七四，4）。

分叉长尾鸟　标本 18 件。尾较长，有的占全身的三分之二，尾端分叉，并上翘，同时向两侧弯曲。

标本 H67：29，伸颈抬头，近尖喙，头较扁，颈较粗，短身略凹背，二圆翅贴身。分叉长尾着地，尾端上翘，尾的左端残。二锥状足，微张立。颈粗 1、身粗 1.2、通长 6.2、通高 4.5 厘米（图一七四，5；图版六一，2）。

标本 H67：31，伸颈高抬头，残喙。头较小，圆顶，颈较细，短身略凹背，二圆翅贴身，分叉长尾着地。尾较粗，上翘，端部向两侧外弯。二锥状小矮足，微张立。颈粗 1、身粗 1.6、残长 6、通高 4.5 厘米（图一七四，6；图版六一，3）。

标本 H67：27，伸颈探头，尖喙较长，小头顶较尖，颈较细，短身略凹背，二圆翅贴身，分叉长尾着地，尾端残。尾较粗，端部上翘并向两侧弯曲。颈粗 0.8、身粗 1.4、残长 5.8、通高 4 厘米（图一七四，7）。

0 ———————— 5厘米

图一七四　石家河文化陶宽长尾鸟、窄长尾鸟、分叉长尾鸟

1、2. 宽长尾鸟 AT2 ③b:1、H67:74　3、4. 窄长尾鸟 H1:37、H116:30　5～7.
分叉长尾鸟 H67:29、H67:31、H67:27

标本 H67：30，曲身颈抬头，喙残，小头圆顶，细颈，短身弓背，二翅贴身，分叉长尾着地。尾较宽。二足残。颈粗 0.7、通长 5.8、残高 4 厘米（图一七五，1；图版六二，1）。

标本 H67：32，伸颈高抬头，短尖喙，头顶近平，颈略向左斜，短身略凹背，二圆翅贴身，分叉长尾着地。尾较宽，端部向两侧弯曲，右端残。二锥状小矮足，张立。颈粗 1、身粗 1.2、通长 6.2、通高 4.2 厘米（图一七五，2；图版六二，2）。

标本 H67：26，缩颈歪头，尖喙，圆头短颈，短身略凹背，二圆翅贴身，分叉长尾微上翘。尾较细长。二锥状矮足，张立。颈粗 1、身粗 1.4、通长 7.5、通高 3.6 厘米（图一七五，3；图版六二，3）。

标本 H67：9，曲颈略歪头，近尖喙，勾头，颈较细，短身略凹背，二圆翅贴身，分叉长尾微上翘，二锥状小矮足，张立。颈粗 1.1、身粗 1.4、通长 6.5、通高 4 厘米（图一七五，4；图版六三，1）。

标本 H67：11，微缩颈抬头，尖喙，头颈较粗大，短身凹背，二圆翅贴身，分叉长尾拖地，尾端上翘。二锥状小矮足，微张立。颈粗 1、身粗 1.4、通长 6.9、通高 3.7 厘米（图一七五，5；图版六三，2）。

标本 H67：2，微缩颈抬头，尖喙略残，头顶近平，颈较短，短身凹背，二圆翅贴身，分叉长尾上翘，尾较厚。二锥状矮足，张立。颈粗 1、身粗 1.2、残长 6.5、通高 4 厘米（图一七五，6）。

标本 H67：5，伸颈，抬头后仰。尖喙，勾头，短身凹背，二圆翅贴身，分叉长尾拖地。尾端上翘，左端残。二粗矮足，张立。颈粗 1、身粗 1.4、通长 5.9、通高 4.3 厘米（图一七五，7；图版六三，3）。

标本 H67：7，缩颈低头，近圆喙，头颈较粗大，短身略凹背，二圆翅贴身，分叉长尾拖地。尾端微上翘，左端残。二锥状矮足，张立。颈粗 1.4、身粗 1.5、残长 6.7、通高 4 厘米（图一七五，8）。

标本 T4③：13，前伸颈低头，近圆喙，头顶近圆，颈较粗，短身凹背，二圆翅贴身，分叉长尾着地。尾较宽厚，端部上翘，右端残。二柱状小矮足，近直立。颈粗 1、身粗 1.5、通长 6.3、通高 3.9 厘米（图一七六，1）。

标本 T4③：8，前伸颈低头，近尖喙，头顶近平，颈较粗，短身略凹背，二圆翅贴身，分叉长尾拖地。尾端微上翘，尾较厚，端部残。二锥状矮足，张立。颈粗 1、身粗 1.4、残长 5.2、通高 3.8 厘米（图一七六，2）。

标本 T4③：10，高伸颈勾头，尖短喙，小头近圆顶，细颈，短身微弓背，二圆翅贴身，翅较小，分叉长尾拖地。尾较宽厚，叉端残。二锥状矮足，直立。颈粗 0.8、身粗 1.9、残长 4.8、通高 4.4 厘米（图一七六，3）。

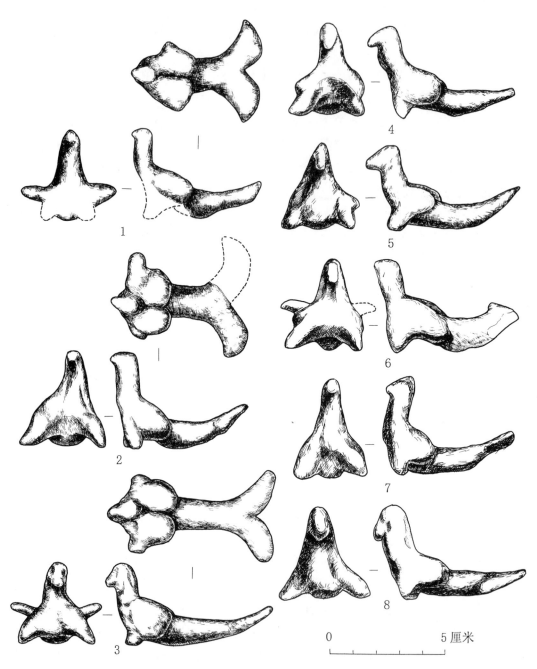

图一七五　石家河文化陶分叉长尾鸟

1.H67:30　2.H67:32　3.H67:26　4.H67:9　5.H67:11　6.H67:2　7.H67:5　8.H67:7

　　标本 T2③:2，高伸颈，勾头，尖喙下垂，圆头顶，粗颈，短身凹背。二翅贴身，翅略残。分叉长尾较厚，残。二锥状细足，张立。伸颈低头。颈粗1.2、身粗2、残长

4.7、通高 4.6 厘米（图一七六，4）。

标本 H67：33，前伸颈抬头，喙残，头顶平，颈较细，短身凹背，二圆翅贴身，翅

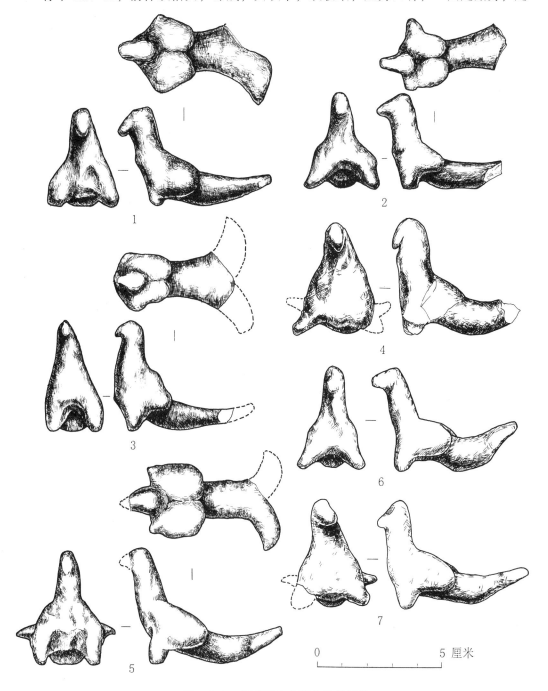

图一七六　石家河文化陶分叉长尾鸟

1.T4③:13　2.T4③:8　3.T4③:10　4.T2③:2　5.H67:33　6.H67:14　7.H115:12

较大，分叉长尾着地。尾端分叉上翘。二柱状矮足，直立。颈粗 1、身粗 1.4、残长 6.2、通高 4.6 厘米（图一七六，5；图版六四，1）。

标本 H67：14，伸颈抬头，尖喙略残，小头近平顶，细长颈，短身凹背，二圆翅贴身，分叉长尾下弯上翘。尾较厚，叉端略残。二锥状矮足，张立。颈粗 0.9、身粗 1.4、残长 6、通高 3.9 厘米（图一七六，6）。

标本 H115：12，伸颈歪头，近尖喙，尖圆顶，短颈，长身，二圆翅贴身，分叉长尾，尾端上翘。右足和左尾端残。颈粗 1.1、身粗 1.6、通长 6.2、通高 4.5 厘米（图一七六，7；彩版二五，1；图版六四，2）。

连体鸟　标本 2 件。

标本 H67：47，二只短尾鸟尾部相连。二鸟基本对称，不见鸟尾，二鸟尾部相连，伸颈抬头反向站立。翅膀相靠。二鸟均尖喙，小头圆顶，前伸颈，短身微弓背，二圆翅贴身，二粗矮足微张立。二鸟颈粗分别为 0.7 和 0.9、身粗 1.6、通长 6、通高 3.7 厘米（图一七七，1；彩版二五，2；图版六四，3）。

标本 T2③：1，二鸟身尾部相连。二鸟亦基本对称，翅膀未靠。二鸟头残，细长颈，短身微弓背。二锥状小矮足，直立。二鸟颈粗均为 0.6、身粗 1.4 和 1.6、残长 5.6、残高 3.1 厘米（图一七七，2）。

含物鸟　标本 1 件。

标本 H116：29，大嘴含长块实心物。尖喙，大头平顶，短颈略粗，圆身略弓背，二圆翅贴身，右翅略残，短尾。尾端扁，下垂。二柱状粗矮足，直立。颈粗 1.2、身粗 2、通长 4.5、通高 4.4 厘米。所含物长 1.5、宽 0.7、厚 0.5 厘米（图一七七，3）。

猫头鹰　标本 6 件。勾喙，二圆突眼，有二足和短尾，抬头站立凝视前方。其形象大小差异较大。

标本 AT304①：1，头、身不分，整体呈圆形，在圆形体上捏喙、眼、尾、足。下勾喙，二圆突眼，眼较小。尾较宽，残。二小柱足，前伸。喙长 1.4、身粗 5.3、残长 5.6、残高 5.9 厘米（图一七八，1；图版六五，1）。

标本 H16：52，抬身张立。微勾喙，小头，鼓眼。颈身不分，呈椭圆形，近直立。宽短尾，二锥状矮足。足侧面似兽足。颈粗 1.5、身粗 3、通长 5.3、通高 6.3 厘米（图一七八，2）。

标本 H67：53，头、身不分，整体略呈方形。勾喙，喙尖残，头顶平，鼓眼，背部略斜，宽尾，尾较长，二柱状小矮足，足略歪。身粗 2.6、残长 4.6、通高 3.9 厘米（图一七八，3；彩版二五，3；图版六五，2）。

标本 T4③：4，扁鸟身，伸颈微低头。喙微下弯，头宽扁，头顶略弧，大鼓眼，宽扁颈，短身，二圆翅贴身，略凹背，宽尾下垂，双足残。颈粗 1.2、身粗 1.6、通长

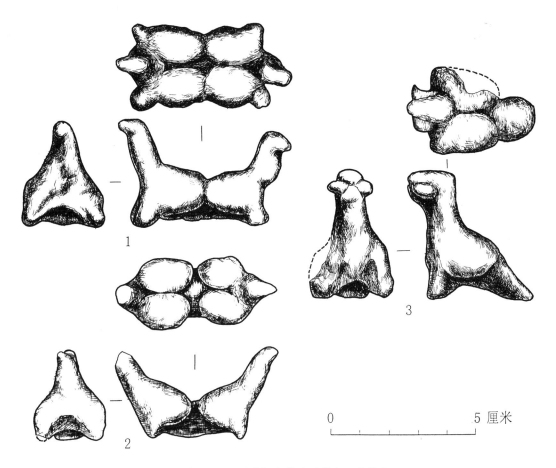

图一七七　石家河文化陶连体鸟、含物鸟
1、2. 连体鸟 H67:47、T2③:1　3. 含物鸟 H116:29

4.1、残高 4.7 厘米（图一七八，5；图版六五，3）。

标本 T2③:31，伸颈抬头，尖喙，头顶圆，大鼓眼，宽扁颈，短身斜背，二翅贴身，宽短尾下垂，二粗矮足。颈粗 1.3、身粗 2.4、通长 4.5、通高 4.5 厘米（图一七八，4；图版六五，4）。

标本 T3③:18，缩颈微低头。近尖喙，小头，粗颈。短身斜背，背残。宽短尾微下垂，二锥状矮足张立。颈粗 1.2、通长 3.5、通高 3 厘米（图一七八，6；图版六六，1）。

（4）龟鳖和鱼

陶塑中水生动物形象有龟鳖和鱼，标本共 15 件。

龟鳖　标本 14 件。形象逼真，有甲，抬头，弧背，四足和尾均外伸。

标本 T37②:15，向前爬行状。伸颈抬头，头圆嘴尖，两个大圆眼外鼓。弯颈弧背。

残尾。四足伸张。右前肢与左后肢略残。颈粗1.4、背宽4.3、残长6.8、通高2.8厘米（图一七九，1）。

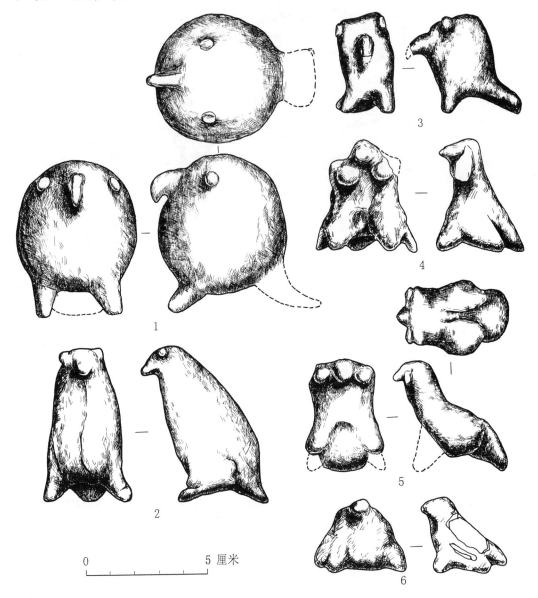

0　　　　　　　　5 厘米

图一七八　石家河文化陶猫头鹰

1. AT304①:1　2. H16:52　3. H67:53　4. T2③:31　5. T4③:4　6. T3③:18

标本T5③:23，伏缩状，伸颈低头。颈较粗短，弧背，粗尾后拖，四足伸张。颈粗1.3、背宽3.7、通长6、通高2厘米（图一七九，2；图版六六，2）。

标本T2③:30，弓立状。伸颈抬头，头残。颈较细，弧背。尾较细尖，下垂。四短

图一七九　石家河文化陶龟鳖

1.T37②:15　2.T5③:23　3.T2③:30　4.T2②:20　5.H1:51　6.H67:50　7.H67:54

足，立起。颈粗0.8、背宽2.7、残长4.3、通高2.5厘米（图一七九，3；图版六六，3）。

　　标本T2②:20，头、背、尾、足均残。伸颈抬头，颈较粗，伸四足，足较粗。颈粗1.2、背宽3.1、残长5.5、残高2.4厘米（图一七九，4）。

　　标本H1:51，微伸颈，略抬头。粗颈圆头，近平背，秃短尾，张四足。颈粗1.4、背宽2.7、通长5.6、通高2厘米（图一七九，5；图版六六，4）。

　　标本H67:50，前伸颈，高抬头。颈粗头圆，弧背。尾较粗长，下垂。弓立四足，后右足残。颈粗1、背宽2.7、通长5.5、通高2.6厘米（图一七九，6）。

标本 H67：54，伸颈抬头。头圆，弧背，尖尾下垂，张立四足。颈粗 0.7、背宽 3、通长 5.2、通高 2.3 厘米（图一七九，7；图版六七，1）。

标本 H1：6，前伸颈，高抬头。粗颈圆头，微弧背。细尾后伸，残。四足微弓立。颈粗 0.9、背宽 2.9、残长 4.6、通高 2.6 厘米（图一八〇，1；图版六七，2）。

标本 H116：42，伸颈高抬头，头残。颈较粗，弧背，短尾下垂，弓立四足。颈粗 0.8、背宽 1.8、残长 3.9、残高 1.9 厘米（图一八〇，2）。

标本 H116：43，伸颈低头，头残。颈较细，高弧背，秃短尾下垂。弓立四足，后左足残。正视整器略呈三角形。颈粗 0.7、背宽 2.6、残长 4.4、残高 2.3 厘米（图一八〇，3）。

标本 H1：8，伸颈低头。头残，颈较细，背较平，尾残。微伸四足，足略残。颈粗 0.6、背宽 2.5、残长 4.2、残高 1.6 厘米（图一八〇，4；图版六七，3）。

标本 H67：51，微伸颈，抬头。粗颈圆头，弧背。尾较长，下垂。弓立四足，后右足残。颈粗 1、背宽 2.7、通长 4.8、通高 2.3 厘米（图一八〇，5；彩版二六，1；图版六七，4）。

标本 H67：55，伸颈抬头。粗颈，背残，尖尾下垂，外张四足。颈粗 1、背宽 2.6、通长 4.7、残高 2.2 厘米（图一八〇，6）。

标本 H67：71，平伸头颈。近平背，长尾后抬，弓立四锥状足，足较长。颈粗 0.7、背宽 2.2、通长 3.9、通高 1.8 厘米（图一八〇，7）。

鱼　标本 1 件。鱼的形象主要见于陶偶所抱鱼，单独的个体此为仅见。所有的鱼形象均不够逼真。

标本 T28②：3，似鱼形，头较尖小，小嘴，头两侧各有圆眼。身为扁长形，背部微隆起，有背鳍，腹部前端下鼓。有腹鳍和尾鳍，而胸鳍不清晰。通长 11.5、通高 5.6 厘米（图一八〇，8；彩版二六，2）。

（三）其他

除容器、陶塑品外，其他陶器还有器座、纺轮、模和装饰品，共 473 件。

1. 器座

7 件。完整器仅 1 件。

标本 H53：2，夹砂红胎黑陶，器形较瘦高。口沿微卷，近尖唇。器体胎壁较直，略内弧。底略外侈。器外表饰粗短篮纹。口径 17.6、腹径 16、高 16 厘米（图一八一，1；图版六八，1）。标本 H38：17，夹砂黑陶，胎较厚，为口沿残片。折平沿，近直壁。口径 20、残高 4 厘米（图一八一，2）。

2. 纺轮

456 件。平面均为圆形，中央一圆孔。可分六型。

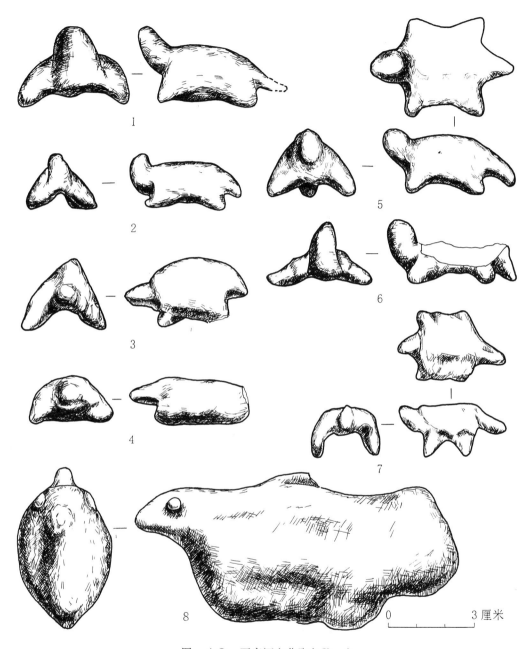

图一八〇　石家河文化陶龟鳖、鱼

1~7. 龟鳖 H1:6、H116:42、H116:43、H1:8、H67:51、H67:55、H67:71

8. 鱼 T28②:3

A 型　80 件。纵剖面呈弧形。

标本 AT101 ㉘:5，泥质橙黄陶。略呈圆锥体，一面平，一面中部高隆起，中央圆

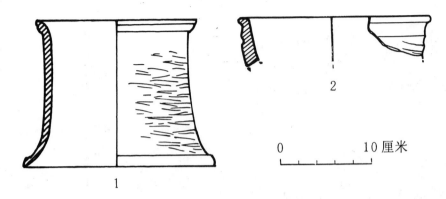

图一八一　石家河文化陶器座

1.H53:2　2.H38:17

孔垂直。素面。外径3.1、孔径0.25、最厚1.4厘米（图一八二，1）。标本AT201 ⑳:
3，泥质灰黄陶。一面平，一面呈弧状隆起。饰黑彩，为太极图案。外径3.2、孔径
0.31、最厚0.65厘米（图一八二，2）。标本AT104 ⑦a:17，泥质橙黄陶。一面平，一
面隆起，纵剖面呈圆台状。饰红彩，为太极图案。外径3.4、孔径0.3、最厚0.6厘米
（图一八二，3）。标本AT104 ⑦b:10，泥质灰黄陶。一面微内凹，一面隆起，纵剖面呈
圆台状。涂红衣，大部脱落。外径3.7、孔径0.3、最厚0.7厘米（图一八二，4）。标
本AT307③:12，泥质红陶。一面平，一面隆起，纵剖面呈圆台状，孔周略凸起。饰黑
彩，为太极图案。外径3.5、孔径0.3、最厚0.8厘米（图一八二，5）。标本AT104
⑧b:16，泥质灰黄陶。一面平，一面隆起。纵剖面呈圆台状，孔周略起棱。饰黑彩，为
太极图案。外径3.5、孔径0.35、最厚0.6厘米（图一八二，6）。

　　B型　71件。纵剖面呈梯形。

　　标本AT307④:6，泥质灰黄陶。斜边，纵剖面略呈梯形，一面微凸，一面微凹。
饰红彩，为四分横线图案。外径3.7、孔径0.31、厚0.7厘米（图一八二，7）。标本
T34③:21，泥质红陶。较薄扁。斜边，纵剖面呈梯形。饰红彩，为四分横线图案。外
径4.3、孔径0.4、厚0.4厘米（图一八二，8）。标本AT101 ②a:15，泥质红陶。器形
小。斜边，纵剖面略呈梯形，一面平，一面略内凹。素面。外径2.2、孔径0.25、厚
0.45厘米（图一八二，9）。标本AT3③:23，泥质红陶。斜边，一面微内凹，一面平，
剖面近梯形。一面刻划一周同心圆纹。外径3、孔径0.22、厚0.4厘米（图一八二，
10）。标本AT3④:81，泥质灰黄陶。斜边，一面内凹，一面平，纵剖面近梯形。饰红
彩，一面由二分点状和二分弧块状组成图案，边面涂红衣。外径3.1、孔径0.25、厚
0.8厘米（图一八二，11）。标本H5:12，泥质灰黄陶。斜边，一面平，一面微弧，纵
剖面近梯形。饰红彩，由二分横线、二分弧块状组成图案。外径3.7、孔径0.25、厚

图一八二　石家河文化陶纺轮

1～6.A 型 AT101 ㉘:5、AT201 ㉔:3、AT104 ⑦a:17、AT104 ⑦b:10、AT307③:12、AT104 ⑧b:16

7～12.B 型 AT307④:6、T34③:21、AT101 ㉔:15、AT3③:23、AT3④:81、H5:12　13～16.C

型 AT104 ⑦b:5、AT104 ⑦b:6、AT3⑤:88、T34③:3

0.5厘米（图一八二，12）。

C型　85件。纵剖面呈长方形。

标本AT104⑦b：5，泥质灰黄陶。周边微外弧，纵剖面略呈长方形。饰红彩，用红彩绘成太极图案。外径2.4、孔径0.24、厚0.55厘米（图一八二，13）。标本AT104⑦b：6，泥质灰黄陶。直边，剖面呈长方形。一面饰红衣，一面饰红彩。红彩为四分弧线间圆点图案，在两组宽弧线之间绘六个小圆点。外径2.8、孔径0.55、厚0.75厘米（图一八二，14）。标本AT3⑤：88，泥质灰黄陶。周边微外弧，一面平，一面内凹，纵剖面近长方形。一面饰红彩，为点形与弧块形各四分组合而成的图案，点形纹呈"十"字状。外径3.3、孔径0.4、厚0.5厘米（图一八二，15）。标本T34③：3，泥质黄陶。直边，一面平，一面内凹，纵剖面近长方形。饰红彩，为长方块与短条纹相间的四分图案。外径3.6、孔径0.4、厚0.9厘米（图一八二，16）。标本H5：11，泥质灰黄陶，较薄。直边，纵剖面近长方形。饰红彩，为圆点与横线相间的对称四分图案。外径3.7、孔径0.3、厚0.5厘米（图一八三，1）。标本T34②：18，泥质灰黄陶，较薄。直边，纵剖面近长方形。饰红彩，为四分彩带图案。外径3.6、孔径0.4、厚0.5厘米（图一八三，2）。标本H5：8，泥质灰黄陶，较薄。纵剖面近长方形。饰红彩。为四分彩带图案。外径3.9、孔径0.38、厚0.45厘米（图一八三，3）。

D型　87件。纵剖面呈棱形。

标本AT203③：3，泥质灰陶。棱边，两面平。素面。外径4、两面径3.4、孔径0.4、厚1厘米（图一八三，4）。标本AT304③：12，泥质红陶。棱边，纵剖面呈棱形。施红衣，大部脱落。外径3、两面径2.8、孔径0.25、厚0.5厘米（图一八三，5）。标本AT202⑤：7，泥质红陶。棱边，纵剖面呈棱形。外径3.4、两面径2.8、孔径0.35、厚1厘米（图一八三，6）。标本AT104⑥：6，泥质灰黄陶，较薄。棱边。外径3.2、两面径2.7、孔径0.3、厚0.5厘米（图一八三，7）。

E型　66件。直边，两面弧形。

标本AT302②：5，泥质红陶，较薄。近直边，两面微弧。外径3.6、孔径0.3、最厚0.5厘米（图一八三，8）。标本AT9③：36，泥质橙黄陶，较薄。近直边，两面微弧。饰红彩，为太极图案。边涂红衣。外径3.4、孔径0.4、最厚0.6厘米（图一八三，9）。标本AT1③d：22，泥质橙黄陶。直边，两面微弧。饰红彩。为四分彩带图案。外径3.6、孔径0.6、厚0.8厘米（图一八三，10）。标本H102：2，泥质橙黄陶。直边，两面微弧。饰红彩。为二分彩弧块与二分彩带图案。边涂红衣。外径2.8、孔径0.2、厚0.7厘米（图一八三，11）。

F型　67件。弧边。两面弧形。

标本AT3④：57，泥质橙黄陶。弧边，一面较平，一面中部微隆起。饰红彩，红彩

图一八三　石家河文化陶纺轮

1～3.C 型 H5：11、T34②：18、H5：8　4～7.D 型 AT203③：3、AT304③：12、AT202⑤：7、AT104⑥：6　8～11.E 型 AT302②：5、AT9③：36、AT1⑧d：22、H102：2　12～14.F 型 AT3④：57、T3④：76、H53：3

大部脱落，图案不清。边涂红衣。外径 4、孔径 0.35、厚 0.6 厘米（图一八三，12）。

标本 T3④：76，泥质橙黄陶。弧边，两面微弧。素面。外径 2.7、孔径 0.3、厚 0.7 厘米（图一八三，13）。标本 H53∶3，泥质红陶。弧边，两面微鼓起。素面。外径 3.5、孔径 0.6、厚 0.5 厘米（图一八三，14）。

3．模

3 件。上部近圆柱形，下部近圆锥形，实体。

标本 T5③∶14，泥质灰红陶。上部圆柱体，顶面平，顶中间有一圆形凹窝。下部圆锥体，锥尖呈弧状。直径 4.3、高 5.2 厘米（图一八四，1）。标本 H39∶4，泥质灰红陶。上部近圆柱体，平顶。下部圆锥体，有锥尖。直径 2.8、高 3.8 厘米（图一八四，2）。标本 AT3⑤∶91，泥质灰红陶。上部顶残。下部近圆锥体，尖部呈乳突状。直径 5.6、残高 5.4 厘米（图一八四，3）。

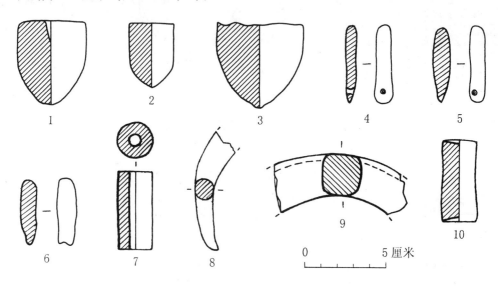

图一八四　石家河文化陶模、装饰品

1～3．模 T5③∶14、H39∶4、AT3⑤∶91　4～6．坠形器 AT307④∶9、AT307④∶8、AT304④∶11　7．管状器 AT8④∶36　8．角状器 AT3④∶38　9．环 AT101㉘∶27　10．柱状器 H4∶3

4．装饰品

陶质装饰品有坠形器、管状器、环、角状器和柱状器，共 7 件。

坠形器　3 件。

标本 AT307④∶9，泥质橙黄陶，扁圆柱状。上端扁角状，并有一圆形钻孔。下端弧状。素面。最大径 1、高 4.8 厘米（图一八四，4；图版六八，2 右）。标本 AT307④∶8，泥质橙黄陶。长扁形。上端扁尖，并有一圆形钻孔。中部鼓起，下端弧形。最大径 1.1、高 4.7 厘米（图一八四，5；图版六八，2 左）。标本 AT304④∶11，泥质橙黄陶。圆柱状。钻孔残。素面。最大径 1.2、残高 4 厘米（图一八四，6）。

管状器 1件。

标本 AT8④:36,泥质黑陶。圆筒管状,管孔直通。素面。长4.7、外径2.2、内孔径0.8厘米(图一八四,7)。

角状器 1件。

标本 AT3④:38,泥质灰陶。弯角形,粗端残,细端尖,实心。素面。最大径1.6、残长7厘米(图一八四;8)。

环 1件。

标本 AT101 ㉘:27,泥质黑陶。断面呈圆角方形。素面。残长8、宽2.4厘米(图一八四,9)。

柱状器 1件。

标本 H4:3,泥质黑陶。为圆柱体,实心,两端面略内凹。直径2、长5厘米(图一八四,10)。

(四)刻划符号

共发现邓家湾石家河文化刻划符号14个。除一个刻划符号发现于M32随葬的高领鼓腹罐(Ab型罐)上(见墓葬随葬品部分)外,其余多发现于套缸遗迹和灰坑出土的Aa型陶缸上腹部。还有一部分发现于地层出土的Aa型陶缸腹片上,地层和灰坑出土的有刻划符号的Aa型陶缸也有可能来自套缸遗迹。

所有刻划符号都属于单体符号。笔画多由弧线、直线或曲线组成,有的加圆点,最少的二画,最多的达十余画。一般线条较深而流畅,是器物烧制前刻成的。

在Aa型陶缸上发现的刻划符号共有六种。

A种刻划符号 6个。发现于套缸1的四个,套缸2的一个,H2的一个。符号完整的五个。由上下两条下弧的长弧线与左边的一条内弧的短弧线相交组成,两条长弧线的右边上翘而不相交,整个形状呈弯角状。

标本套缸2:23,符号较小,左边的短弧线较直(图一八五,1;彩版二七,1)。标本套缸1:20(图一八五,2)、套缸1:21(图一八五,3)、套缸1:17(图一八五,4;图一八六,1;彩版二七,2),符形较瘦长,左边短弧线明显内弧。标本H2:5,符形较粗胖,左边短弧线略内弧(图一八五,5;图一八六,2;彩版二七,3)。标本套缸1:22,笔画不完整(图一八五,6;图一八六,3)。

B种刻划符号 2个。发现于套缸2和H18。二个符号均完整。符号由七条直线、二条弧线和一条曲线组成,上部似一把刃部向上的弯柄刀,下部为半个弯月形,整个形状又似一把带弯柄的镰刀。

标本套缸2:25,整个符号较瘦窄,弯柄较长(图一八五,7;图一八六,4;彩版二八,1)。标本H18:1,整个符号较肥胖,弯柄较短(图一八五,8;图一八六,5;彩

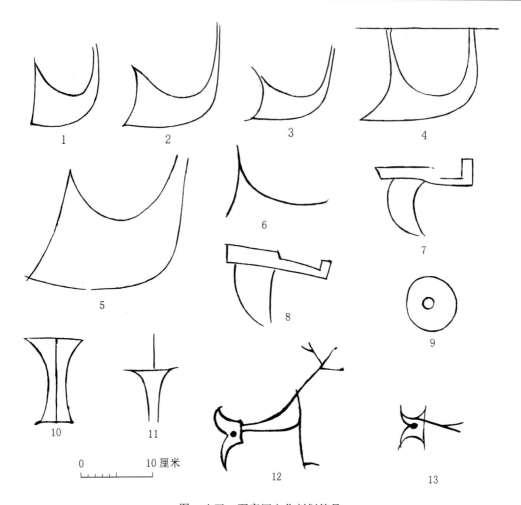

图一八五　石家河文化刻划符号

1.套缸2：23　2.套缸1：20　3.套缸1：21　4.套缸1：17　5.H2：5　6.套缸1：22　7.套缸
2：25　8.H18：1　9.T35④：59　10.H63：5　11.套缸1：18　12.AT306②：15　13.AT9③：12

版二八，2）。

　　C种刻划符号　1个。

　　标本 T35④：59，符号完整，由二个圆组成，即大圆中套小圆，小圆直径很小（图
一八五，9；图一八七，1；彩版二八，3）。

　　D种刻划符号　1个。

　　标本 H63：5，符号完整，由三条直线和两条弧线组成，整个符号酷似觚的正视图
（图一八五，10；图一八七，2；彩版二九，1）。

　　E种刻划符号　1个。

标本套缸 1∶18，符号完整，由两条直线和两条弧线组成与 D 种符号近似的图形（图一八五，11）。

F 种刻划符号　2 个。两个符号均发现于地层出土的 A 型陶缸（可能属于 Aa 型缸）片上，其中一个符号完整。符号由六条弧线、四条曲线、二条直线和一个圆点组成一个张开大嘴的凤鸟形。

标本 AT306②∶15，符号完整，颈部双线（图一八五，12；图一八七，3；彩版二九，2）。标本 AT9③∶12，仅剩头、颈部。颈部单线（图一八五，13；图一八七，4；

图一八六　石家河文化刻划符号拓片

1. 套缸 1∶17　2. H2∶5　3. 套缸 1∶22　4. 套缸 2∶25　5. H18∶1

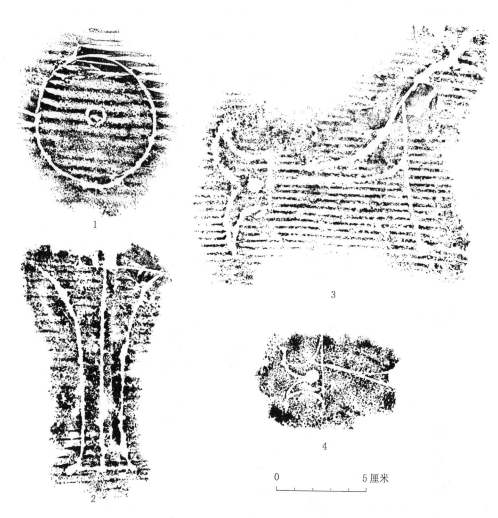

图一八七　石家河文化刻划符号拓片

1.T35④:59　2.H63:5　3.AT306②:15　4.AT9③:12

彩版二九，3）。

　　邓家湾石家河文化以上六种刻划符号，笔画清楚，端正地刻于套缸遗迹中的 Aa 型陶缸上腹部，显然是表达宗教活动中的某种意思。

二　石器

　　石器共 90 件。有斧、锛、铲、凿、刀、镞、穿孔片、锥状器、砺石等。这些石器均为磨制。

斧　54件。分四型。

A型　41件。平面呈梯形。

标本 T34②:12，较厚，顶部有打击疤痕。弧顶，两侧基本平整，一面微凹，两面磨刃，刃为弧形。顶宽4.2、刃宽6、长9.4、厚2.9厘米（图一八八，1）。标本 T34②:7，弧顶，弧刃。顶宽3.8、刃宽5.3、长8.2、厚2.3厘米（图一八八，2）。标本 T27②:10，顶部有打击疤痕。弧斜顶，两侧平整，双弧面，微斜刃。顶宽3、刃宽

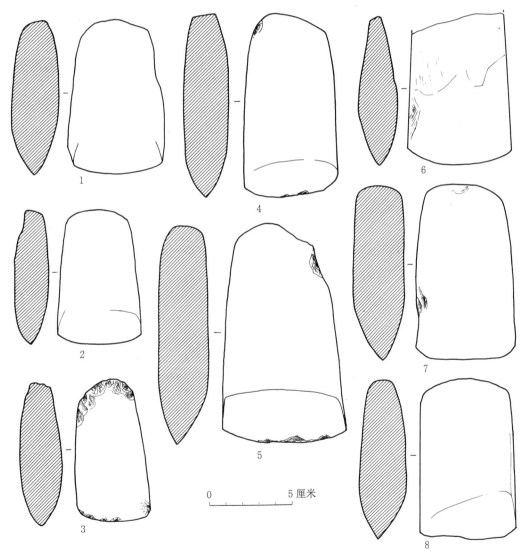

图一八八　石家河文化石斧

1.A型 T34②:12　2.T34②:7　3.T27②:10　4.T27②:7　5.T31③:9　6.AT307④:17
7.AT201②:1　8.T34②:9

4.6、长 8.6、厚 2.6 厘米（图一八八，3）。标本 T27②:7，较窄长。顶磨平，弧形。双弧面，斜刃。刃部有使用痕迹。顶宽 3.1、刃宽 5.1、长 10.3、厚 2.8 厘米（图一八八，4；图版六八，3）。标本 T31③:9，较宽长。弧顶，两面较平，弧刃。刃较宽，磨制线清楚。顶宽 4.6、刃宽 7.8、长 13.2、厚 3 厘米（图一八八，5）。标本 AT307④:17，两边磨制规整，顶端较窄。顶残，弧刃，有角锋。刃宽 6.5、残长 9.3、厚 2.5 厘米（图一八八，6）。标本 AT201②:1，近长方形，较厚，顶部磨制规整。弧顶，两面平，圆角直刃。顶宽 6、刃宽 6.3、长 10.6、厚 3.2 厘米（图一八八，7）。标本 T34②:9，近长方形。弧顶，两侧较直，近直刃。顶宽 5.5、刃宽 6.1、长 9.6、厚 2.9 厘米（图一八八，8）。

B 型　10 件，长条形。

标本 T27②:8，长梯形，较厚。弧顶，双弧面，残刃较直。顶宽 4.2、刃宽 6.5、残长 14.4、厚 3.8 厘米（图一八九，1）。标本 T34②:10，平面呈长梯形，较厚，刃端一面保留打制疤痕。顶、刃皆略残，刃微弧。顶宽 4.9、刃残宽 2、长 13、厚 3.2 厘米（图一八九，2）。标本 T6③:18，平面呈长方形。平顶，两边较直，中部较厚，窄斜刃。宽 4.4、长 10.3、厚 2.8 厘米（图一八九，3）。

C 型　2 件。平面呈长方形。

标本 H116:13，较宽短。顶部近平，略残，两面较平。圆角直刃。宽 7.8、长 10.4、厚 3.9 厘米（图一八九，4）。标本 AT3④:69，较厚。圆弧顶，近直刃。宽 5.4、长 8.8、厚 3.4 厘米（图一八九，5）。

D 型　1 件。平面呈宽梯形。

标本 T37②:16，较薄。弧顶，两侧留打击疤痕，两面中间有横向凹沟，斜刃。顶宽 4.5、刃宽 6.8、长 6.8、厚 1.5 厘米（图一八九，6；图版六八，4）。

锛　6 件。分二型。

A 型　4 件。宽薄形。

标本 T31③:10，平面略呈梯形，平顶，两面平，单面斜刃。顶两角有打击疤痕。顶残宽 3、刃宽 5.8、长 9、厚 1.3 厘米（图一九〇，1）。标本 T27②:5，平面略呈梯形，平顶，一面平，一面微弧，单面弧刃。顶宽 3、刃宽 3.9、长 5.8、厚 1.2 厘米（图一九〇，2）。标本 T31②:11，平面呈梯形，平顶，一面平，一面微弧，单面斜刃。顶宽 3、刃宽 3.7、长 4、厚 1 厘米（图一九〇，3；图版六八，5）。标本 AT307④:7，平面近长方形，顶端薄，刃端厚。弧刃，略残。两面弧刃。宽 3.2、长 4.5、厚 1.2 厘米（图一九〇，4）。

B 型　2 件。长厚形。

标本 T27②:9，平面呈长梯形。顶微弧，一面平，一面弧，刃较直。顶宽 3.2、刃

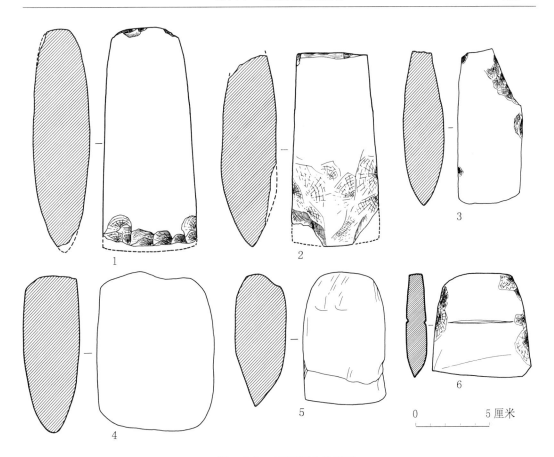

图一八九　石家河文化石斧

1~3.B型 T27②:8、T34②:10、T6③:18　4、5.C型 H116:13、AT3④:69　6.D型 T37②:16

宽4.1、长8.9、厚2.6厘米（图一九○，5）。标本 T27②:6，平面呈长方形。平顶，一面平，一面弧，斜刃。顶宽2.6、刃宽2.8、长6、厚1.7厘米（图一九○，6；图版六八，6）。

　　钺　2件。长方形，钻孔。

　　标本 H19:8，较薄，顶、两边和两面基本磨制规整。双面弧刃，顶端两面钻一孔。宽4、长8.2、厚0.4厘米（图一九○，7；图版六九，1）。

　　铲　2件。长形，无孔。

　　标本 T34②:3，器形较小，呈长条形。微弧顶，单面斜刃。宽1.8、长6.2、厚0.3厘米（图一九○，8；图版六九，2）。标本 T4②:10，较宽大，平面近长方形。平顶，顶面中部有凹槽。双面弧刃。宽5.4、长10.2、厚0.8厘米（图一九○，9）。

　　凿　6件。

　　标本 T4③:1，较薄，平面略呈长方形。直顶，单面斜刃。宽2、长4.2、厚0.47

厘米（图一九一，1）。标本 AT203 ㉒：6，平面近长方形。顶残，单面直刃。宽 3.1、残长 7.6、厚 1.2 厘米（图一九一，2）。

刀　7 件。分二型。

A 型　2 件。长形，直背。

标本 H3：1，通体磨制，首端有打击疤痕，锋端残。直背，双面直刃。宽 4.6、残长 9.8、厚 1 厘米（图一九一，3）。

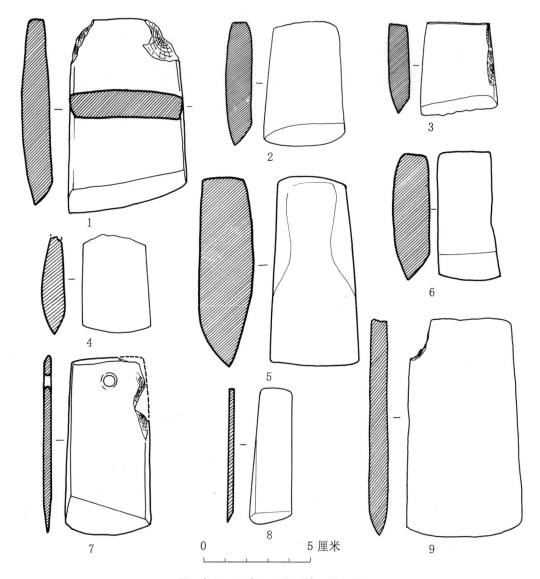

图一九〇　石家河文化石锛、钺、铲

1～4.A 型锛 T31③：10、T27②：5、T31②：11、AT307④：7　5、6.B 型锛 T27②：9、
T27②：6　7. 钺 H19：8　8、9. 铲 T34②：3、T4②：10

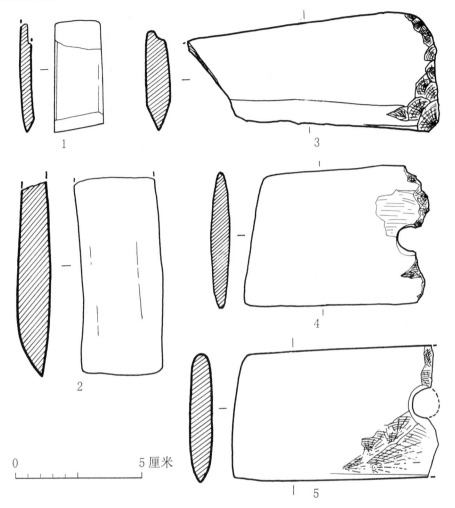

图一九一　石家河文化石凿、刀

1、2. 凿 T4③:1、AT203 ②ₐ:6　3.A 型刀 H3:1　4、5.B 型刀 T4③:19、H3:2

B 型　5件。长方形，有孔。

标本 T4③:19，残件。边面平整，两面微弧，一端斜。背、刃部相似，均两面直刃，中间有一圆孔。孔为单面钻。宽5.2、残长7.3、厚0.8、孔径1厘米（图一九一，4）。标本 H3:2，残件。平面长方形，两面平，弧形直背，两面直刃，中间一圆孔。孔为单面钻。宽5.0、残长8.1、厚1、孔径1.4厘米（图一九一，5）。

镞　9件。分二型。

A 型　3件。扁圆柱形。

标本 AT302③:61，磨制，叶为扁圆柱形，铤为圆锥体。宽1.6、长6.1厘米（图一九二，1）。

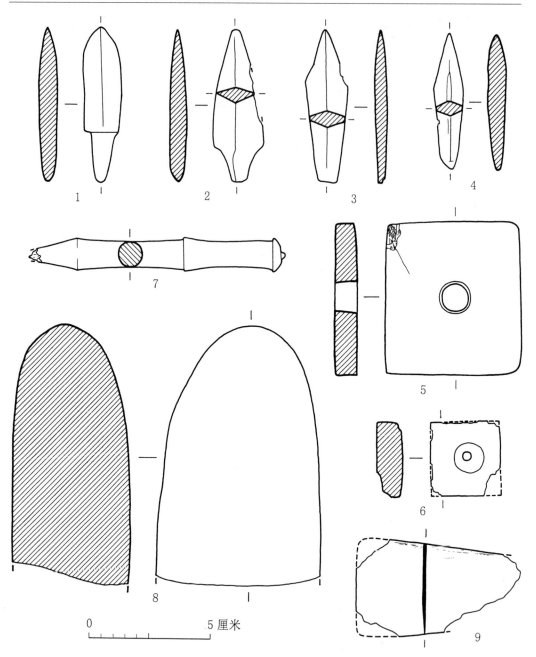

图一九二　石家河文化石镞、穿孔片、锥状器，砺石和铜器

1.A 型石镞 AT302③:61　2~4.B 型石镞 AT203 ④ₐ:17、AT203 ②ₐ:4、AT203 ④ₐ:16　5、6.

石穿孔片 H19:7、AT3④:79　7.石锥状器 T35③:12　8.砺石 T34②:11　9.铜器 T4②:11

B 型　6 件。叶的横截面呈菱形。

标本 AT203 ④ₐ:17，叶呈柳叶形，横剖面为菱形，短铤。宽 2.1、长 6.1 厘米（图一九二，2）。标本AT203⓶ₐ:4，磨制较精。叶和铤横截面均呈菱形，较扁薄，铤端亦有锋尖。双面刃，刃钝。宽1.7、残长6厘米（图一九二，3）。标本AT203④ₐ:16，叶、铤界线不明显，横剖面均为菱形，铤亦为尖状。宽1.2、长5.3厘米（图一九二，4）。

穿孔片　2件。

标本H19:7，灰绿色，磨平。近方形，中部圆孔单面钻，一面孔周有划痕，另一面孔周有脱落痕迹。宽5.5、厚0.9、孔径1.3厘米（图一九二，5；图版六九，3）。标本AT3④:79，器形较小。近方形，中间有圆孔。宽3、厚1、孔径0.15厘米（图一九二，6）。

锥状器　1件。

标本T35③:12，通体磨制，略呈竹形，圆柱体，有三节。首端有盖帽状装饰，第一、二节的中部略内束，长度分别为3.9、4.4厘米。第三节呈圆锥状，锥尖残，残长1.7厘米。总残长10、粗径1.3厘米（图一九二，7；图版六九，4）。

砺石　1件。

标本AT34②:11，为不规则圆柱体，一端圆形，一端残。四周有三个磨面，微凹或倾斜。残长10.3、最大径6.9厘米（图一九二，8）。

三　铜器

在石家河文化地层中发现不少铜矿石（孔雀石）碎块（彩版三〇，1）。最大块的直径为2～3厘米，有些铜矿石表面被氧化成褐色，呈蜂窝状。表面看起来似炼铜渣，经北京科技大学冶金史研究室孙淑云教授鉴定仍是孔雀石矿碎末（见附录）。在地层中一直没有发现真正的铜渣。铜器仅见一件残片。标本T4②:11，似铜刀，为长形薄片。残长6.6、残宽3.7、厚0.27厘米（图一九二，9；彩版三一，1）。据金正耀先生测定，其铅同位素测试结果为：

PB76	PB86	PB64	PB74
0.8543	2.0915	18.289	15.624

第三节　墓葬

一　墓葬概述

（一）墓葬分布

石家河文化墓葬集中分布在发掘区西南部和发掘区西北部两个区域内。

　　西南部的墓葬发现于 T1～T3、AT1～AT3、AT101、AT102、T37、AT202、AT203 十一个探方中。位于发掘区边缘部位的 T2、T3 和 AT1、AT101 均有密集墓葬，推测石家河文化墓区应向发掘区外西南方向延伸，可能部分墓葬已遭破坏。西北部发现的墓葬不多，分布范围窄小，仅见于 T8、AT6、AT7 三个探方内（图一一八）。

　　（二）墓坑形制

　　石家河文化墓葬也有土坑墓和瓮棺葬两种。

　　土坑墓共 43 座（附表五）。除 M9、M10、M11 的墓坑不明外，其余均为土坑竖穴式。据墓坑结构不同，可分为窄长方形土坑、宽长方形土坑、一端有二层台的长方形土坑、一边有二层台的长方形土坑和四周有二层台的长方形土坑五种。

　　窄长方形土坑竖穴墓有 20 座，即 M23、M24、M27、M30、M31、M33、M36、M37、M46、M59、M63、M68、M76、M78～M82（图版七〇，1）、M92、M93（图版七〇，2）。墓坑方向无规律，以东—西向和东北—西南向为多。墓坑长度一般为 1.75 米左右，宽度一般为 0.6～0.8 米。最大墓坑长 2.66、宽 0.8 米，最小墓坑长 1.4、宽 0.4 米。

　　宽长方形土坑竖穴墓有 6 座，即 M50、M64、M77、M91、M96、M105。墓坑方向以南—北向较多。墓坑长度一般在 2 米以上，宽度多在 1 米以上。最大墓坑长 2.9、宽 1.2 米，最小墓坑长 2、宽 0.9 米。

　　一端有二层台的土坑竖穴墓共 9 座，即 M19、M40、M42、M44、M48、M49、M53、M57、M71。墓坑方向大多为东北—西南向。墓坑长度一般为 2.5 米左右，宽度一般为 0.9 米左右。最大墓坑长 2.8、宽 0.95 米，最小墓坑长 1.6、宽 0.64 米。大部分墓的二层台设在墓坑一端，宽度与墓坑宽度相同。各墓二层台的长度和高度差别较大，最长 1.15、最短 0.4、最高 0.3 米。M48 的二层台为椭圆形，尺寸超过墓坑宽度 0.71 米，宽径为 1.09、高 0.26 米。

　　一边有二层台的土坑竖穴墓仅 1 座，即 M17（见"典型墓葬"部分）。

　　四周有二层台的土坑竖穴墓 4 座，即 M18、M32、M47、M65。墓坑方向分别为 42°、166°、15°、5°。墓坑长 2.35～3.35、宽 1.06～1.9 米。二层台宽 0.1～0.9、高 0.15～0.5 米。

　　瓮棺葬计 23 座，即 W1～W4（彩版三〇，2）、W7、W8、W10、W12～W24（图版七一，1、2、3）、W26、W35、W37。瓮棺土坑平面大部为圆形，还有椭圆形、不规则形、近正方形等，口径 0.2～1、深 0.18～0.84 米。W22 为圆形坑，底部用红陶缸片铺垫。

　　（三）葬具

　　在土坑墓中均未发现明显的葬具，惟 M78 底部残存一些木灰，推测部分墓葬可能用木质葬具。

瓮棺葬葬具为陶器，有罐、瓮、瓮和盆、罐和盆、鼎和碗、釜和碗，以及两缸相扣、两罐相扣等情况。葬具都正放于土坑内。

（四）葬式

土坑墓中，十四座墓未见人骨架，七座墓仅存零星人骨或仅见骨痕，十座墓为单人仰身直肢葬式，十座墓为单人二次葬，一座墓为单人侧身直肢葬，一座墓为单人微屈肢葬。瓮棺葬中均不见骨架，只有少量葬具中有骨灰。

（五）随葬品的种类与陈放位置

土坑墓中，八座墓无随葬品。无随葬品的墓均为窄长方形竖穴墓。随葬品的数量也以窄长方形竖穴墓最少，M31 仅为一件。随葬品数量最多的为四周有二层台的墓，M32 有陶器 50 件，石锛 1 件；M18 有陶器 36 件。随葬品多为陶容器，陶纺轮和石器少见，M10、M37、M105 各出猪颌骨一件或二件。

随葬陶容器中，完整组合为罐、碗、鼎、杯，有的另加簋、钵或簋、豆。其他组合有罐、鼎、杯；罐、碗、杯；罐、碗；罐、钵；钵、杯等种。还有单出一件罐或杯的。罐为较大型的高领罐，数量往往很多，如 M32 有 41 件、M18 有 28 件、M77 有 23 件、M47 有 20 件。鼎多为带器盖的小鼎，一般只有一件。

随葬品的陈放位置有在墓主脚端（即脚端的墓坑空面内）、头部、侧边、脚部等几种情况，其中置于脚端的最多。一般小罐、盖鼎和杯多置于墓主头部或脚部，高领罐、碗等置于墓主脚端、侧边或二层台上。一端或一边有二层台的墓，器物多在二层台上。四周有二层台的墓，盖鼎、杯多在墓主头部，罐、碗多在脚端或脚两边的二层台上。

瓮棺葬大都无随葬品。W1 在葬具（陶罐）外有红陶杯 4 件，W13 在葬具（陶缸）外有陶杯 1 件、陶纺轮 1 件。

二　典型墓葬

按窄长方形、宽长方形、一端有二层台的长方形、一边有二层台的长方形、四周有二层台的长方形土坑竖穴墓和瓮棺葬的顺序分别叙述。

（一）窄长方形土坑竖穴墓

M23　位于 AT7，开口在第 4 层下，打破第 5 层。墓坑为四角弧形，墓口距地表深1.05、长 2、宽 0.5、深 0.25 米。填土为黄色膏泥。方向 95°。单人侧身直肢葬，头向东，面朝南。骨架保存不完整。墓底西端略下挖。随葬品置于西端（脚端）浅坑内，有钵 2 件、杯 14 件（图一九三、一九四）。

M27　位于 AT102，开口在第 5 层下，打破第 6 层和生土。墓口距地表深 1.31、长 2.66、宽 0.8、深 0.31 米。方向 29°。无骨架。随葬品置于墓底北半部，有罐 5 件、

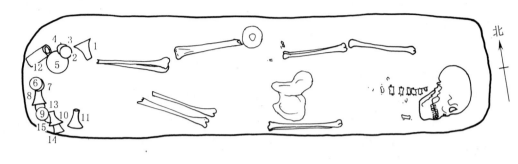

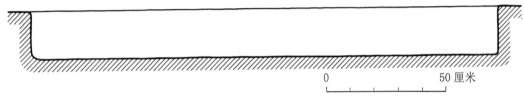

图一九三　M23 平、剖面图

1~4、6~11、13~15. 红陶杯　5、12. 陶钵

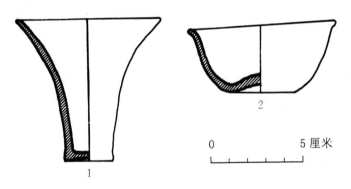

图一九四　M23 随葬陶器组合图

1. 杯 M23:9　2. 钵 M23:12

碗 3 件。墓底南端还有残甑片，北端有缸片（图一九五、一九六）。

M36　位于 AT9，开口在第 5 层下，被 H32 打破，打破第 6 层。墓坑边不甚规整，墓口距地表 1.16、长 1.75、宽 0.51、深 0.21 米。方向 116°。单人仰身直肢葬，头向东南，骨架残，保存头和上下肢骨。墓坑底两端呈坡状。右膝侧有 1 件杯，脚左侧出 1 件纺轮（图一九七）。

M46　位于 AT1，开口在第 3c 层下，打破第 4 层。墓口长 1.9、宽 0.7、深 0.28 米。填黄褐色土。方向 30°。单人仰身直肢葬，头向东北，面向南。骨架保存较好。随葬器物置于脚东侧，有罐 3 件、鼎 1 件、碗 1 件、残盖 1 件（图一九八、一九九）。

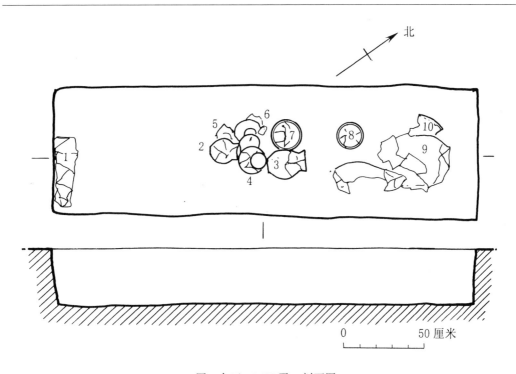

图一九五　M27 平、剖面图

1.陶甑片　2～6.陶罐　7、8、10.陶碗　9.陶缸片

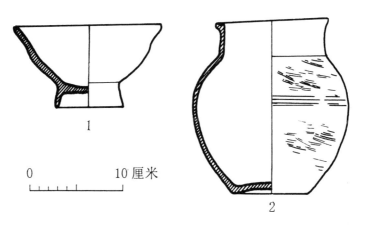

图一九六　M27 随葬陶器组合图

1.碗 M27:7　2.罐 M27:5

　　M59　位于 AT203，开口在第 5 层下，被 H3 打破，同时打破第 6 层。坑口西端被破坏，东端呈圆角形。墓口距地表 1.5、残长 1.65、宽 0.7、深 0.15 米。方向 95°。单人仰身直肢葬，骨架保存较好，头向东，面向北。无随葬品（图二〇〇）。

　　（二）宽长方形土坑竖穴墓

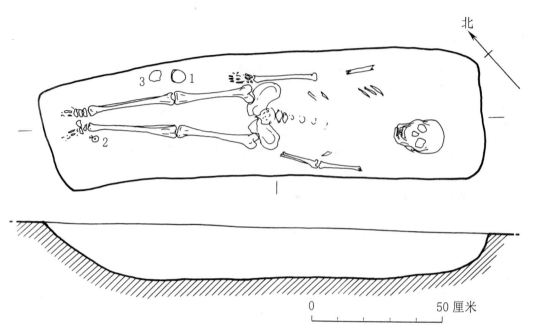

图一九七　M36 平、剖面图
1.陶杯　2.陶纺轮　3.陶片

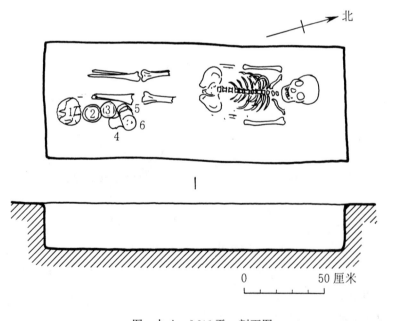

图一九八　M46 平、剖面图
1、3、4.陶罐　2.陶碗　5.陶鼎　6.陶器盖

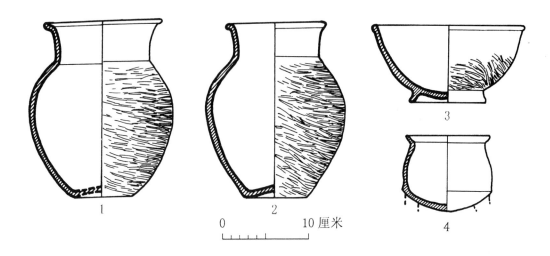

图一九九　M46 随葬陶器组合图

1、2. 罐 M46:3、M46:4　3. 碗 M46:2　4. 鼎 M46:5

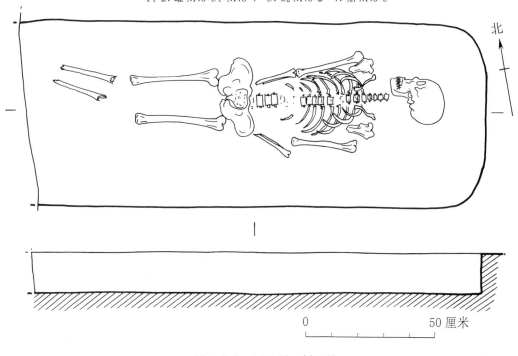

图二〇〇　M59 平、剖面图

　　M77　位于 T1，开口在第 3 层下，被 W16 打破，打破第 4 层。墓坑一端较宽，一端较窄，墓口距地表 1.2、长 2.7、宽 1.38、深 0.46 米。内填灰黑色土，含少量草木灰和烧土粒。方向 236°。单人葬，仅存少量骨痕。随葬品置于坑底一边（东南侧），有陶罐 23 件、杯 1 件和器盖 1 件（图二〇一、二〇二）。

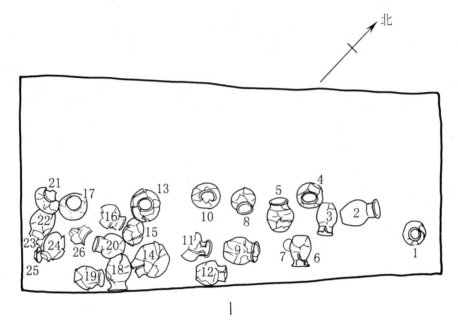

北

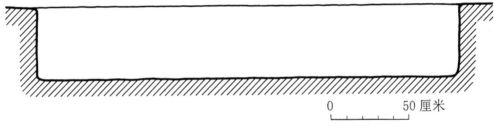

0　　　　　　　　50 厘米

图二〇一　M77 平、剖面图

1~6、8~24、26.陶罐　7.陶杯　25.陶器盖

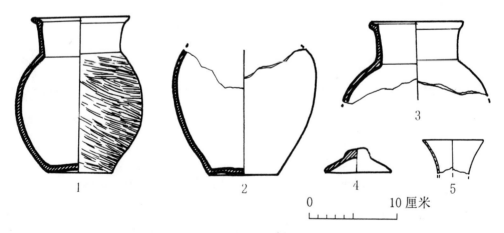

0　　　　　　　　10 厘米

图二〇二　M77 随葬陶器组合图

1~3.罐 M77：8、M77：17、M77：11　4.器盖 M77：25　5.杯 M77：7

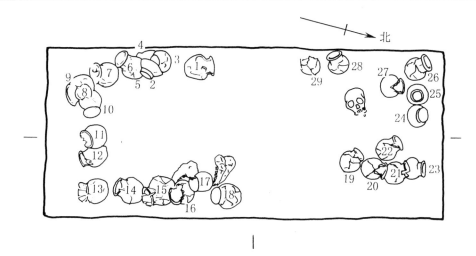

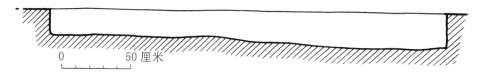

图二〇三 M91平、剖面图

1、3、5、6~8、10~29.陶罐 2、4、9.陶碗

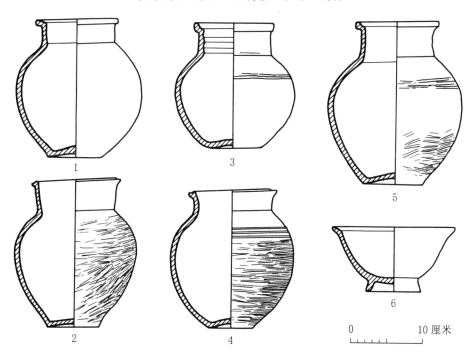

图二〇四 M91随葬陶器组合图

1~5.罐 M91:1、M91:7、M91:15、M91:6、M91:16 6.碗 M91:4

M91　位于 T2，开口在第 3 层下，打破第 4 层。墓口距地表 1.4、长 2.9、宽 1.2、深 0.2 米。内填深褐色五花土，含较多碎陶片。方向 345°。骨架已腐，仅在北端发现一头骨。随葬陶罐 24 件、碗 3 件（图二〇三、二〇四；图版七〇，2）。

（三）一端有二层台的长方形土坑竖穴墓

M19　位于 AT101，开口在第 2g 层下，打破第 2h 层和生土。墓坑北端有生土二层

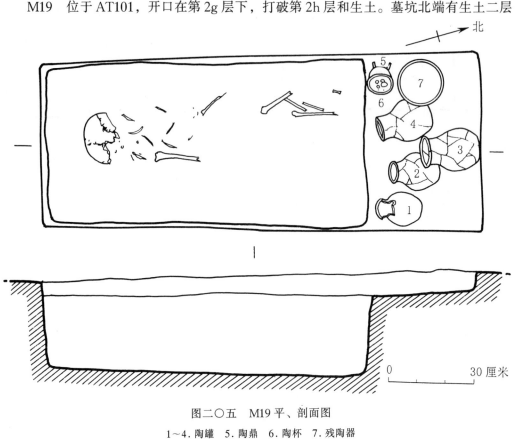

图二〇五　M19 平、剖面图

1~4. 陶罐　5. 陶鼎　6. 陶杯　7. 残陶器

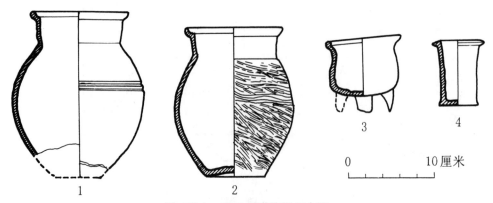

图二〇六　M19 随葬陶器组合图

1、2. 罐 M19:2、M19:1　3. 鼎 M19:5　4. 杯 M19:6

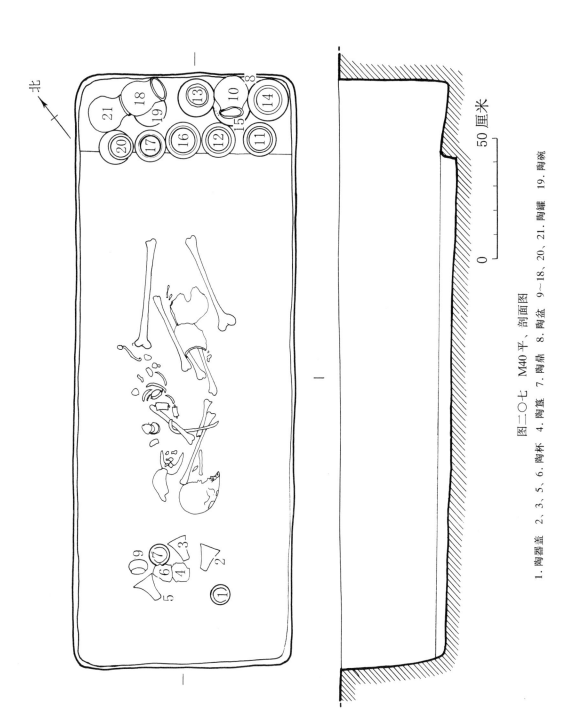

图二〇七　M40 平、剖面图

1. 陶器盖　2、3、5、6. 陶杯　4. 陶簋　7. 陶鼎　8. 陶盆　9~18、20、21. 陶罐　19. 陶碗

台。墓口距地表 1.3、长 1.6、宽 0.64、深 0.37 米，二层台长 0.42、高 0.3 米。内填黄色五花土。方向 192°。单人二次葬，头向偏西南，面朝上，骨架较乱。随葬陶器置于脚端二层台上，有罐 4 件、鼎 1 件、杯 1 件、残陶器 1 件（图二〇五、二〇六）。

　　M40　位于 AT101，开口在第 2g 层下，打破第 2h 层和生土。墓坑脚端有低二层台。墓口距地表 1.5、长 2.5、宽 0.96、深 0.55 米，二层台长 0.35、高 0.08 米。内填黄色五花土。方向 225°。单人二次葬，头向西南，面朝南，骨架保存较好，但已错乱。随葬陶器中，罐 12 件、碗 1 件在二层台上，鼎 1 件、盖 1 件、杯 4 件、篹 1 件、盆 1件在墓底头端（图二〇七、二〇八；彩版三二，1；图版七一，1）。

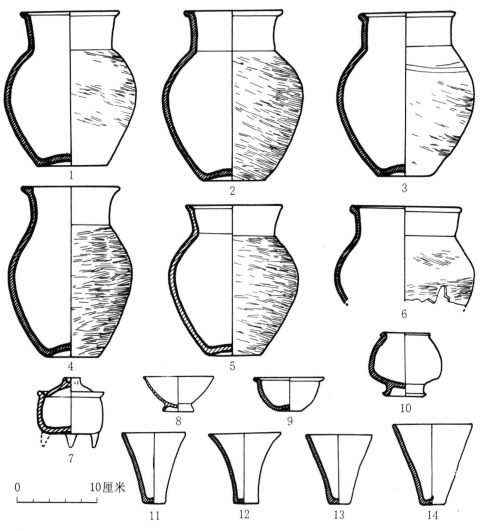

图二〇八　M40 随葬陶器组合图

1～6. 罐 M40:10、M40:12、M40:14、M40:13、M40:11、M40:18　7. 鼎、器盖 M40:7、M40:1

8. 碗 M40:19　9. 盆 M40:8　10. 篹 M40:4　11～14. 杯 M40:2、M40:6、M40:5、M40:3

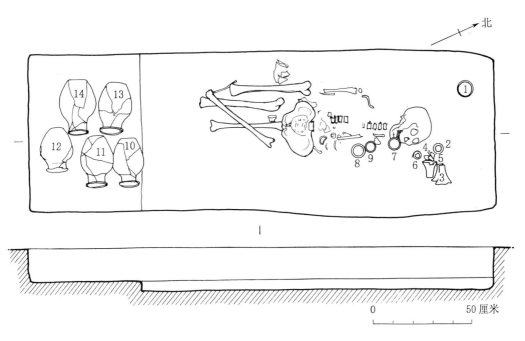

图二〇九　M42 平、剖面图

1. 陶鼎　2、5、6. 陶小罐　3、4. 陶杯　7~9. 陶钵　10~14. 陶罐

M42　位于 AT102，开口于第 5 层下，打破第 6 层和生土。墓坑南端有低二层台，墓口距地表 1.4、长 2.4、宽 0.8、深 0.22 米，二层台长 0.58、高 0.06 米。墓向为 20°。单人二次葬，头向北，面向东。人骨保存较好，有错乱现象。随葬器物放置于头部和脚端二层台上，计二层台上有罐 5 件，头部有鼎 1 件、器盖 1 件、钵 3 件、杯 3 件、小罐 3 件（图二〇九、二一〇）。

M48　位于 AT102，开口于第 5 层下，打破第 6 层和生土。一端带半圆形熟土二层台，墓口距地表 1.3、长 2.75、宽 0.74、深 0.45 米，二层台直径 1.09、高 0.26 米。方向为 214°。单人二次葬，头向西南，面朝上。人骨保存尚好，有错乱现象。随葬品均置于二层台上，有陶罐 12 件、小罐 1 件、碗 1 件（图二一一、二一二；图版七一，2）。

M49　位于 AT102，开口于第 5 层下，打破第 6 层和生土。墓口距地表 1.45、长 2.4、宽 0.9、深 0.55 米，二层台长 0.39、高 0.15 米。方向 15°。无骨架。随葬鼎 1 件、器盖 1 件、壶形器 2 件、小罐 3 件，分别置于墓底头端和侧边；罐 10 件，置于二层台上。另在填土中出土 1 件斝（图二一三、二一四）。

M57　位于 AT1，开口在第 3c 层下，被 M18 打破，打破第 4 层。墓口距地表 1.6、长 2.4、宽 0.8、深 0.45 米，二层台长 0.5 米。方向 30°。单人仰身直肢葬，头向北、面朝西。骨架保存基本完整，也有错乱现象。随葬品有小鼎 1 件、小罐 2 件、杯 2 件、

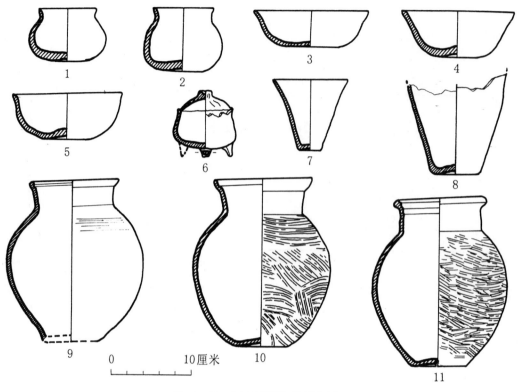

图二一〇　M42 随葬陶器组合图

1、2. 小罐 M42:6、M42:2　3～5. 钵 M42:8、M42:9、M42:7　6. 鼎、器盖 M42:1

7、8. 杯 M42:3、M42:4　9～11. 罐 M42:13、M42:11、M42:12

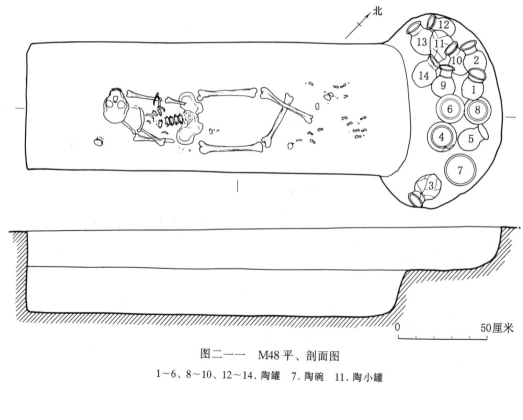

图二一一　M48 平、剖面图

1～6、8～10、12～14. 陶罐　7. 陶碗　11. 陶小罐

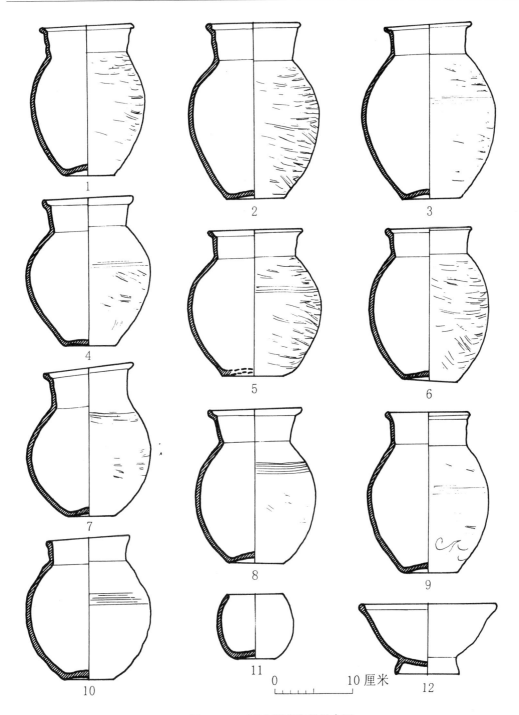

图二一二　M48 随葬陶器组合图

1~10. 罐 M48:10、M40:14、M48:1、M48:3、M48:6、M48:4、M48:13、

M48:8、M48:2、M48:12　11. 小罐 M48:11　12. 碗 M48:7

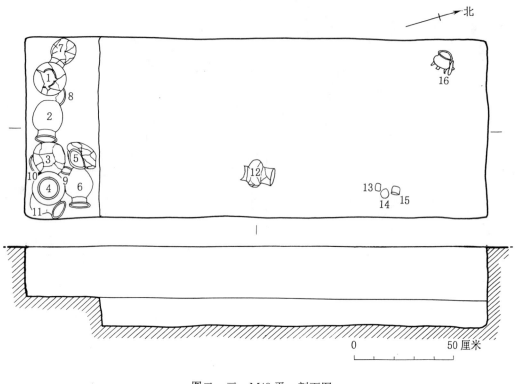

图二一三　M49 平、剖面图

1、12.陶壶形器　2～11.陶罐　13～15.陶小罐　16.陶鼎、器盖

壶形器 2 件，均置于骨架头部；罐 12 件、碗 2 件置于二层台上（图二一五、二一六；图版七二，1）。

（四）一边有二层台的长方形土坑竖穴墓

M17　位于 AT7，开口在第 3 层下，打破第 4 层和 M47。墓坑较窄，墓口距地表 0.6、长 1.95、宽 0.76、深 0.25 米，二层台宽 0.24、高 0.06 米。内填黄色土。方向 80°。墓底两边各有一道红色膏泥，似为木棺痕。墓内仅存少量骨痕。在一侧二层台东端置陶罐 7 件（图二一七、二一八）。

（五）四周有二层台的长方形土坑竖穴墓

M18　位于 AT1，开口在第 3c 层下，打破 M57 和第 4 层。东边二层台较窄，墓口距地表 1.3、长 3、宽 1.06、深 0.5 米，二层台宽 0.46、高 0.3 米。方向 42°。单人二次葬。头向东北，骨架错乱，保存较差。随葬品置于右侧和脚端二层台上。左侧二层台上的器物有上、下两层，计有罐 27 件、碗 3 件、杯 2 件、鼎 1 件、器盖 1 件。脚端二层台上有瓮 1 件、罐 1 件（图二一九、二二○）。

M32　位于 AT3，开口在第 4 层下，被 H37 打破，打破第 5、6 层和生土，同时打破 M105、M65。墓坑南端（头端）二层台甚窄，墓口距地表 1.85、长 2.35、宽 1.9、深 0.45 米，二层台宽 0.91、高 0.31 米。方向 166°。单人二次葬，头向东南，骨架较乱，保存较差。骨架较小，死者似为 10 岁左右的少年。随葬品置于两侧、脚端二层台上和墓底。共计陶器 50 件、石锛 1 件。其中鼎 1 件、器盖 1 件、杯 1 件置于墓主头顶端，杯 1 件置于墓主足部。罐有 41 件，除三件在墓底侧边外，其余均在左右边和脚端二层台上。豆 1 件、碗 1 件、簋 1 件、鬶 1 件、石锛 1 件均置于二层台上（图二二一、二二二；彩版三二，2）。

　　M47　位于 AT7，开口在第 4 层下，被 M17 打破，打破第 5a 层。南部（脚端）二

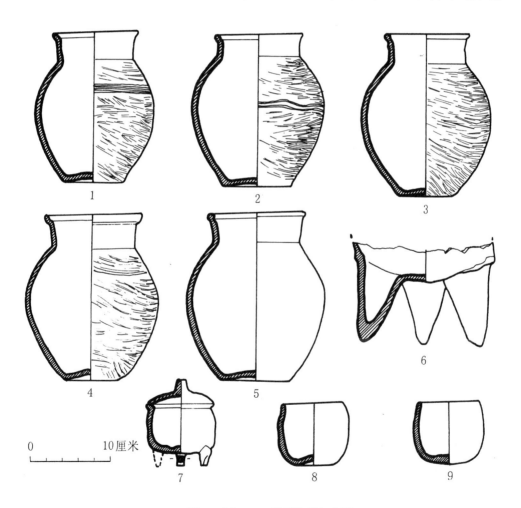

图二一四　M49 随葬陶器组合图

1～5. 罐 M49:3、M49:2、M49:7、M49:6、M49:11　6. 斝 M49:17（填土中出土）
7. 鼎、器盖 M49:16　8、9. 小罐 M49:14、M49:15

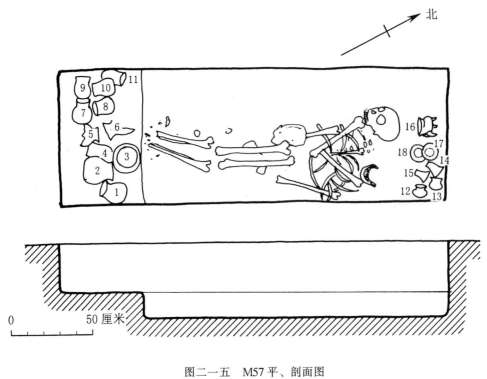

图二一五 M57 平、剖面图

1、2、4～11.陶罐 3.陶碗 12、13.陶壶形器 14、15.陶杯 16.陶鼎

17、18.陶小罐

层台较宽。墓口距地表 0.9、长 2.45、宽 1.2、深 0.45 米，二层台宽 1、高 0.28 米。内填黄色膏泥土。方向 15°。单人仰身直肢葬，头朝北，面向东。骨架已朽，仅保存轮廓。墓底基本平整。随葬陶器共 22 件，其中带盖陶鼎 1 件置于墓底骨架头部，陶罐 20 件和碗 1 件置于脚端二层台上（图二二三、二二四；图版七二，2）。

（六）瓮棺葬

W8 位于 AT509，开口在第 3 层下，打破第 4 层。土坑平面为圆形，坑口距地表 1.02、直径 1、深 0.84 米。内填松软的黄褐土。坑壁较直，底呈锅底形。葬具为瓮、盆，盆作盖，正放，不见骨架和随葬品（图二二五）。

W12 位于 T6，开口在第 1 层下，打破祭 2。土坑平面为圆形，坑口距地表 0.3、直径 0.66、深 0.36 米。内填灰褐色土。坑壁内收成圜底。葬具有缸、盆各 1 件，以盆作盖，正放。骨骼已朽，无随葬品（图二二六；图版七三，1 左）。

W13 位于 T6，开口在第 1 层下，打破祭 2。土坑为圆形，坑口距地表 0.3、直径 0.86、深 0.7 米。内填浅灰色土，夹少量红烧土小块。坑壁内收成小底，较平。葬具为两件陶缸，相扣而成，正放。骨架已朽。在葬具外出土纺轮和陶杯各 1 件（图二二七；

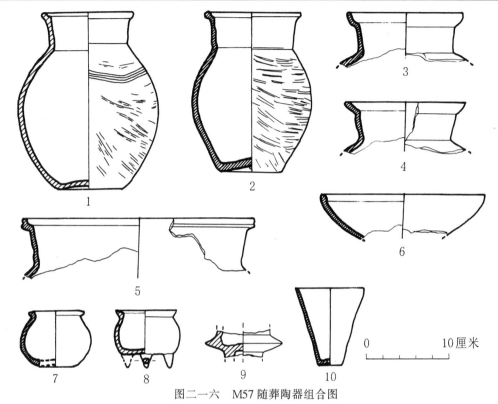

图二一六 M57随葬陶器组合图

1~5. 罐 M57:2、M57:6、M57:4、M57:5、M57:8 6. 碗 M57:3 7. 小罐 M57:11

8. 鼎 M57:16 9. 壶形器 M57:12 10. 杯 M57:14

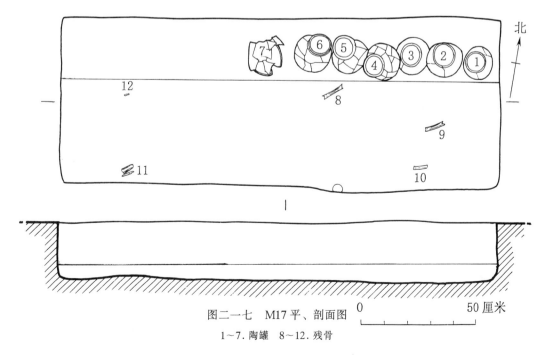

图二一七 M17平、剖面图

1~7. 陶罐 8~12. 残骨

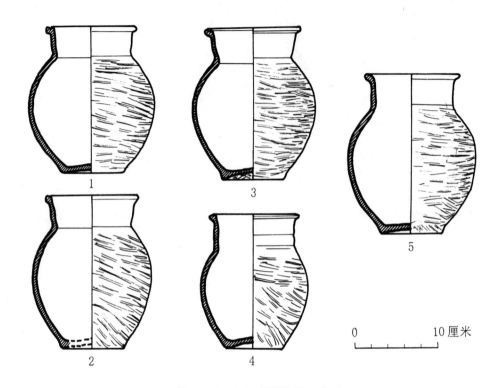

图二一八　M17 随葬陶器组合图

1～5. 罐 M17：3、M17：2、M17：4、M17：1、M17：5

图版七三，1 右）。

W14　位于 T7，开口在第 1 层下，打破第 2 层。土坑为圆形，坑口直径 0.42、深 0.18 米。内填浅褐色土，夹红烧土小块。坑壁较直，坑底较平。葬具为 1 件陶鼎，无盖。鼎内无物（图二二八）。

W15　位于 T5，开口在第 1 层下，打破第 2 层。土坑为圆形浅坑，口径 0.38、深 0.13 米。坑内有陶釜、碗各 1 件，碗在釜之上（图二二九）。

三　墓葬遗物

石家河文化墓葬遗物包括瓮棺葬随葬品和土坑墓随葬品。瓮棺葬随葬品只有红陶杯 5 件，纺轮 1 件。而土坑墓的随葬品较多，共 429 件。其中主要为陶容器，有 419 件，还有残陶器 1 件、陶纺轮 3 件、猪下颌骨 5 件、石器 1 件。据陶器标本统计，泥质灰陶占 33.4%，泥质黑陶占 14.5%，夹砂黑陶占 13.1%，泥质红陶占 12%，泥质橙黄陶占 10.7%，夹砂灰陶占 9.5%，另外还有 6% 左右的泥质灰褐陶、泥质橙红陶、泥质灰黑陶和夹砂褐陶。夹砂陶多属罐，泥质红陶多属杯，泥质橙黄陶多为小型器物。素面陶占

46.1%，主要纹饰为篮纹，占 33%。其他纹饰较少，附加堆纹占 5.5%，凹弦纹占 4.4%，彩陶和红衣陶各占 3.3%，方格纹和凸弦纹各占 3.3%。器形有鼎、罐、瓮、豆、碗、盆、钵、杯、鬶、斝、簋、器盖、小罐、壶形器和纺轮。

鼎　14 件，属 C 型。为小罐形鼎。分三式。

Ⅰ式　4 件。垂腹，圈底。标本 M18:22，夹砂黑陶。宽凹沿，圆唇，束颈，垂腹，宽圈底，凿形足。足残。素面。口径 6.9、腹径 7.2、残高 5.9 厘米（图二三〇，1）。标本 M46:8，泥质灰陶。侈沿微内凹，腹微鼓下垂，足残。腹下部饰一周凸弦纹。口径 9.6、腹径 10.8、残高 8.8 厘米（图二三〇，2）。标本 M19:5，泥质灰陶。侈沿微内凹，微垂腹，圈底较平，扁凿形矮足。素面。口径 8.2、腹径 8、高 8.5 厘米（图二三〇，3）。

Ⅱ式　9 件。腹壁较直，平底。标本 M40:7，泥质灰陶，制作较粗糙，有明显的手

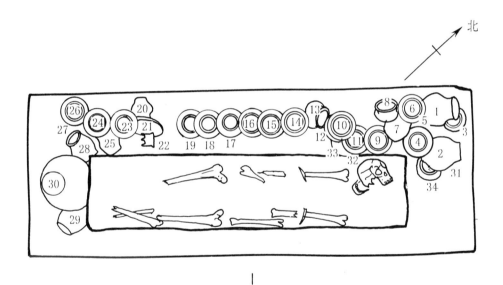

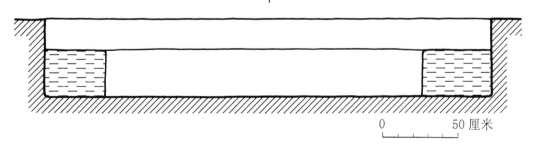

图二一九　M18 平、剖面图

1~21、24~26、28、29、34.陶罐　22.陶鼎　23、32.陶碗　27.陶器盖

30.陶瓮　31、33.陶杯

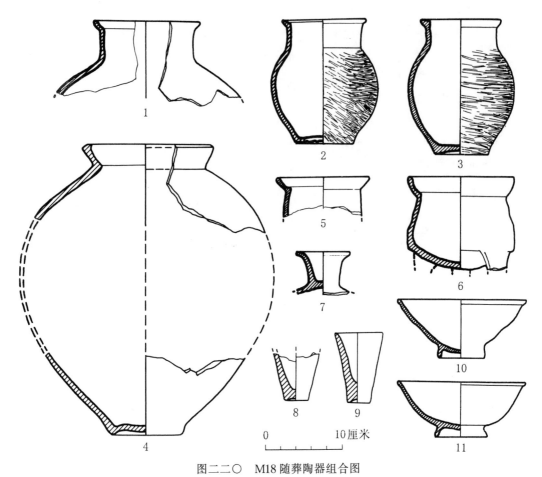

图二二〇　M18 随葬陶器组合图

1～3. 罐 M18:17、M18:16、M18:1　4. 瓮 M18:30　5. 罐 M18:9　6. 鼎 M18:22
7. 器盖 M18:27　8、9. 杯 M18:31、M18:33　10、11. 碗 M18:23、M18:32

捏痕迹。折沿略内凹，腹壁微外鼓，平底，锥形小足。底、口径大体相当。带器盖，器盖为弧壁，圈形纽。素面。口径 8.4、腹径 8.4、通高 10 厘米（图二三〇，4；图版七四，1）。标本 M47:1，泥质红胎黑陶。带器盖，器盖表面黑色间以红色，并有手捏痕迹。折沿，斜直腹，平底微内凹，扁小足。盖面近斜壁，小圈形纽。素面。口径 9.2、腹径 9.5、通高 12 厘米（图二三〇，5）。标本 M49:16，夹少量细砂，灰色，制作较粗糙。折沿方唇，腹壁较直，平底，凿形矮足。带器盖，器盖面较平，柱形短纽。素面。口径 8.1、腹径 8.2、通高 10.5 厘米（图二三〇，6）。标本 M57:12，泥质黑陶。折沿尖唇，腹微鼓，平底，小扁锥足。素面。口径 7.2、腹径 7.6、高 6.8 厘米（图二三〇，7）。

Ⅲ式　1件。近直口，下腹较宽。标本 M32:37，夹砂褐陶，底留有切割痕迹。直口微敛，下腹外鼓，平底，乳突状小足。素面。口径 5.8、腹径 7.6、高 6.4 厘米（图

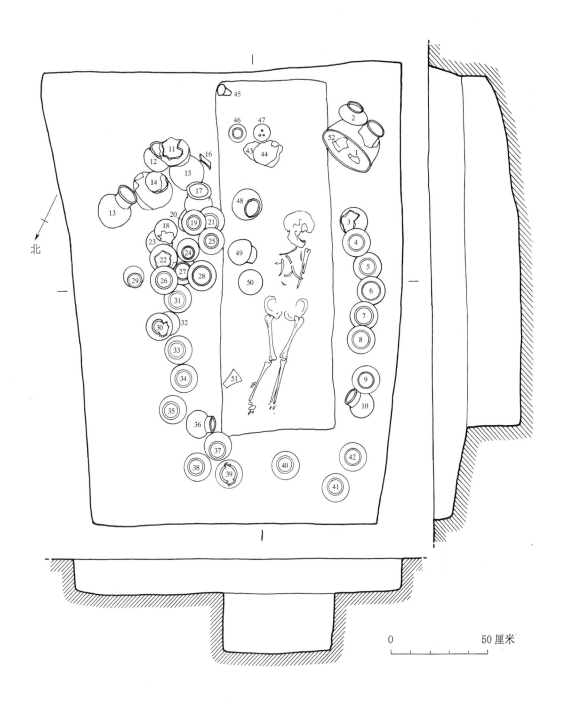

图二二一　M32 平、剖面图

1. 陶簋　2. 陶碗　3~28、30~42. 陶罐　16. 石锛　29. 陶豆　43. 陶豆盘　44. 陶罐片

45、51. 陶杯　46. 陶鼎　47. 陶器盖　48~50. 陶罐　52. 陶鬶

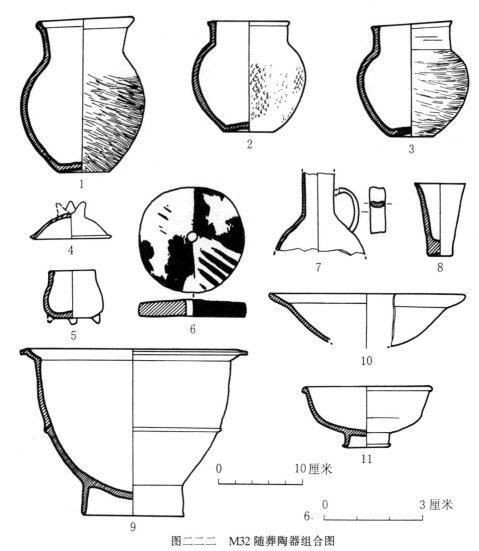

图二二二　M32 随葬陶器组合图

1~3.罐 M32：12、M32：27、M32：38　4.器盖 M32：52　5.鼎 M32：37　6.纺轮
M32：36　7.鬶 M32：39　8.杯 M32：51　9.簋 M32：1　10.豆 M42：43　11.碗 M32：2

二三〇，8；图版七四，2）。

罐　共 306 件，有三型。

A 型　296 件。分二亚型。

Aa 型　98 件。分三式。

Ⅰ式　14 件。标本 M81：1，泥质灰陶。高领，仰折沿，近平唇，圆鼓腹。腹以下
残。素面。口径 10.8、腹径 17.6、残高 12.8 厘米（图二三一，1）。标本 M77：19，泥

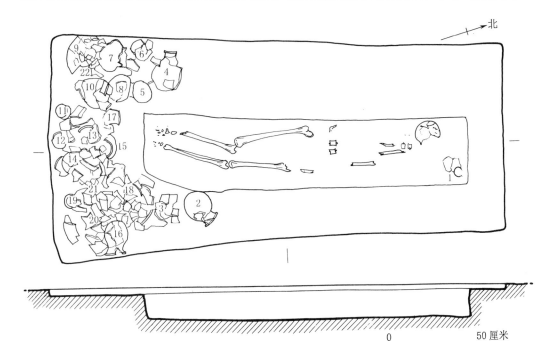

图二二三 M47平、剖面图

1. 陶鼎 2~8、10~22. 陶罐 9. 陶碗

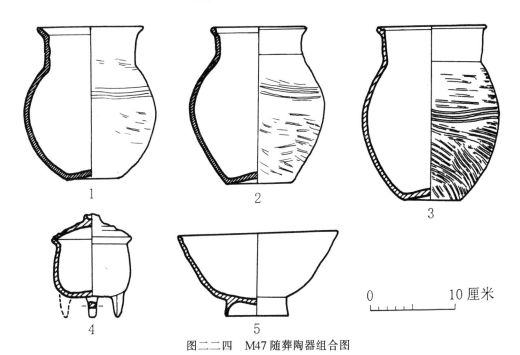

图二二四 M47随葬陶器组合图

1~3. 罐 M47:16、M47:11、M47:12 4. 鼎 M47:1 5. 碗 M47:9

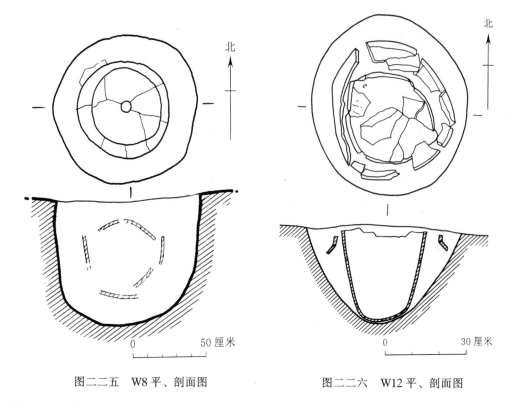

图二二五　W8 平、剖面图　　　　　图二二六　W12 平、剖面图

质灰陶，领部有泥条盘筑痕迹。折沿上仰，圆唇，鼓腹，下腹内收，凹底。素面。口径11.4、腹径17.2、底径8.5、高19.87厘米（图二三一，2；图版七四，3）。标本M91：20，泥质灰陶。折沿，近圆唇，圆鼓腹，凹底，底较小。素面。口径12.2、腹径17.2、高19.2厘米（图二三一，3）。

Ⅱ式　78件。标本M91：1，泥质灰陶。折沿，沿面内弧，鼓腹，下腹较瘦，近平底。腹部饰篮纹。口径10.8、腹径17.6、高20厘米（图二三一，4）。标本M91：15，泥质灰陶。领较高，凹沿，近方唇，鼓腹，凹底。腹部饰篮纹。口径11.6、腹径17.2、高22厘米（图二三一，5；图版七四，4）。标本M91：14，泥质灰陶。高领略外侈，折沿近平，圆唇，溜肩，微鼓腹，凹底。腹部饰斜篮纹。口径10、腹径16.4、底径8、高18.8厘米（图二三一，6；图版七五，1）。

Ⅲ式　6件。标本M32：12，夹细砂灰陶。口微外侈，沿略内凹，圆唇，溜肩，鼓腹，凹底。腹部饰横、斜交错浅篮纹。口径9.6、腹径16、高18.4厘米（图二三一，7）。标本M32：13，夹细砂灰陶。微折沿，沿面内凹，溜肩，鼓腹，略凹底。素面。口径12、腹径18、底径7.2、高21.8厘米（图二三一，8）。

Ab型　198件。高领，窄沿罐，腹较窄。分四式。

Ⅰ式　14件。侈沿，溜肩，鼓腹。标本M57：6，夹砂灰陶。略凹沿，外侈。鼓腹，

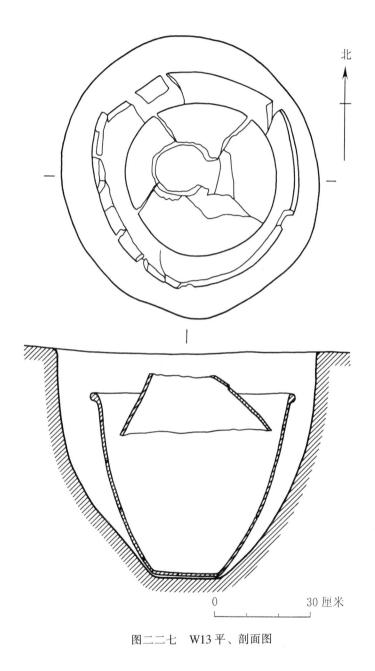

图二二七　W13平、剖面图

腹较瘦。凹底。腹部饰斜篮纹。口径 10.6、腹径 14.4、底径 7.2、高 18.8 厘米（图二三一，9）。标本 M40：14，夹砂灰陶。沿面微凹，圆唇，凹底。肩部饰不规则弦纹，腹部饰稀疏的篮纹。口径 12.4、腹径 17.6、底径 6.8、高 20 厘米（图二三一，10）。

　　Ⅱ式　84 件。侈沿，沿面较平，腹变窄。标本 M18：16，夹细砂灰陶。圆唇，弧

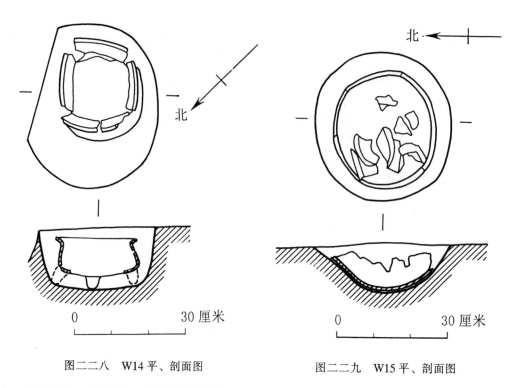

图二二八　W14平、剖面图　　　　　　图二二九　W15平、剖面图

腹，下腹内收，微凹底。腹部饰斜篮纹，底部饰交错篮纹。口径11.2、腹径14.4、底径7.2、高16厘米（图二三一，11）。标本M77：1，泥质灰陶。微侈口，方唇，弧腹，下腹内收，凹底。腹部饰篮纹。口径10.8、腹径15.2、底径7.2、高17.6厘米（图二

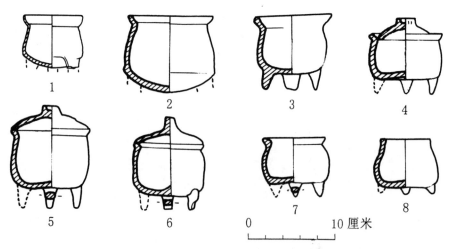

图二三〇　石家河文化墓葬随葬陶鼎

1～3.C型Ⅰ式 M18：22、M46：8、M19：5　4～7.C型Ⅱ式 M40：7、M47：1、
M49：16、M57：12　8.C型Ⅲ式 M32：37

图二三一　石家河文化墓葬随葬陶罐

1~3.Aa 型Ⅰ式 M81:1、M77:19、M91:20　4~6.Aa 型Ⅱ式 M91:1、M91:15、M91:14

7、8.Aa 型Ⅲ式 M32:12、M32:13　9、10.Ab 型Ⅰ式 M57:6、M40:14　11、12.Ab 型

Ⅱ式 M18:16、M77:1

三一，12）。标本 M81∶5，泥质灰陶。近尖唇，弧腹，凹底。腹部饰篮纹。口径9.6、腹径15.2、底径6.4、高17.2厘米（图二三二，1；图版七五，2）。

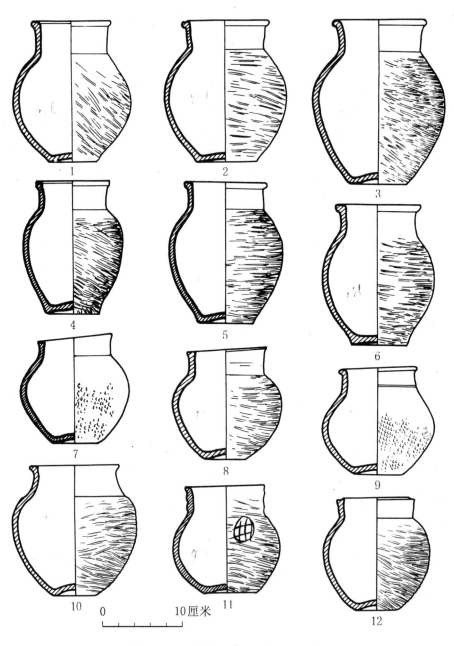

图二三二　石家河文化墓葬随葬陶罐

1.Ab型Ⅱ式 M81∶5　2～6.Ab型Ⅲ式 M17∶3、M46∶4、M18∶13、M18∶29、M18∶1　7～12.
Ab型Ⅳ式 M32∶32、M32∶38、M32∶33、M32∶28、M32∶6、M32∶21

Ⅲ式 65件。侈沿，窄腹。标本M17：3，夹砂灰陶。沿外侈，沿上部内凹，近圆唇。腹较瘦深，下腹较窄，凹底。腹部饰横篮纹，底部饰交错篮纹。口径10.9、腹径15.5、底径7.6、高17.3厘米（图二三二，2）。标本M46：4，夹砂黑陶。微侈沿，圆唇，瘦高腹，下腹内收，凹底。腹部饰篮纹。口径10.4、腹径16.8、底径7.2、高20.4厘米（图二三二，3）。标本M18：13，夹砂黑陶。方唇，瘦腹，下腹较窄，凹底。上腹饰横篮纹，下腹饰斜篮纹，底部饰交错篮纹。口径8.4、腹径12.8、底径7.6、高16.4厘米（图二三二，4）。标本M18：29，夹砂黑陶。圆唇，瘦腹，下腹较窄，凹底。腹部饰横篮纹，底部饰交错篮纹。口径10.4、腹径14.4、底径6.4、高17.4厘米（图二三二，5；图版七五，3）。标本M18：1，夹砂黑陶。圆唇，瘦腹，下腹较窄，凹底。腹部饰横篮纹，底部饰交错篮纹。口径10.5、腹径13.6、底径7、高17.2厘米（图二三二，6；图版七五，4）。

Ⅳ式 35件。整器矮胖，高领，窄凹沿，腹接近圆形。标本M32：32，夹砂黑陶。近平唇，溜肩，腹中部外鼓，凹底。腹部饰不规则方格纹。口径9.8、腹径15、底径5.6、高12.6厘米（图二三二，7；图版七六，1）。标本M32：38，夹砂红胎黑陶。近平唇，最大腹径在上腹部，凹底。腹部饰横篮纹，底部饰不规则篮纹。口径9.2、腹径13.4、底径4.8、高13.4厘米（图二三二，8；图版七六，2）。M32：33，夹砂红胎黑陶。近直沿，鼓腹，凹底。腹部饰斜方格纹，底部饰浅方格纹。口径9.6、腹径13.4、底径6、高12.8厘米（图二三二，9）。标本M32：28，夹砂红胎黑陶，近平折沿，折肩，最大腹径在上腹部，凹底。腹部饰不规则篮纹。口径11.6、腹径16、底径5.6、高15.9厘米（图二三二，10；图版七六，3）。标本M32：6，夹砂灰陶。微侈沿，扁鼓腹，凹底。腹部饰横篮纹。肩部有一个⊕形刻划符号（图二三八，1；彩版三一，3）。口径10、腹径13.6、底径6.8、高13.4厘米（图二三二，11；彩版三一，2；图版七六，4）。标本M32：21，夹砂红胎黑陶。窄凹沿，溜肩，鼓腹，下腹微收成凹底。腹部饰横、斜篮纹。口径9、腹径13.6、底径5.2、高13.6厘米（图二三二，12）。

C型 2件。分二亚型。

Ca型 1件。

标本M11：7，泥质灰褐陶。大口，折沿，微鼓腹，平底。腹部有少量篮纹。口径26、腹径25.6、底径9.5、高25.2厘米（图二三三，1；图版七七，1）。

Cb型Ⅲ式 1件。

标本M71：8，泥质灰胎黑陶。凹沿，方唇，斜肩，鼓腹，最大腹径偏下部，下腹微内收，凹底。腹部饰浅篮纹。口径19.6、腹径28、底径11.2、高31厘米（图二三三，2）。

G型 8件。腰鼓形。分二式。

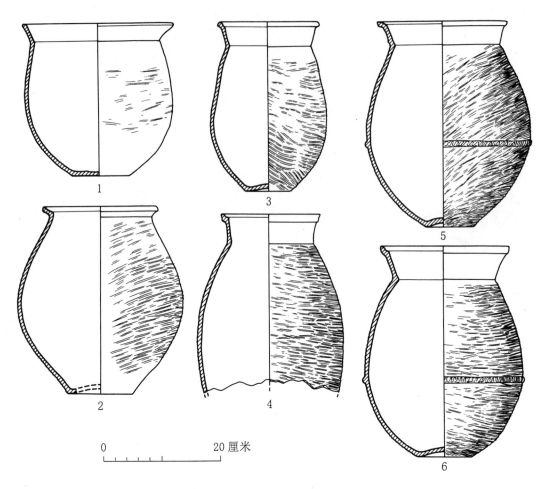

图二三三　石家河文化墓葬随葬陶罐

1.Ca 型 M11:7　2.Cb 型Ⅲ式 M71:8　3、4.G 型Ⅰ式 M65:3、M71:7　5、6.G 型Ⅱ式 M9:2、M9:3

　　Ⅰ式　2件。口较小，高领略外侈，折沿，沿面内凹，深瘦腹。标本 M65:3，泥质灰陶。凹沿，高领微外侈，腹壁略外鼓，底微内凹。腹、底部饰篮纹。口径 16.4、腹径 19.5、底径 7.5、高 28 厘米（图二三三，3）。标本 M71:7，泥质黑陶。口较小，领较直，凹沿，腹壁较直，下腹残。腹部饰横篮纹。口径 16.4、腹径 24.6、残高 30 厘米（图二三三，4）。

　　Ⅱ式　6件。高领外侈，折沿，深腹，凹底。标本 M9:2，泥质黑灰陶。折沿，沿面微凹，近尖唇，溜肩，下腹较宽，凹底。腹部饰斜篮纹，中腹部有一道附加堆纹。口径 22.8、腹径 28.8、底径 8、高 34 厘米（图二三三，5；图版七七，2）。标本 M9:3，泥质灰陶。凹沿，尖唇上仰，溜肩，腹壁呈弧形，凹底。腹部饰横篮纹，中腹部有一道附加堆纹。口径 22、腹径 27.2、底径 9.5、高 35 厘米（图二三三，6）。标本 M9:4，

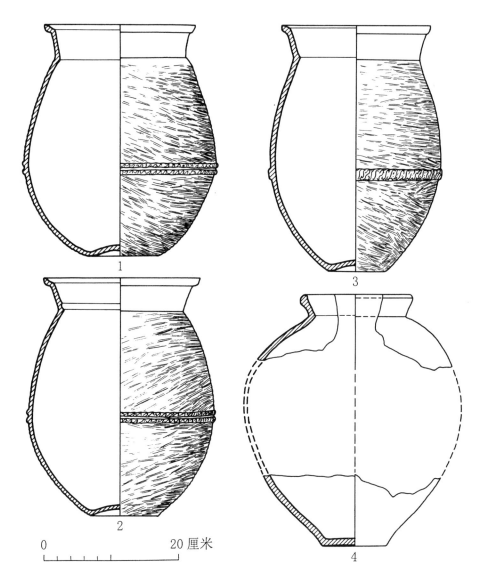

图二三四　石家河文化墓葬随葬陶罐、瓮

1～3.G型Ⅱ式罐 M9:4、M9:5、M9:10　4.D型瓮 M18:30

泥质灰褐陶。折沿，侈口，腹壁呈弧形，凹底。腹部饰斜篮纹，中腹部有二道附加堆纹。口径 22、腹径 28.4、底径 11、高 34 厘米（图二三四，1）。标本 M9:5，泥质黑陶。尖唇，侈口，腹壁呈弧形，凹底。腹部饰斜篮纹，中腹部有二道附加堆纹。口径 23.5、腹径 28、底径 9.5、高 35 厘米（图二三四，2）。标本 M9:10，泥质黑陶。侈口，折沿，沿较窄，腹较窄，凹底。腹部饰篮纹，腹中部有一道较宽的附加堆纹。口径 22.3、腹径 26、底径 9、高 36 厘米（图二三四，3）。

瓮　仅1件，属D型。

标本 M18:30，泥质灰陶，薄胎。折沿外侈，沿面微内凹，平唇，唇部有二道浅凹弦纹。束颈，广肩。中部残缺。下腹内收，微凹底。素面。口径16、底径8.8厘米（图二三四，4）。

豆　1件，属B型Ⅱ式。

标本 M32:43，泥质灰陶。圆唇，宽沿外侈，斜弧腹，腹较浅。豆足残。素面。口径24、豆盘残高6厘米（图二三五，1）。

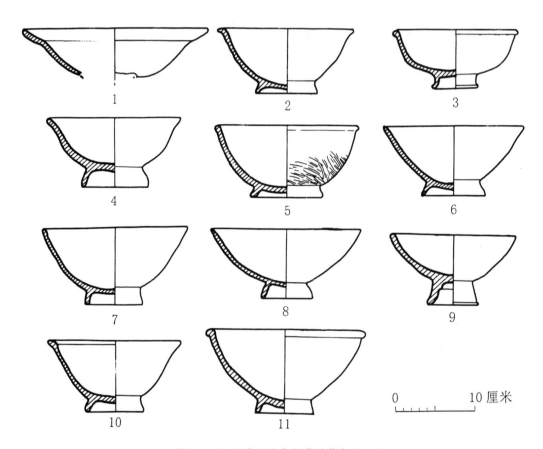

图二三五　石家河文化墓葬随葬陶豆、碗

1.B型Ⅱ式豆 M32:43　2.A型Ⅰ式碗 M71:7　3.A型Ⅱ式碗 M32:2　4、5.B型Ⅰ式碗 M27:8、M46:3　6、7.B型Ⅱ式碗 M40:16、M47:9　8、9.B型Ⅲ式碗 M11:6、M91:3　10.C型Ⅰ式碗 M91:4　11.C型Ⅱ式碗 M71:6

碗　24件。有三型。

A型　4件。分二式。

Ⅰ式　3件。标本 M71:7，泥质灰陶。微卷沿，敞口，腹壁呈斜弧形，矮圈足。素面。口径 17.2、底径 8、高 8 厘米（图二三五，2）。

Ⅱ式　1 件。标本 M32：2，泥质灰陶。卷圆唇，敞口，腹壁微折，小圈足。素面。口径 15.5、底径 5.6、高 7.4 厘米（图二三五，3；图版七七，3）。

B 型　12 件。分三式。

Ⅰ式　4 件。标本 M27：8，夹细砂灰陶。直沿，敞口，腹壁斜弧形。圈足直径较大。素面。口径 17.2、底径 8.1、高 8.7 厘米（图二三五，4）。标本 M46：3，泥质灰胎黑陶。直沿，敞口，腹壁呈斜弧形。矮圈足，足径较大。下腹饰粗篮纹。口径 18、底径 8.8、高 8.8 厘米（图二三五，5；图版七七，4）。

Ⅱ式　6 件。标本 M40：16，泥质灰陶。直沿，圆唇，敞口，斜弧壁，矮圈足较小。素面。口径 18、底径 8、高 8.6 厘米（图二三五，6）。标本 M47：9，泥质灰陶。敞口，直沿，斜弧壁，矮圈足较小。素面。口径 18.4、底径 7.2、高 9.6 厘米（图二三五，7）。

Ⅲ式　2 件。标本 M11：6，泥质灰陶。敞口，直沿，圆唇，斜弧壁，小圈足。素面。口径 19、底径 6.5、高 8.5 厘米（图二三五，8）。标本 M91：3，泥质浅灰陶。直沿，斜腹，小圈足，足较高。素面。口径 16、底径 6.3、高 8.6 厘米（图二三五，9）。

C 型　8 件。分二式。

Ⅰ式　6 件。标本 M91：4，泥质黑陶。内折沿，敞口，斜弧壁，矮圈足。素面。口径 17、底径 7.8、高 8.6 厘米（图二三五，10）。

Ⅱ式　2 件。标本 M71：6，泥质深灰陶。外折沿，圆唇，斜弧壁，圈足。素面。口径 20、底径 7.2、高 10.4 厘米（图二三五，11；图版七八，1）。

盆　1 件。小盆，为明器，属 A 型。

标本 M40：8，泥质橙黄陶。折沿外侈，尖唇，斜弧腹，凹底。素面。口径 8.8、底径 3.2、高 4 厘米（图二三六，1；图版七八，2）。

钵　5 件，均为小钵，当为明器，属 A 型。

标本 M23：5，泥质橙黄陶。侈沿，尖唇，斜弧腹，凹底。素面。口径 16、底径 6.4、高 6.8 厘米（图二三六，2）。标本 M42：9，泥质橙黄陶。敞口，圆唇，斜直腹，凹底。素面。口径 13.5、底径 5.6、高 5.6 厘米（图二三六，3）。标本 M42：8，泥质橙黄陶。敞口，尖唇，斜弧壁，浅腹，微凹底。素面。口径 13.5、底径 7.2、高 4.4 厘米（图二三六，4）。

杯　40 件。有四型。

A 型　12 件。有五式。

Ⅱ式　2 件。标本 M65：13，泥质橙黄陶，有红衣。敞口，尖唇，斜直腹，底较宽，底残。口沿内涂红彩。口径 8.8、底径 3.8、高 7.7 厘米（图二三六，5）。

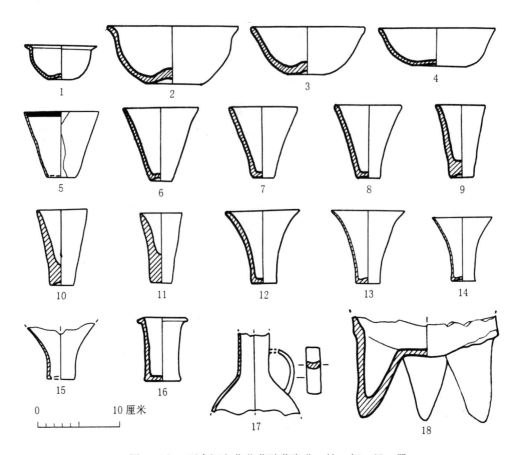

图二三六　石家河文化墓葬随葬陶盆、钵、杯、鬶、斝

1.A 型盆 M40:8　2～4.A 型钵 M23:5、M42:9、M42:8　5.A 型 II 式杯 M65:13　6～8.A 型 III 式
杯 M42:3、M40:5、M40:2　9.A 型 IV 式杯 M32:51　10.A 型 V 式杯 M18:33　11.A 型 VII 式杯
M32:11　12～15.B 型 II 式杯 M40:6、M23:8、M23:14、M64:3　16.E 型杯 M19:4　17.鬶 M32:
39　18.斝 M49:17（出土于填土中）

III 式　6 件。标本 M42:3，泥质红陶。略呈喇叭口，斜直壁，凹底。素面。口径
8.8、底径 3、高 8.6 厘米（图二三六，6）。标本 M40:5，泥质红陶。口较大，斜直壁，
微凹底。素面。口径 8、底径 2.4、高 8.6 厘米（图二三六，7）。标本 M40:2，泥质橙
黄陶。敞口，斜直壁，微凹底。素面。口径 8、底径 2.5、高 8.6 厘米（图二三六，8）。

IV 式　1 件。标本 M32:51，泥质橙黄陶，胎增厚。微敞口，斜直壁，凹底。素面。
口径 6、底径 3.4、高 8.5 厘米（图二三六，9）。

V 式　2 件。标本 M18:33，泥质红陶，厚胎。微敞口，斜直壁，凹底。素面。口
径 6、底径 3.2、高 9 厘米（图二三六，10；图版七八，3）。

VII 式　1 件。标本 M32:11，泥质红陶，厚胎。尖唇，微敞口，斜壁较直，凹底，

底部实心。素面。口径 5.2、底径 2.8、高 8.2 厘米（图二三六，11）。

B 型 Ⅱ 式　26 件。

标本 M40∶6，泥质红陶，薄胎。喇叭形口，斜弧形壁，微凹底。素面。口径 9.2、底径 3.2、高 8.8 厘米（图二三六，12；图版七八，4）。标本 M23∶8，泥质红衣陶，薄胎。喇叭形口，尖唇，斜弧壁，微凹底。原有黑彩，已脱落。素面。口径 8.8、底径 3、高 8.6 厘米（图二三六，13）。标本 M23∶14，泥质红陶，有红衣脱落痕迹。尖唇，弧壁，凹底。素面。口径 7.2、底径 2.8、高 7.6 厘米（图二三六，14）。标本 M64∶3，泥质红陶。口残，底较窄，凹底。素面。底径 3.6、残高 6.4 厘米（图二三六，15）。

Ce 型　1 件

标本 M30∶4，泥质黑陶。杯体残。筒形圈足，足底卷沿。圈足上有凹弦纹。底径 6、残高 3 厘米。

E 型　1 件。

标本 M19∶4，泥质灰胎黑皮陶。折沿，筒形腹，平底。素面。口径 4.8、底径 4.8、高 7.6 厘米（图二三六，16）。

鬶　1 件。

标本 M32∶39，为鬶残片，泥质橙红陶，领与腹分别制作，然后套接。直领，溜肩，扁弧形鋬。素面。领径 4、残腹径 9.1、残高 9 厘米（图二三六，17）。

斝　1 件。

标本 M49∶17，填土中出土，残存底、足，夹少量细砂，灰陶。圆锥状袋足。残直径 17、残高 12 厘米（图二三六，18）。

簋　2 件。分二型。

A 型　1 件。敛口，呈罐形。

标本 M40∶4，泥质黑陶。敛口，卷沿，下腹外鼓，圜底，圈足较小。素面。口径 6、底径 4.6、高 7.8 厘米（图二三七，1；图版七九，1）。

B 型　1 件。敞口，呈盆形。

标本 M32∶1，泥质红胎黑皮陶。双折沿，弧壁，腹较深。上腹较直，下腹内收，圜底，矮圈足。中腹部有一道凸弦纹。口径 27.6、圈足底径 12.2、高 19.8 厘米（图二三七，2；图版七九，3）。

器盖　10 件。有二型。

Ac 型　1 件。

标本 M32∶52，泥质灰黑陶。盖纽呈三角状，盖壁呈弧形，盖沿外折，唇部上翘。素面。盘径 10、高 4.4 厘米（图二三七，3）。

F 型　9 件。均属鼎盖。

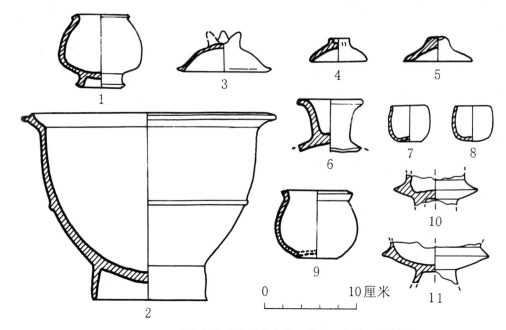

图二三七　石家河文化墓葬随葬陶簋、器盖、小罐、壶形器

1.A 型簋 M40：4　2.B 型簋 M32：1　3.Ac 型器盖 M32：52　4～6.F 型器盖 M40：1、M77：
25、M18：27　7、8.A 型小罐 M49：14、M49：15　9.B 型小罐 M57：10　10、11.A 型 I 式
壶形器 M57：12、M57：13

标本 M40：1，泥质灰陶，纽部有手捏痕迹。圈形纽，弧状盖。素面。盖径 6.4、高
2.3 厘米（图二三七，4；图版七九，2）。标本 M77：25，夹砂灰陶，制作较粗糙。圈形
纽，盖壁呈斜形。素面。盖径 7.6、高 3.2 厘米（图二三七，5）。标本 M18：27，泥质
灰陶。纽呈喇叭状，盖盘残。纽上径 7.2、残高 5.8 厘米（图二三七，6）。

小罐　9 件。有二型。

A 型　4 件。无颈。

标本 M49：14，泥质橙黄陶。近直口，平唇，微弧腹，凹底。素面。口径 3.8、高
3.8 厘米（图二三七，7）。标本 M49：15，泥质橙黄陶。口微敛，微鼓腹，近圜底。素
面。口径 3.7、高 3.8 厘米（图二三七，8）。

B 型　5 件。束颈。标本 M57：10，泥质橙黄陶。子母口，扁鼓腹，凹底。素面。
口径 7.6、高 7.2 厘米（图二三七，9）。

壶形器　4 件。属 A 型 I 式。

标本 M57：12，泥质黑胎红陶。口、底均残。折腹，腹壁剖面呈角状外突。素面。
腹径 9 厘米（图二三七，10）。标本 M57：13，泥质黑胎红陶。底呈圜形，圈足直径较
小。腹径 11.7、圈足直径 4～6 厘米（图二三七，11）。

纺轮 3件。

标本 M32：36，泥质橙黄陶。属 C 型，较薄，一面和周边涂红彩，正面纹样为扇形纹间斜条纹。直径 3.3、厚 0.5 厘米（图二三八，2）。

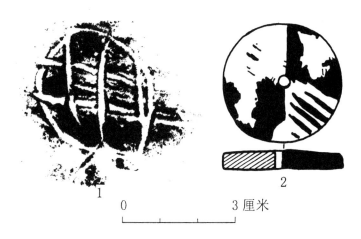

图二三八 石家河文化墓葬陶罐刻划符号拓片、陶纺轮

1. 陶罐刻划符号拓片 M32：6　2. C 型陶纺轮 M32：36

第四节　分期

石家河文化遗存主要包括祭址、套缸、灰坑、墓葬和较大数量的陶器，据地层关系可分为三十余组，其中重要的有十四组。

1 组（T2）：②（洼地）→③→┌M79
　　　　　　　　　　　　M80→┌M81
　　　　　　　　　　　　　　└M96→④
　　　　　　　　　　　　W35
　　　　　　　　　　　　M82
　　　　　　　　　　　　└M91

2 组（AT1）：②→③c→┌M18→M57┐→④
　　　　　　　　　　└M46

3 组（AT3）：①→┌W7　　┐→②→③→④→M32→⑤→┌M37
　　　　　　　└H36→H37┘　　　　　　　　　　M64→M65→M68→⑥
　　　　　　　　　　　　　　　　　　　　　　└M105

4 组（AT102）：⑤→ [M27 M42 M48 M49 M50] →⑥

5 组（AT201）：①→H34→②a→H44→③a→H119→③b

6 组（AT302）：②→ [H54 套缸 1] →③

7 组（T6）：①→ [W12 W13] →祭 2→④

8 组（T7）：①→ [祭 2 W14] →③→④→G2→⑤→⑥

9 组（T8）：①→ [W19 H116] →②→③→ [M76 H30] →④→ [W23→G2 W24→H108 M78] →⑤

10 组（AT9）：①→H32→②→③→W1→H48→④→⑤→M36→⑥

11 组（AT103）：①→ [H31 H35 H39] →②→④→ [H42 H49] →⑤

12 组（AT304）：③→H43→H62→④

13 组（AT506）：①→H63→②

14 组（AT607）：①→H67→H69→②

1~6 组分布于发掘区西南部，7~11 组分布于发掘区西北部，12~14 组则在发掘区东部。

西南部 1 组 T2 第 3 层（相当于 AT1 第 3c 层）之下的 M79、M80、M91、M81、M96，2 组 AT1 第 3c 层之下的 M18、M57、M46，3 组 AT3 第 5 层（相当于 AT1 第 3c 层）之下的 M64、M65、M68、M105，4 组 AT102 第 5 层（相当于 AT1 第 3c 层）之下的 M27、M42、M48、M49、M50，5 组第 AT201 第 3a 层（相当于 AT1 第 3b 层）之下的 H119 均出土较多的陶器。主要包括 C 型Ⅰ式、C 型Ⅱ式鼎，Aa 型Ⅰ式、Aa 型Ⅱ式罐，Ab 型Ⅰ式、Ab 型Ⅱ式、Ab 型Ⅲ式罐，G 型Ⅰ式、G 型Ⅱ式罐，B 型Ⅰ式、B 型Ⅱ式、B 型Ⅲ式碗，C 型Ⅰ式、C 型Ⅱ式碗，A 型Ⅰ式、A 型Ⅱ式、A 型Ⅲ式、A 型Ⅴ式杯，B 型Ⅱ式杯，A 型Ⅰ式壶形器，B 型、F 型器盖，D 型瓮，仅 H119 出土陶塑狗一种（表五）。这些陶器型式均属于石家河文化较早的陶器型式，所见墓葬均直接打破屈家岭文化层，第 1~3 组的墓葬有的虽然存在打破关系，但陶器型式变化并不明显，可同归为邓家湾石家河文化第一期。

表五　　　　　　　石家河文化典型单位出土陶器型式登记表（一）

组别	单位	鼎	罐	碗	杯	壶形器	器盖	瓮	其他	陶塑品
1	M79		AbⅡ							
	M80		AbⅡ							
	M91		AaⅠ、AaⅡ、AbⅠ、AbⅢ	BⅢ、CⅠ						
	M81		AaⅠ、AbⅡ							
	M96		AbⅡ、AbⅢ							
2	M18	CⅠ	AbⅡ、AbⅢ	BⅡ、CⅡ	AV		F	D		
	M57	CⅡ	AbⅡ	CⅠ	BⅡ	AⅠ				
	M46	CⅠ	AbⅡ、AbⅢ	BⅠ			F			
3	M64	CⅡ	AbⅡ、GⅡ		BⅡ		F			
	M65		AaⅡ、GⅠ		AⅡ、BⅡ					
	M68				BⅡ					
	M105	CⅠ	AbⅠ	BⅡ	BⅡ					
4	M27		AaⅡ	BⅠ						
	M42	CⅡ	AaⅡ、AbⅡ		AⅢ				钵、小罐	
	M48		AaⅡ、AbⅡ、AbⅢ	CⅠ						
	M49	CⅡ	AbⅡ			AⅠ	F		小罐	
	M50	CⅡ	AbⅡ				F			
5	H119				AⅠ		B			狗

　　西南部 3 组 AT3 第 4 层（相当于 AT1 第 3b 层）之下的 M32，5 组 AT201 第 2a 层（相当于 AT1 第 2 层）之下的 H44，6 组 AT302 第 2 层（相当于 AT1 第 2 层）之下的套缸 1、H54；西北部 9 组 T8 第 3 层（与 T7 第 3 层相同）之下的 H30，10 组 AT9 第 3 层（与 T7 第 3 层相同）的 H48，11 组 AT103 第 4 层（与 T7 第 4 层相同）的 H42；东部 14 组 AT607 被 H67 打破的 H69 等出土的陶器，主要有 A 型Ⅱ式、B 型Ⅰ式、B 型Ⅲ式、B 型Ⅳ式、C 型Ⅲ式鼎，Aa 型Ⅲ式、Ab 型Ⅳ式、Ac 型、B 型、Cb 型Ⅱ式罐，A 型、C 型Ⅱ式碗，A 型Ⅰ式、B 型Ⅱ式豆，A 型Ⅵ式、A 型Ⅶ式、B 型Ⅲ式杯，A 型Ⅱ式、B 型壶形器，A 型、B 型器盖，另有较多的鬶和陶塑动物（表六）。这些陶器已有了明显变化，大部分灰坑的层位在绝大部分墓葬之上，因此断为邓家湾石家河文化第二期。

表六　　　　　　石家河文化典型单位出土陶器型式登记表（二）

组别	单位	鼎	罐	碗	豆	杯	壶形器	器盖	瓮	缸	其他	陶塑品
3	M32	CⅢ	AaⅢ、AbⅣ	AⅡ	BⅡ	AⅣ、AⅦ		Ac		鬶		
5	H44		Ac、CbⅢ、F	AⅠ		AV	BⅢ					
6	套缸1									Aa		
	H54	AⅡ、BⅣ	Ab、Ac、Db	AⅡ	AⅠ	AⅥ、BⅡ	AⅡ、BⅢ	B			鬶	
9	H30		AaⅢ、B	A、B		AⅣ、AV	AⅠ、BⅠ、BⅢ	Aa、Ab、F			鬶	
10	H48	BⅢ	Ab、Ac		BⅡ	AV	AⅠ、BⅡ				器座	
11	H42	BⅠ	AaⅢ	CⅡ	BⅡ	BⅢ	BⅢ		D	C		鸡
14	H69		AaⅠ、CbⅡ			AⅡ、BⅢ	AⅡ、BⅢ	Ac			鬶	狗、猪、象、鸟、鸡

　　西南部 3 组 AT3 第 1 层之下的 H37，5 组 AT201 第 1 层之下的 H34；西北部 9 组 T8 第 1 层之下的 H116，10 组 AT9 第 1 层之下的 H32，11 组 AT103 第 1 层之下的 H31、H35；东部 13 组 AT506 第 1 层之下的 H63，14 组 AT607 第 1 层之下的 H67 等灰坑出土的陶器主要有 A 型 Ⅱ 式鼎，Cb 型 Ⅲ 式、Da 型罐，D 型碗，C 型豆，A 型 Ⅶ 式杯、B 型 Ⅲ 式杯，B 型 Ⅳ 式壶形器，A 型和 B 型圈足盘，A 型、B 型和 C 型瓮，并有大量的陶偶和陶塑动物（表七）。这些灰坑均处于表土层之下，所出陶器型式均较晚，应属于邓家湾石家河文化第三期。

表七　　　　　　石家河文化典型单位出土陶器型式登记表（三）

组别	单位	鼎	罐	碗	豆	杯	壶形器	圈足盘	瓮	陶塑品
3	H37			D						
5	H34		AaⅢ、Da		C	AⅦ		A	C	狗、鸟
9	H116				AⅡ			A		偶、狗、兔、鼠、鸟、龟等
10	H32	AⅡ								
11	H31		Da		C	AⅣ、AⅦ		B		猪、鸟
	H35	AⅡ					BⅣ			
13	H63		CbⅢ、Da		BⅡ	AⅣ、BⅢ		B		狗、鼠、鸟、鸡等
14	H67		CbⅢ、Da		C	AⅢ、AⅣ		A		偶、狗、羊、象、鸟、猫头鹰、鸡、龟等

　　以上三期陶器变化归纳为表八：

表八 　　　　　　　　　**石家河文化陶器变化表**

期别＼器名型式	鼎	罐	碗	豆	杯	壶形器	器盖	瓮	圈足盘
一	CⅠ、CⅡ	AaⅠ、AaⅡ、AbⅠ、AbⅡ、AbⅢ、GⅠ、GⅡ	BⅠ、BⅡ、BⅢ、CⅠ、CⅡ		AⅠ、AⅡ、AⅢ、AⅤ、BⅡ	AⅠ	B、F	D	
二	AⅡ、B、CⅢ	AaⅢ、AbⅣ、Ac、B、CbⅡ	A、CⅡ	AⅠ、BⅡ	AⅥ、AⅦ、BⅢ	AⅡ、BⅢ	A、B		
三	AⅡ	CbⅢ、Da	D	C	AⅦ、BⅢ	BⅣ		A、B、C	A、B

根据地层关系和表八所反映的各期典型陶器型式，可以判断邓家湾石家河文化层和所有遗迹的期别。AT1第3c层和T7第3～6层及相当于这些层的其他探方各层属第一期；AT1第3a、3b层和T7第2层及相当于这些层的其他探方各层属第二期；AT1第2层和相当于AT1第2层的其他探方各层属第三期。属于第一期的遗迹有灰坑21个、灰沟1条、土坑墓42座、瓮棺8个；第二期的遗迹有祭址2处、套缸2处、灰坑22个、土坑墓1座、瓮棺5个；第三期的遗迹有灰坑20个、瓮棺10个（表九）。

表九 　　　　　　　　　**石家河文化遗迹单位分期表**

第一期	灰坑	H5、H10、H12、H14、H17、H29、H40、H41、H43、H52、H53、H56、H58、H62、H97、H98、H99、H102、H104、H108、H119
	沟	G2
	墓葬	M9、M10、M11、M17、M18、M19、M23、M24、M27、M30、M31、M33、M36、M37、M40、M42、M44、M46、M47、M48、M49、M50、M53、M57、M59、M63、M64、M65、M68、M71、M76、M77、M78、M79、M80、M81、M82、M91、M92、M93、M96、M105 W3、W4、W8、W10、W23、W24、W26、W35
第二期	祭址	祭1、祭2
	套缸	套缸1、套缸2
	灰坑	H2、H4、H6、H7、H18、H19、H20、H21、H30、H38、H42、H44、H46、H48、H49、H54、H55、H69、H78、H85、H107、H101
	墓葬	M32、W1、W2、W14、W15、W22
第三期	灰坑	H1、H3、H16、H31、H32、H33、H34、H35、H36、H37、H39、H63、H67、H77、H103、H105、H106、H115、H116、H118
	墓葬	W7、W12、W13、W16、W17、W18、W19、W20、W21、W37

邓家湾石家河文化三期陶器变化规律较明显的有鼎、罐、豆、杯等种器物。A型鼎（罐形鼎），从折沿、圆鼓腹—（表示逐渐变化，下同）凹沿、垂腹；B型鼎（盆形鼎），由折沿、深鼓腹—凹沿、浅折腹；C型鼎（小鼎），由宽沿、深腹—窄沿、浅腹；Aa、Ab型罐（高领鼓腹罐），由宽折沿、圆鼓腹—凹沿、鼓腹—平沿、瘦腹—近直沿、浅

腹；A、B型豆，由深盘—浅盘；A、B型杯（斜腹或弧腹杯）—由薄胎、宽底—厚胎、窄底。A型罐和C型杯（高圈足杯）在较早阶段还流行；D型罐、C型豆、鬶等是较晚出现的器物（图二三九）。碗和C型鼎主要出于墓葬和祭址中，Aa型缸主要用于祭祀活动。

第五章　结语

　　天门石家河遗址群是我国南方目前发现的最大的新石器时代遗址群之一，为长江中游地区重要的考古项目，邓家湾是该遗址群中重要的组成部分。多年来以发现神秘的筒形器和出土大量的陶塑动物与厚胎红陶杯而为学术界所关注。通过 1987 年和 1992 年的发掘，邓家湾遗址西部的文化内涵基本得以揭露。已暴露城墙西北拐角，共清理出房基2 座、灰坑 113 个、灰沟 5 条、洼地 1 处、宗教遗迹 6 种、土坑墓葬 95 座、瓮棺 38 个，出土文化遗物数以万计，主要文物标本 4208 件，包括屈家岭文化和石家河文化两种遗存。邓家湾的发掘对于研究石家河遗址群、石家河古城和探讨屈家岭文化、石家河文化的社会变化，以及阐明汉水东部地区新石器时代文化与周围其他文化的关系诸方面都有着重要意义。

第一节　文化的基本特征

　　邓家湾新石器文化遗存分为屈家岭文化和石家河文化两大部分。屈家岭文化遗存甚为丰富，主要遗迹有城墙墙体、宗教遗迹、房基、灰坑和墓葬，主要遗物为陶器，还有一部分石器。石家河文化主要遗迹有宗教遗迹、灰坑和墓葬，遗物中陶器最丰富，石器较少，并发现了铜矿石碎块和铜器残片。邓家湾全部遗存，以墓葬和宗教遗迹为主，遗物主要为陶器，石器较少。

　　屈家岭文化的城墙墙体底部宽约 30、残高 2.9 米。构筑层次归为四大层，各大层又分若干小层。无论大层，还是小层，都不够规整。各层土色、土质及包含物的变化关系往往与城墙底部（城墙建筑前）的地层叠压关系相反。生土多被筑于墙体上部（第一大层至第三大层三小层，土质纯净，无包含物，多属原生土）。文化层和当时的地表土则多被填于墙体下部（第三大层四小层以下，土质较杂，较松，并有少量屈家岭文化碎陶片，相当于 T7 第 11 层以下的混合土）。可见当时的筑城方法甚为原始，属于堆筑。而取土并没有严格要求，就近取于墙体两侧。屈家岭文化有残房基 2 处，F2 形制不明，F3 为土墙房基，平地筑起，平面呈长方形，残存东、西两室。屈家岭文化宗教遗迹全貌不明，大体以屹立的筒形器（相套）为中心，残存部分红烧土面、土台、成堆的灰烬，以及扣碗、盖鼎、小孩残骸、被烧的兽骨等遗迹遗物。而附近灰坑多不规整。屈家岭文化成人用土坑埋葬，小孩用瓮棺葬。成人墓葬均为土坑竖穴墓，较大的墓设二层台，葬具仅存木灰，墓向以东北—西南为主，葬式以单人仰身直肢葬较多，单人二次葬也较盛行。随葬器物组合分两类，一类以鼎、碗、杯为基本组合，另一类以高领罐、碗、杯为基本组合。随葬品多放于脚部或脚下二层台上。

　　邓家湾屈家岭文化陶器基本为轮制，手制只见于小型器物上。陶器质地以泥质占多数，夹砂较少，还有少量的夹炭陶。泥质陶中常羼入少量细砂，使陶器变得甚为坚实。陶色多不够纯一，往往存在不少杂色陶。一般以灰色为主，红色也占相当大的比例。另有一定数量的褐色、黑色、黄褐色、红黄色陶。最流行的纹饰为弦纹、附加堆纹和镂孔，篮纹、划纹、乳钉纹亦较常见，戳印纹、方格纹为少量。在较小型的壶形器、杯、纺轮等器物上盛行施红衣黑彩和红彩。彩陶纹样有条带纹、网格纹，以及少量弧线纹、圆点纹和菱形纹，纺轮上还多见太极纹。器物造型特点：平底器较少、凹底器较多；存在大量的圈足器、三足器；豆、碗等浅腹器皿中，流行双腹或仰折腹的作风。器形有鼎、釜、甑、罐、瓮、缸、碗、豆、盆、钵、壶形器、杯、器盖、器座、纺轮和筒形器等。典型器形主要有罐形小鼎、鼓肩高领罐、双腹碗、双腹豆、扁圆腹壶形器、薄胎斜壁杯、圈足甑、筒形器和彩陶纺轮。特别是罐形小鼎、壶形器、双腹器、筒形器和彩陶纺轮为最具特征性的器物。

　　邓家湾石家河文化未见房屋遗迹。祭址虽发现 2 处，但均破坏严重。祭 2 分布面较广，其上未发现建筑遗迹，是祭祀活动的场地，只发现成组的陶缸和扣碗。祭址东南方有套缸遗迹 2 处，祭址的东、南、西边缘部位有丰富的陶塑品和厚胎红陶杯堆积。石家河文化土坑墓葬也为竖穴式，宽墓和带二层台的墓增多，用木质葬具，单人仰身葬式和单人二次葬所占比例相当。随葬陶器以随葬较多的高领罐为特点，完整组合为鼎、罐、碗、杯，有的另加篮、钵或簋、豆。鼎、小罐、杯陈放于墓主头部或脚端，高领罐、碗多置于墓主脚侧或脚侧二层台上。个别墓随葬纺轮、石器等生产工具，有些墓还出猪下颌骨。

　　石家河文化陶器以泥质陶为主，夹砂陶为次，还有极少量的夹炭陶。灰色、黑色陶有所增加，红陶主要为杯和捏塑品。主要纹饰为篮纹、方格纹、绳纹、附加堆纹和弦纹。刻划符号见于 Aa 型缸上。器形有鼎、器盖、罐、缸、瓮、豆、碗、盆、圈足盘、钵、杯、壶形器、鬶、簋、甑和擂钵。典型器物有罐形扁足鼎、盆形扁足鼎、高领鼓腹罐、筒形缸、弧壁碗、圈足盘、浅盘高圈足豆、厚胎红陶杯、折腹壶形器、捏流鬶、漏斗形擂钵等。

无论是地层关系，还是遗迹、遗物的演变，或是祭址、墓地的特点，邓家湾石家河文化与屈家岭文化之间均具有明显的内在联系。墓葬方面，石家河一期的墓葬与屈家岭二期的墓葬差异性甚小；陶器方面，石家河文化的罐形（A型）鼎、盆形（B型）鼎、三角纽（A型）器盖、高领（A型）罐、碗、豆、壶形器、斜壁（A型）杯、弧壁（B型）杯、高足（C型）杯、彩陶纺轮等与邓家湾屈家岭文化陶器均有直接的演变关系。显然，邓家湾石家河文化是承袭当地屈家岭文化直接发展而来的。

第二节　石家河古城与邓家湾新石器遗存的关系

邓家湾正处于石家河古城西北城墙拐角处，弧形拐角墙体绕遗址西、北部而筑。墙体压于 T8 第 10 和 11 层、T7 第 11 层和 M104 之上。被墙体叠压的文化层，只在城墙底部见到（城内部分多在筑城时遭破坏），所获资料甚少。被墙体叠压的 M104 暂归屈家岭文化第一期，出土陶鼎近似京山屈家岭早期的小型鼎[①]。城墙内仅见屈家岭文化碎陶片。据城墙的地层关系和墙体、墙底出土遗物特征，可以断定石家河古城兴建年代为邓家湾屈家岭文化第一期一段。关于古城的废弃时代，考虑到当时城墙的建筑较原始、墙体堆筑不规整、两侧土层呈斜坡状分布、后来又有崩塌重修的情况，虽然发掘所见墙体被屈家岭文化第二期的 T8、T9 第 9 层所压，还被屈家岭文化第二期的 G3、M84、M86、M87、M94、M99、M101 打破，但这可能是由于城墙西北角刚好处于墓区外侧，为动土较频繁的局部现象，并不等于古城已经废弃。从古城西墙中段和西南拐角墙体内侧都有被石家河文化地层叠压、城内又存在着大量石家河文化遗存的情况观察，古城存在年代应延至石家河文化时期，下限当断在石家河文化中期。因此，目前发掘的邓家湾遗存，基本都是石家河古城城内遗存。

第三节　邓家湾的宗教遗存

在邓家湾除发现较多的墓葬和明显的宗教遗迹以外，其他遗迹只有少量残房基和灰

---

① 中国科学院考古研究所编著：《京山屈家岭》，科学出版社，1965 年；屈家岭考古发掘队：《屈家岭遗址第三次发掘》，《考古学报》1992 年 1 期。

坑、灰沟、洼地。屈家岭文化的 F3 为残房基，其北部室外地面上有规律地立放着八个深腹小底缸，这些陶缸和房屋都可能与宗教活动有关。石家河文化则没有发现房屋。可见邓家湾并非一般的村落居址。无论是屈家岭文化灰坑、灰沟，还是石家河文化的灰坑、灰沟、洼地，填土多呈灰黑色，内含炭、草木灰或含红烧土粒、烧骨，并多有较多的完整器物或特殊器物。屈家岭一期的 H9、H66、H71、H72、H90、H110 和屈家岭二期的 H64、H109、H111 等都是较典型的灰坑，出土物中有残筒形器，或小鼎、小罐、杯，或出残人骨。石家河文化灰坑，例如 H1、H4、H16、H31、H63、H67、H69、H106、H116 等，都出土大量的陶塑品，H14、H19、H20、H21、H30、H31、H33、H34、H38、H41、H42、H44、H48、H54、H63、H67、H69 等都出土大量的厚胎红陶杯。灰坑、灰沟、洼地多分布在祭祀遗址边缘或间于祭祀遗迹之中，周围没有发现窑址或与窑址相关的遗迹、遗物，显然许多灰坑、灰沟均与祭祀有关。邓家湾出土的遗物种类较少，除有数量不多的石器外，主要为陶器。陶器中除部分为墓葬随葬品以外，有相当一部分属于祭具、祭器或祭品。例如屈家岭文化的筒形器和石家河文化的筒形缸大概都是祭具；平置于地面上的扣碗、盖鼎和大量红陶杯、壶形器、小罐就可能属祭器；集中出土的陶偶、陶塑动物则似为祭品。

邓家湾的宗教遗迹以及与祭祀相关的遗存均分布于墓区东侧，屈家岭文化的筒形器又是祖的象征，因此邓家湾可能是石家河古城的一处祭祖场所。

第四节　邓家湾新石器遗存所反映的社会性质

从上所说，邓家湾是屈家岭文化石家河古城西北角一处以埋葬和祭祖为主的遗址，是目前我国发现的时代较早而范围最大的一座新石器时代城址的重要组成部分。

石家河古城是建筑在聚落群基础之上的。该地聚落群的历史最早可追溯至城背溪阶段，就在石家河古城范围内，城东北角的土城下层见到过城背溪文化陶片[1]，城中部谭家岭则有相当发达的大溪文化遗存[2]，邓家湾也有早于城墙的文化遗存。经过较大面积发掘的遗址，除城内邓家湾、谭家岭以外，还有城外的肖家屋脊[3]、罗家柏岭[4]，无论城内还是城外的遗址都存在早于石家河古城的遗存，石家河古城建筑之前与建筑之后的

---

① 在 1982 年湖北省博物馆（现为湖北省文物考古研究所）等对土城遗址进行小面积发掘中，发现了城背溪文化陶片，资料藏湖北省文物考古研究所。

② 石河考古队：《湖北省石河遗址群 1987 年发掘简报》，《文物》1990 年 8 期。

③ 石家河考古队：《肖家屋脊》，文物出版社，1999 年。

④ 湖北省文物考古研究所等：《湖北石家河罗家柏岭新石器时代遗址》，《考古学报》1994 年 2 期。

遗存都具有连续的承袭关系。据城内外的勘察调查，大部分遗址上层属石家河文化，下层多为屈家岭文化遗存。这些情况表明该地是一支原始部落长达数千年之久的聚居地，经过城背溪—大溪阶段的发展，最迟在屈家岭阶段，这里的聚落群形态已经形成；石家河古城的出现是聚落群不断发展的结果，也是聚落经济发展到某种程度的反映。

由于巨大城墙的围筑，整个聚落群分成城内和城外两大部分，相应的"城邑制度"当随之建立，使城内原有的聚落形态逐渐发生变化，使邓家湾变成专供宗教（祭祀）活动的区域。

邓家湾除发现宗教遗存和较大规模的墓葬以外，还出土一些重要遗物。例如已见到了铜片、铜矿石，出土了大量红陶杯、陶塑和刻符陶器。而在城外东南方的罗家柏岭、肖家屋脊又暴露过重要建筑基址和出土了精美玉器。古城内外出土的这些重要遗存，虽然不完整或不够丰富，但却具有划时代的意义。

我国史前古部族，以华夏、东夷、苗蛮三大族团最为强盛。苗蛮或有苗、三苗、南蛮，是我国传说时代南方最强大的政治、军事力量。尧、舜、禹三代都把征三苗作为主要事业。《吕氏春秋·召类》：尧与有苗"战于丹水之浦，以服南蛮"，《淮南子·修务训》："舜作室筑墙茨屋……南征三苗，道死苍梧"，《墨子·非攻》下篇："昔者三苗大乱，天命殛之……禹亲把天之瑞令，以征有苗……苗师大乱，后乃遂几（微）。禹既已克有三苗，焉磨为山川，别物上下，卿制大极，而神民不违，天下乃静。"我国夏王朝的统一是不断南征三苗，最后征服三苗而完成的。如果说夏代之前我国许多部族已进入文明社会的话，那么三苗当为其中之一。

一般认为江汉一带是苗蛮族团的活动范围，汉水东部地区最大的史前石家河遗址群则可能是苗蛮族团的中心聚集地。石家河古城及其他相应遗存的出土，恰是三苗社会正在发生重大转变的标志。

附表一　　　　　　　　　　　屈家岭文化灰坑登记表　　　　　　　单位：米

编号	所在探方	层位上	层位下	形状	尺寸（口径－深）	主要出土遗物（陶器）	分期	备注
8	T27		④b	不明	1.5~2.5-0.3	AaⅡ、AbⅣ鼎,Aa、BⅠ器盖,D、E纺轮	二	未清完
9	T21	④	生土	凸形	1.6~2.8-0.8	AaⅠ、AaⅡ、AbⅠ鼎,GⅠ、GⅡ罐,DⅠ碗,AaⅡ杯,AⅠ豆,A器盖,F纺轮	一	被H5打破另出土石刀
11	T28	⑤	M4	不规则形		筒形器,AaⅠ、AaⅡ、AbⅠ、CⅠ鼎,AaⅡ、BⅠ、EⅠ、F、GⅠ、GⅡ、HⅠ罐,AaⅠ、AaⅡ、AbⅡ、CⅠ碗,AaⅠ、AaⅡ、BⅡ、DⅠ、E杯,AⅠ、AⅡ壶形器,AⅠ豆,A、B、D器盖,F纺轮	一	
22	T34	⑤	⑥	圆形	1.3-0.75	D、GⅡ罐,AaⅠ、AbⅠ、DⅠ碗,AaⅠ杯,B豆,Ac器盖,模、球	一	
23	T34	⑤	⑥	圆形	2.5-0.25	AbⅠ鼎,AaⅠ碗,Ac器盖,D纺轮,环	一	另出土A型石锛
25	T34	④	⑤	椭圆形	1.2~1.4-0.35	DⅡ、FⅡ、FⅣ碗,Ⅱ釜,锤	二	
26				不明		HⅡ罐,AⅠ豆	二	
27	T30	⑥	⑦	椭圆形		AⅠ壶形器	一	
28	T37	H24	生土	不明		A、B、C、D筒形器,D纺轮	一	未清完
47	AT10	⑤	⑥	不明		AaⅡ罐,DⅡ碗,CaⅢ杯,AⅣ壶形器,D豆,BaⅤ盆,Ba缸	一	未清完
50	AT305	④	⑤a	不规则形	1.1~2.2-0.4		二	未清完
51	AT305	④	⑤a	不明	1.12~2.26-0.45		二	未清完
57	AT10	⑥	⑧	不规则形			二	被H47打破
59	AT301	④	生土	不明	1.96~3.26-0.72		一	未清完
61	AT304	④	⑤	椭圆形	1~1.5-0.28	AaⅠ鼎,HⅠ罐,DⅠ碗,Aa盆	一	

续附表一

编号	所在探方	层位上	层位下	形状	尺寸（口径－深）	主要出土遗物（陶器）	分期	备注
64	AT203	⑤	⑥	不规则形	1.7~3-0.45	AaⅠ、AaⅡ、AbⅡ鼎，AaⅡ、BⅡ、Ca Ⅰ、CbⅠ、GⅠ、HⅠ罐，AaⅡ、CⅡ碗，AaⅠ杯，A、B、C器盖，甑	二	打破M26、H90，被M63打破另出土石镞
65	AT505	④	⑤a	不明	1.5~2.9-0.75	AaⅠ、AaⅡ鼎，CbⅠ罐，CaⅡ杯，AⅡ豆，A、C、D、G器盖，BbⅠ、BbⅡ盆，B瓮，A、D、F纺轮	一	未清完另出土A型石斧
66	AT505	④	⑤a	椭圆形	2.7~3.4-0.56	AaⅡ鼎，CbⅡ、GⅡ罐，CⅡ碗，BⅡ器盖	一	
70	AT301	④	生土	椭圆形	0.8~1.1-0.33		一	
71	AT504	③a	④a	不规则形	3.22×0.3~0.7-0.19~0.4	AaⅡ、AbⅡ鼎，AaⅡ、CaⅠ、CaⅡ、CbⅠ、CbⅡ罐，AaⅠ碗，E杯，AⅢ壶形器，AⅠ豆，A盖，Ⅱ甑，BaⅠ盆，E筒形器，A纺轮、器座	一	另出土石凿
72	AT203	⑥	⑧	椭圆形	0.54~0.86-0.22~0.44	AaⅡ鼎，AaⅡ、EⅠ罐，AaⅠ碗	一	
73	AT605	②a	②b	椭圆形	1~1.7-0.25	AaⅠ、AbⅡ鼎，CbⅡ、GⅠ、GⅡ罐，CbⅠ、E杯，A器盖，Ⅱ甑，BbⅠ盆	一	
74	AT505	⑤a	⑥	圆形	0.55~0.85-0.15		一	被H66打破
75	AT505	⑤a	⑥	不规则形	0.75~1.5-0.54	CaⅠ杯，D纺轮	一	
76	AT605	②b	③a	不规则形		AaⅠ鼎，GⅠ罐，AaⅠ碗，AaⅡ、CbⅠ杯，A器盖	一	
79	AT504	④a	④b	不规则形	1.42×1.6~1.8-0.8		一	打破H84
80	AT504	③a	④a	不明	0.38~1.14-0.4		一	打破H81未清完
81	AT504	③a	④a	不明	0.9~1-0.4		一	未清完
82	AT504			不明	0.4~1.2-0.4		一	未清完
83	AT504			不明	0.56~0.6-0.18		一	未清完
84	AT504	④a	生土	不明	1.2~1.84×0.86~1.7-0.42		一	未清完
86	AT605	②b	H87	不规则形	0.8~1-0.3~0.36	AaⅡ、Ac鼎，CaⅡ、GⅠ罐，AbⅠ碗，CaⅠ杯，Ac器盖，CⅠ瓮	一	
87	AT605	⑤a	W9	不规则形	0.9-0.8	AaⅠ、AaⅡ、B鼎，CbⅠ、EⅠ罐，CaⅡ杯，Ⅰ甑，CⅠ钵	一	

续附表一

编号	所在探方	层位 上	层位 下	形状	尺寸（口径－深）	主要出土遗物（陶器）	分期	备注
88	AT3	⑥	生土	不明	－1.05	CbⅠ、F、GⅡ罐，AbⅠ、BⅠ、CⅠ碗，AaⅠ、AaⅡ、AbⅠ、BⅠ杯，AⅠ壶形器，A、B、E器盖，C、E纺轮，A、C斧，AbⅠ盆，Ba缸	一	未清完
89	AT605	③a	④	不规则形	1.2～1.3－0.3	AaⅡ、CaⅡ罐，AaⅠ、AaⅡ、AbⅠ碗，CaⅡ杯，Ac器盖，Ⅰ甑	一	另出土B型石斧
90	AT203	⑥	⑧	凸型	2.12～2.66－0.9	AaⅠ、AaⅡ、AbⅡ鼎，AaⅡ、AbⅠ、CaⅡ、CbⅡ、EⅠ、GⅠ、GⅡ罐，AbⅠ碗，AaⅠ杯，豆，H器盖，A钵，Cb筒形器	一	被H64、M26、M59打破
91	AT605	④	生土	不规则形	1.2～1.9－0.2		一	
92	AT607			不明			一	未清完
93	AT607	⑦		圆形		Aa器盖，Ⅱ甑	一	
94	AT1	④	⑤	不规则形	1.4～2.04－0.3～0.68	AaⅠ、GⅠ罐，AaⅠ、AbⅠ碗，E杯，AⅠ豆，A器盖	一	被H58打破
95	AT605	④	H96	不规则形	1.55～2.25－6		一	
96	AT605	④	生土	圆形	1.25～1.5－0.25	CaⅠ罐，AaⅠ碗，BaⅠ盆，A缸，D纺轮	一	被H95打破
100	AT508	⑥a	生土	椭圆形	0.6～0.95－0.22		一	
109	T10	②	F3	不明	2.9～3.9－0.25	CⅡ鼎，AbⅡ、CbⅡ罐，碗，AaⅢ杯，AⅣ壶形器，豆，器盖，AbⅡ、C盆，缸，纺轮，器座，铃	二	被扰
110	AT6	⑬	⑭	圆形	0.5－0.15		一	被M62打破
111	T12	⑥	⑦	椭圆形	1.6～1.9－0.4	CⅠ鼎，A纺轮	二	
112	T21			不规则形		AaⅡ、AbⅠ、AbⅡ鼎，GⅠ罐 AbⅠ、CⅠ碗，AⅠ壶形器，A器盖，C盆，C、D纺轮，祖	二	
113	T5	④	⑤	不明	0.8～0.96－0.28	BⅢ盖，不明器	二	未清完
114	T6	④	⑤	不规则形	－0.3～0.15	E、F纺轮	二	
117	T11	⑥		不明	－0.35	BⅢ器盖	二	未清完

附表二　　　　　　屈家岭文化陶器陶质、器形、纹饰统计表

单位：H11（一期）　　　　　　　　　　（一）

器形	泥质 灰 素面	灰 黑彩	灰 凸弦纹	泥质 红 素面	红 凸弦纹	红 附加堆纹	泥质 黄 素面	黄 红衣	泥质 褐 素面	褐 凸弦纹	褐 附加堆纹	泥质 黑 素面	黑 黑衣	黑 镂孔	夹砂褐 戳印纹	合计	百分比
鼎	4		19												1	24	29
器盖	7	1		2				2								12	15
罐	1	1		12	1					1			1			17	20
杯	1			1		3	2	4						1		12	15
豆														1		1	1
壶形器							2	7								9	11
碗	2							1			1	1				5	6
盆				1												1	1
纺轮									2							2	2
筒形器																	
合计	15	2	19	16	1	3	4	14	2	1	1	1	1	2	1	83	
百分比	19	2	23	20	1	4	5	17	2	1	1	1	1	2	1		100

单位：H71（一期）　　　　　　　　　　（二）

器形	泥质 红 素面	红 附加堆纹	红 红衣黑彩	红 褐彩	泥质 灰 素面	灰 凸弦纹镂孔	灰 镂孔	泥质 黑 素面	黑 篮纹	泥质 褐 素面	泥质 黄 素面	黄 附加堆纹	夹砂 红 素面	夹砂 灰 篮纹	夹砂 黑 篮纹	合计	百分比
鼎	3							3					4			10	20
罐					6			5				1	1	1	1	15	30
器盖					3			3	1							7	14
杯		1														1	2
纺轮					1											1	2
盆	1															1	2
碗			5	1	1							1				8	16
豆						1	1									2	4
壶形器											2					2	4
筒形器		1														1	2
器座										1						1	2
甑					1											1	2
合计	4	2	5	1	12	1	1	11	1	1	2	2	5	1	1	50	
百分比	8	4	10	2	24	2	2	22	2	2	4	4	10	2	2		100

单位：H90（一期）　　　　　　　　　　　（三）

数量 器形 \ 陶系 纹饰	泥　质								夹砂		合计	百分比
	红			灰		黑		黄	红	黑		
	素面	附加堆纹	黑彩	素面	凸弦纹	镂孔	凸弦纹	褐彩	素面	素面	素面		
鼎					5		1			2		8	23
罐	2			5			1		2	1		11	32
钵				1								1	3
碗		1		2		1						4	12
杯			1					1				2	6
器盖											1	1	3
豆							1					1	3
筒形器		6										6	18
合计	2	7	1	8	5	2	2	1	2	3	1	34	
百分比	6	20	3	23	15	6	6	3	6	9	3		100

单位：H88（一期）　　　　　　　　　　　（四）

数量 器形 \ 陶系 纹饰	泥　质										夹砂	合计	百分比
	灰	红			黄			黑		褐	褐		
	素面	素面	黑彩	灰彩	素面	红衣	黑彩	素面	镂孔	素面	附加堆纹	素面		
罐	1				3			2					6	13
盆	2							1					3	7
碗								2	1	1	2		6	13
器盖	11				1			2					14	30
杯		1	2	1			2	1					7	15
壶形器		1			1	1							3	7
豆									4				4	9
缸												1	1	2
纺轮					2								2	4
合计	14	2	2	1	5	3	2	8	5	1	2	1	46	
百分比	31	4	4	2	11	7	4	18	11	2	4	2		100

单位：H9（一期）　　　　　　　（五）

器形＼陶系·数量·纹饰	泥质·红·素面	泥质·灰·素面	泥质·灰·凸弦纹	泥质·黄·素面	泥质·黄·黑彩	泥质·黑·素面	泥质·黑·凸弦纹	夹砂·灰·素面	夹砂·黑·素面	合计	百分比
鼎		1	2				3	1		7	16
器盖	4	8				12		2	1	27	60
罐	5									5	12
杯				2						2	4
豆		1								1	2
碗						1				1	2
纺轮				1	1					2	4
合计	9	10	2	3	1	13	3	3	1	45	
百分比	20	22	4	7	2	29	7	7	2		100

单位：H109（二期）　　　　　　（六）

器形＼陶系·数量·纹饰	泥质·灰·素面	泥质·灰·凸弦纹	泥质·灰·篮纹	泥质·灰·镂孔	泥质·黑·素面	泥质·黑·凸弦纹	泥质·红·素面	泥质·红·红衣	泥质·红·黑彩	泥质·红·黑衣	夹砂·红·篮纹	夹砂·黑·素面	夹砂·黑·篮纹	夹砂·灰·素面	夹砂·灰·素面	夹砂·灰·篮纹	夹砂·灰·镂孔	合计	百分比
碗	8				1													9	11
罐	6		4		5		1						2	1				19	23
盆	7						2											9	11
豆		4		3		1												8	10
杯							3	1		1								5	6
壶形器							1	5	4									10	12
纺轮							4											4	5
鼎											1	4				1		6	8
缸											8				2			10	12
器盖														1				1	1
器座																	1	1	1
合计	21	4	4	3	6	1	11	6	4	1	9	4	2	2	2	1	1	82	
百分比	26	5	5	4	8	1	13	8	5	1	11	5	2	2	2	1	1		100

附表三　　　　　　　　　**屈家岭文化墓葬登记表**　　　　　　　单位：米

墓号	所在探方	层位关系 上	下	形状	尺寸（长×宽－深）	方向	葬式	性别	随葬品(陶器)	期别	备注
1	T26	⑤	⑥	圆角长方形	1.7×0.6－0.2	105°	仰身直肢	男	AaⅡ杯 2、鼎 1、器盖 1、小罐 1、杯 7	二	
2	T26	④	⑤	长方形					AaⅡ罐 3、EⅡ罐 3、AaⅡ碗 1、AaⅢ碗 1、罐 7	一	
3	T28	④	⑤	圆角长方形	2.3×0.75－0.3	25°	仰身直肢	男	AaⅡ罐 4、罐 4	一	
5	T36	⑤	⑥	不规则形	1.95×0.88－	35°	仰身直肢		AaⅡ罐 5、AaⅢ杯 3、小罐 3、碗 1、盆 1、罐 5		
4	T28	H11	H28	圆角长方形	2×0.8－0.4				AaⅠ鼎 1、AbⅠ鼎 3、AbⅡ鼎 1、AaⅠ杯 1、Ⅰ釜 1、AaⅠ盆 1、AbⅠ碗 1、Ac器盖 2	一	人骨已朽
7	T36	⑤	⑥	长方形	1.7×1－0.3	45°	二次葬		AbⅢ鼎 1、AaⅡ罐 3、Ka罐 1、Kb罐 1、AaⅢ杯 1、AbⅡ杯 5、AⅢ豆 1、Da器盖 1、豆 1、罐 3	二	有二层台
8	T36	⑤	⑥	长方形	2.2×1－	217°	仰身直肢	男	AaⅡ罐 2、罐 11	二	有二层台
12	T30	⑤	⑥	圆角长方形	2×0.7－0.3	40°			AaⅡ罐 1、罐 4	二	扰乱
13	T37	④	生土	不规则形	1.62×0.75－0.15	1°	二次葬	男	AbⅠ鼎 1、AbⅠ杯 1、器盖 1	一	
14	T37	④	生土	圆角长方形	1.83×0.6－0.15	120°	二次葬		AaⅡ鼎 1、AbⅠ杯 1	一	
16	AT10	⑤	⑥	长方形		28°	二次葬			二	
20	AT304	④	⑤	长方形					CbⅠ罐 1、EⅡ罐 1、AaⅢ碗 1、罐	二	人骨已朽
25	AT304	④	⑤	长方形	1.44×0.62－0.24	114°	仰身屈肢		AbⅡ鼎 1、GⅠ罐 3、AaⅡ杯 1	一	
26	AT203	⑤	⑥	长方形	2.8×1.25－0.5	93°	二次葬		AbⅡ鼎 1、AaⅡ罐 14、D罐 2、EⅡ罐 2、EⅢ罐 1、JⅡ罐 1、FⅠ碗 1、BaⅢ盆 1、碗 1、杯 4、小罐 1、罐 4	一	有二层台，被 H64 打破
34	AT8	⑩	⑪	长方形		25°	二次葬			二	
35	AT8	⑩	⑪	不规则形	2.35×0.96－0.2	225°			AaⅡ罐 3、GⅠ碗 1、罐 5、漆器皮	一	人骨已朽，有木板痕、漆器皮
38	AT6	⑪a	⑪b	长方形	2.98×1.35－0.2	12°	仰身直肢		AaⅡ罐 1、DⅡ碗 1、FⅡ碗 1、FⅢ碗 1	二	有二层台
39	AT304	⑤	生土	长方形	2.2×0.64－0.2	287°	仰身直肢		AaⅡ鼎 1、AaⅡ罐 3、Aa器盖 1、杯 3	一	
41	AT6	⑪a	⑪b	长方形		63°			D盆 1、盆	二	人骨已朽
45				长方形			仰身直肢		AbⅠ鼎 1、GⅠ罐 2、AaⅠ杯 1、AaⅠ碗 1、CⅠ碗 1	一	记录遗失
51	AT6	⑪a	⑪b	长方形	1.5×0.75－0.1	36°	仰身直肢		AbⅡ鼎 1、AaⅡ罐 2、AaⅣ杯 4、DⅡ碗 1、GⅡ碗 1、DbⅠ器盖 1	二	有二层台

续附表三

墓号	所在探方	层位关系上	层位关系下	形状	尺寸(长×宽-深)	方向	葬式	性别	随葬品(陶器)	期别	备注
52	AT9	⑦	⑧	长方形	2.7×1-0.38				AaⅡ罐2、CbⅠ罐1、AbⅡ杯1、AⅡ壶形器1、BaⅢ盆6、杯4、鼎1、罐3、BaⅣ盆1	二	有二层台,人骨已朽
54	AT104	⑧	⑨	长方形	2.6×0.9-0.27	42°	仰身直肢		AaⅡ罐3、D罐1、AbⅢ杯1、FⅠ碗1、Dc器盖1、鼎1、杯1、罐1	二	有二层台
55	AT103	⑧	生土	长方形	2.55×1-0.29	30°	二次葬		AaⅡ鼎1、AaⅡ罐2、Kb罐1、Da器盖1	二	有二层台
58	AT1	③d	④	长方形	3.2×1.25-0.3	140°	二次葬		AaⅠ鼎1、AaⅡ罐23、Kb罐1、AaⅢ杯1、AbⅢ杯1、BaⅡ盆2、E碗1、Ac器盖1、罐9、小罐1、杯2	二	有二层台
60	AT103	⑧	生土	不规则形	2.75×1-0.4	203°	仰身直肢		AaⅡ罐2、罐2	二	
61	AT8	⑦	⑧	长方形	2.4×0.98-0.45	19°	二次葬		AbⅡ鼎1、AaⅡ罐5、JⅠ罐3、AaⅢ杯1、AaⅣ杯1、B钵1、杯1、罐2	二	有二层台
62	AT6	⑫	H110 M66 ⑬	长方形	1.85×0.55-0.3	230°	仰身直肢		B鼎1、AaⅠ碗1、AaⅢ碗1、B钵1、杯1	二	有二层台
66	AT6	⑬ M62	生土	圆角长方形	1.9×0.44-0.1	150°	侧身屈肢			一	
67	AT103	⑧ M60	生土	长方形	2.45×1.1-0.2	45°	二次葬		AaⅡ罐1、JⅡ罐2、鼎1、杯1	二	有二层台
70	AT6	⑬	生土	长方形	1.72×0.6-0.35	150°	仰身直肢		AbⅠ鼎2、F罐1、盂1、杯1、器盖1	一	
72	AT1	③d	④	长方形	2.5×1-0.4	25°	二次葬		AaⅡ鼎1、AaⅡ罐12、AbⅠ罐1、EⅡ罐1、HⅢ罐1、Ka罐2、AaⅣ杯3、BaⅢ盆1、C钵1、罐5	二	有二层台
73	AT103	⑧	生土	长方形	1.25×0.45-0.2	227°	二次葬			二	
74	AT7	⑧ H56	⑪	长方形	1.8×1.22-	20°	仰身直肢	男		二	有二层台,木板
83	T12	⑤	⑥	长方形	1.26×0.46-0.18	53°	仰身直肢			二	
84	T8	⑦	⑧ 城墙	长方形	1.9×0.7-0.1	22°	仰身直肢		AbⅢ鼎1、E碗1	二	有木板痕
85	T11	⑤	⑧	长方形	1.2×0.5-0.08	112°	二次葬			二	
86	T8	⑦	城墙	长方形	1.4×1-0.38	30°	仰身直肢	女		二	部分未发掘
87	T17	⑥	⑧	长方形	1.8×0.64-0.24	30°				一	人骨已朽,部分未发掘
88	T12	⑦	⑧	长方形	1.32×0.48-0.08	100°			AbⅢ杯1、AbⅡ杯1、AⅠ壶形器	二	人骨已朽
89	T7	⑦	⑧	长方形	0.8×0.62-0.28	160°				一	人骨已朽,部分未发掘

续附表三

墓号	所在探方	层位关系 上	层位关系 下	形状	尺寸（长×宽－深）	方向	葬式	性别	随葬品（陶器）	期别	备注
90	T5	④	⑤	长方形	1.1×0.68－0.15	12°	仰身直肢			二	部分未发掘
94	T7	⑥	城墙	长方形	1.85×0.65－0.16	17°	仰身直肢		杯 3	二	
95	T7	⑦	⑧	长方形	1.47×0.6－0.15	19°				一	人骨已朽，有小孩瓮棺
97	T5	④	⑤	长方形	1.7×0.6－0.15	3°	仰身直肢			二	部分未发掘
98	T4	④	⑤	长方形	1.86×0.55－0.1	14°	仰身直肢			二	
99	T7	⑧	⑨	长方形	1.7×0.56－0.26	27°	仰身直肢			二	部分未发掘
100	T5	④	⑤	长方形	1.35×0.55－0.15	102°	仰身直肢			二	部分未发掘
101	T7	⑨	G3	长方形	1.8×0.8－0.18	10°				二	人骨已朽
102	T5									二	
103	T4	④	⑤	长方形	0.35×0.26－0.2	2°	仰身直肢		Kb 罐 1、AbⅡ杯 3、AaⅡ碗 1	二	部分未发掘
104	T8	城墙	⑩	长方形	1×0.55－0.15	5°	仰身直肢		AaⅠ鼎 1、AaⅠ杯 1、Ac 器盖 1	一	部分未发掘

附表四　　　屈家岭文化瓮棺葬登记表　　　　单位：米

墓号	所在探方	层位 上	层位 下	形状	尺寸（直径－深）	葬具（陶质）及设置情况	分期	备注
5	AT103	⑦	⑧	圆形	0.45－0.3	碗扣罐、正置	二	有骨渣
6	AT104	⑧	⑨	圆形	0.24－0.15	罐、正置	二	有碎骨
9	AT605	③b	④	圆形	0.3－0.3	釜、正置	一	小孩牙齿
11	AT7	⑪	⑫	圆形	0.5－0.37	鼎、正置	一	有骨渣、小石子
25	T11	③	④	圆形	0.5－0.3	豆（E 型）、扣釜、正置	二	
27	T7	⑤	⑥	圆形	0.47－0.31	碗扣罐、正置	二	
28	T8	⑤	⑥	圆形	0.42－0.4	罐、正置	二	
29	T8	G2	⑦	圆形	0.4－0.36	碗（FⅠ）扣罐（Cb）、正置	二	有骨渣
30	T7	⑤	⑦	不规则圆形	0.36－0.22	釜、正置	二	有骨渣
31	T7	⑦	⑧ W34	圆形	0.46－0.34	碗（DⅢ）套釜、正置	二	
32	T12	⑦	⑧	圆形	0.44－0.3	碗套罐、正置	二	有骨渣
33	T7	⑦	⑧	不规则圆形	0.48－0.34	豆（E）套釜、正置	二	
34	T7	⑧ W31	⑨	不规则圆形	0.6－0.48	碗（DⅢ）扣釜（Ⅰ）、正置	二	有骨渣
36	T6	⑥	⑧	不规则圆形	0.48－0.39	碗（DⅡ）扣釜（Ⅱ）、正置	二	仅见零星骨渣
38	T12	⑧	⑨	不规则圆形	0.78－0.5	碗扣鼎（AbⅢ）、正置	二	随葬陶鼎 1 件

附表五　　　　　　　　石家河文化墓葬登记表　　　　　　　单位:米

墓号	所在探方	层位关系 上	层位关系 下	形状	尺寸 (长×宽-深)	方向	葬式	性别	随葬品(陶器)	期别	备注
9	T37	③	④	不明			无骨架		AaⅠ罐2、AaⅡ罐3、GⅡ罐5	一	
10	T37	③	④	不明			无骨架		AbⅢ罐3	一	猪颌骨2
11	T37	③	④	不明			无骨架		AaⅠ罐7、AaⅡ罐4、Ca罐1、BⅢ碗1	一	
17	AT7	③	M47 ④	一边有二层台的长方形土坑竖穴	1.95×0.76-0.25 (坑底宽0.42)	80°	仅存少量骨痕,坑底两边有红色膏泥		AbⅢ罐7	一	
18	AT1	③c	M57 ④	四周有二层台的长方形土坑竖穴	3×1.06-0.5	42°	二次葬		CⅠ鼎1、AbⅡ罐6、AbⅢ罐22、D瓮1、BⅡ碗2、CⅢ碗1、AV杯2、F器盖1	一	
19	AT101	②g	②h	一端有二层台的长方形土坑竖穴	1.6×0.64-0.37	197°	二次葬		CⅠ鼎1、AbⅠ罐4、E杯1、残陶器1	一	
23	AT7	④	⑤	窄长方形土坑竖穴	2×0.5-0.2	95°	侧身直肢	女	A钵2、BⅡ杯14	一	
24	AT101	②g	②h	窄长方形土坑竖穴	1.85×0.6-0.2	33°	二次葬		无	一	
27	AT102	⑤	⑥	窄长方形土坑竖穴	2.66×0.8-0.31	29°	无骨架		AaⅡ罐5、BⅠ碗3。墓底另有甑片和缸片	一	
30	AT2	④	⑤	窄长方形土坑竖穴	2.2×0.8-0.18	45°	仰身微屈肢		AaⅡ罐3、Ce杯1	一	
31	AT2	④	⑤	窄长方形土坑竖穴	2.3×0.63-0.2	45°	仰身直肢		AaⅡ罐1	一	
32	AT3	④ H37	⑤ M105 M65	四周有二层台的长方形土坑竖穴	2.35×1.9-0.45	166°	二次葬		CⅢ鼎1、AaⅢ罐6、AbⅣ罐35、BⅡ豆1、AⅣ杯1、AⅦ杯1、B簋1、Ac器盖1、鬶1、C纺轮1	一	
33	AT6	⑦	⑧	窄长方形土坑竖穴	1.9×0.6-0.2	27°	无骨架		无	一	石锛1
36	AT9	⑤ H32	⑥	窄长方形土坑竖穴	1.75×0.51-0.21	116°	仰身直肢		BⅡ杯1、C纺轮1	一	
37	AT3	⑤	⑥	窄长方形土坑竖穴	1.75×0.9-0.2	336°	二次葬			一	猪颌骨1
40	AT101	②g	②h	一端有二层台的长方形土坑竖穴	2.5×0.96-0.55	225°	二次葬	男	CⅡ鼎1、AbⅠ罐6、AbⅢ罐6、BⅡ碗1、AⅢ杯1、A篮1、A盆1、F器盖1	一	
42	AT102	⑤	⑥	一端有二层台的长方形土坑竖穴	2.4×0.8-0.22	20°	二次葬	男	CⅡ鼎1、AaⅡ罐2、AbⅠ罐3、A钵3、AⅢ杯1、B小罐3、F器盖1	一	
44	AT203	④	⑤	一端有二层台的长方形土坑竖穴	1.9(残)×0.77-0.18	2°	仅存人下肢骨一根		AaⅡ罐12	一	
46	AT1	③c	④	窄长方形土坑竖穴	1.9×0.7-0.28	30°	仰身直肢		CⅠ鼎1、AbⅡ罐2、AbⅢ罐1、BⅠ碗1、F器盖1	一	
47	AT7	M17 ④	⑤a	四周有二层台的长方形土坑竖穴	2.45×1.2-0.45	15°	仰身直肢		CⅡ鼎1、AaⅡ罐20、BⅡ碗1	一	
48	AT102	⑤	⑥	一端有圆形二层台的长方形土坑竖穴	2.75×0.74-0.45	214°	二次葬		AaⅡ罐2、AbⅡ罐9、AbⅢ罐1、A小罐1、CⅠ碗1	一	

续附表五

墓号	所在探方	层位关系 上	层位关系 下	形状	尺寸（长×宽-深）	方向	葬式	性别	随葬品（陶器）	期别	备注
49	AT102	⑤	⑥	一端有二层台的长方形土坑竖穴	2.4×0.9-0.55	15°	无骨架		CⅡ鼎1、AbⅡ罐10、A小罐3、F器盖1、AⅠ壶形器2、斝1（填土内）	一	
50	AT102	⑤	⑥	宽长方形土坑竖穴	2.27×1.08-0.7	20°	无骨架		CⅡ鼎1、AbⅡ罐1、F器盖1、C纺轮1	一	
53	AT202	⑤	⑥	一端有二层台的长方形土坑竖穴	2×0.87-0.16	60°	仅有零星人骨		AbⅡ罐2、AⅠ碗1、BⅡ碗1、CⅠ碗1	一	
57	AT1	③c M18	④	一端有二层台的长方形土坑竖穴	2.4×0.8-0.45	30°	仰身直肢		CⅡ鼎1、AbⅡ罐12、CⅠ碗2、BⅡ杯2、B小罐2、AⅠ壶形器2	一	
59	AT203	⑤ H3	⑥	窄长方形土坑竖穴	1.65(残)×0.7-0.15	95°	仰身直肢		无	一	
63	AT203	⑤	⑥	窄长方形土坑竖穴	1.4×0.5-0.12	232°	二次葬		无	一	
64	AT3	⑤	M65 ⑥	宽长方形土坑竖穴	2×0.9-0.3	70°	无骨架		CⅡ鼎3、AbⅡ罐2、GⅡ罐1、BⅡ杯1、F器盖1	一	
65	AT3	⑤	M68 ⑥	四周有二层台的长方形土坑竖穴	3.35×1.3-0.3	5°	仅存少量人骨		AaⅡ罐10、GⅠ罐1、AⅡ杯2、BⅡ杯2	一	
68	AT3	⑤	⑥	窄长方形土坑竖穴	1.4×0.4-0.3	15°	二次葬		BⅡ杯2	一	
71	AT2	⑤	⑥	一端有二层台的长方形土坑竖穴	2.8×0.95-0.3	20°	无骨架		AbⅡ罐4、AbⅢ罐2、CbⅢ罐1、GⅠ罐1、AⅠ碗1、CⅡ碗1、BⅡ杯1	一	
76	T8	③	④	窄长方形土坑竖穴	1.7×0.75-0.2	45°	仰身直肢		AbⅡ罐3、AbⅢ罐6、AⅠ碗1	一	
77	T1	③ W16	④	宽长方形土坑竖穴	2.7×1.38-0.46	236°	仅存少量骨痕		AaⅠ罐1、AbⅡ罐10、AbⅢ罐12、BⅡ杯1、F器盖1	一	
78	T8	④	⑤	窄长方形土坑竖穴	1.4×0.5	90°	仅存零星人骨		无	一	有朽木痕
79	T2	③	④	窄长方形土坑竖穴	2.24×0.8-0.1	20°	无骨架		AbⅡ罐8	一	
80	T2	③	④	窄长方形土坑竖穴	1.70×0.8-0.2	9°	无骨架		AbⅡ罐5	一	
81	T2	③	④	窄长方形土坑竖穴	1.75×0.8-0.16	57°	无骨架		AaⅠ罐1、AbⅡ罐4	一	
82	T2	③	④	窄长方形土坑竖穴	1.76×0.74-0.2	42°	仰身直肢		无	一	
91	T2	③	④	宽长方形土坑竖穴	2.9×1.2-0.2	345°	仰身直肢		AaⅠ罐3、AaⅡ罐16、AbⅠ罐1、AbⅢ罐4、BⅢ碗1、CⅠ碗2	一	
92	T3	③	④	窄长方形土坑竖穴	1.74×0.8-0.1	225°	仅存零星人骨		无	一	
93	T3	③	④	窄长方形土坑竖穴	1.3(残)×0.7-0.15	308°	仰身直肢		无	一	
96	T2	③	④	宽长方形土坑竖穴	1.78(残)×1-0.25	180°	无骨架		AbⅡ罐3、AbⅢ罐1	一	
105	AT3	⑤	⑥	宽长方形土坑竖穴	2.15×0.95-0.45	3°	无骨架		CⅠ鼎1、AbⅠ罐3、BⅡ碗1、BⅡ杯1、F器盖1	一	猪颌骨2

附录

邓家湾遗址铜矿渣检验报告

孙 淑 云

（北京科技大学冶金史研究室）

1. AT203：35　绿色铜渣状矿物

肉眼观察，绿色，断口呈针状放射状纹路。

X-光荧光分析：含有大量铜（Cu）、铁（Fe），此外还有较多的硅（Si）、铝（Al），以及少量的锌（Zn）、铅（Pb）、钴（Co）、钼（Mo）、锰（Mn）、铬（Cr）、硫（S）、磷（P）。

扫描电子显微镜能谱分析：铜（Cu）相对含量为 67.77％。

结论：此绿色块状物系孔雀石矿物，不是铜渣。

2. AT8（H30）　绿色铜块状孔雀石

肉眼观察，绿色，沾有黄色土状物，断口呈针状放射状纹路，明显有三个方向的结晶。

X-光荧光分析：含有大量铜（Cu）。其他元素如铁（Fe）、铝（Al）、硅（Si）的含量明显低于 AT203：35 的含量。此外也含有锌（Zn）、硫（S）和磷（P）。

结论：此绿色块状物也系孔雀石矿物，不是青铜块。

后　记

　　本报告包括了邓家湾遗址1987年春第二次发掘、1987年秋第三次发掘、1992年夏第四次发掘的全部资料。

　　本报告编写工作在严文明先生（总主编）领导下，杨权喜任主编。报告编写提纲经严文明先生修定；第一章（序言）、第二章（地层堆积）、第五章（结语）由杨权喜执笔；第三章（屈家岭文化遗存）由孟华平执笔；第四章（石家河文化遗存）由李文森执笔；第四章第一节的宗教遗迹，第二节的陶塑品、刻划符号，第四节（分期）由杨权喜改写。全部初稿完成后由杨权喜统一修改，由杨权喜、孟华平作资料核对，最后由严文明先生审阅定稿。报告插图主要由肖平绘制，符德明对部分插图做了修改；器物彩色照片和黑白照片主要由郝勤建拍摄；部分彩色照片由金陵拍摄；文稿由杨燕抄写。报告交付文物出版社之后，杨权喜又作了补充和核对工作，胡志华负责插图的编排和粘贴工作，李天智负责部分插图的重绘工作。

　　邓家湾遗址的发掘、资料的整理和报告的编写均断续进行，本报告有许多不足和遗漏之处，望读者批评指正。

　　在本报告出版之际，对所有参加、帮助、支持、关心天门石家河考古发掘和报告编写工作的单位和同志，致以衷心的感谢！

编　者

2001年9月

Dengjiawan

(Abstract)

The known largest Neolithic site cluster in South China was found in the north of Shijia-he (present day Shihe), a town in Tianmen of Hubei province, situated in the northern pe-riphery of the Jianghan Plain. Dozens of important sites scatter in an area of 5km^2, centering the *in situ* city walls and moats. The western city wall stands about 1,000m in length, on a base as thick as 30m. The city, now officially named the Ancient City of Shijiahe, was about 1,200m^2 according to the survey. Dengjiawan is a site in the northwestern corner of the An-cient City, occupying an area of 6,000m^2. Excavations were held in the western part of Dengjiawan in 1987 and 1992; the team headed by Professor Yan Wenming was composed of members from the Department of Archaeology of Beijing University, Hubei Provincial Muse-um (Institute of Archaeology of Hubei Province since 1989) and Jingzhou Museum. An area of 1,605m^2 was revealed in these two excavations and those prior to these two, sealing two layers of cultural deposits: artifacts of Qujialing Culture from the lower layer and artifacts of Shijiahe Culture from the upper layer.

The artifacts of Qujialing Culture include one section of city wall, two residential struc-tures, 50 ash pits, 4 ash pitches, three religious remains, 52 pit tombs, and 15 tombs with burial urns. The city had a footprint irregular in shape; the surveys revealed almost all the *in situ* city walls. The northwestern corner of the city wall runs within the Dengjiawan site, although there are no surface survivals. The 1992 excavation revealed in several testing squares in the NW of Dengjiawan the remains of a large section of curved city wall facing the SE. It was heaped up, not so neatly, over Qujialing Cultural deposits and tomb (M104), and underlies an ash ditch (G3) of Qujialing Culture and several tombs. Further explorations along the wall suggested that it was the NW corner of the city wall of the Ancient City of

Shjiahe, the northern wall running through the north of Dengjiawan. Residential structure no. 3 has a rectangular plan facing the south, with walls built with grayish white mud on a non-raised foundation. The remained wall was 0.25m to 0.27m thick and 0.15m to 0.2m high. The 3.4m (N-S) ×2.94m (E-W) eastern chamber and the 3.4m (N-S) ×1.45m (E-W) western chamber survived. A door was opened in the southern wall of both chambers respectively, as well as the wall separating the two chambers. Some of the reddish burnt earth floor is still visible. Eight clay jars were arranged with regular intervals, within an area 2.9m to the north of the northern wall. The ash pits, the edges of which were often not obvious, do not seem to be human work. The plans may be round, oval, T-shaped, irregular or indescribable. Religious remains were poorly preserved. But the cylindrical pieces were thought to be major mumbo jumbos (might be symbolic of male genitals); and the irregularly arranged holes should be used to hold the cylinders (the half with a recessed mouth receives the half with a closed top). The nearby remains, including burnt earth, earth terrace, piles of ashes, bowl-shaped lids, covered *ding*-vessels, children's debris, burnt animal bones, and some ash pits, all pointing to religious activities. Tombs, mostly NW-SE in direction and 1.8m×0.6m in size, were dug to the NW of the residential structures and the sanctuary, in other words, inside the northwestern corner of the city wall. Tombs for adults may be grouped into four types: rectangular pit shaft tombs, rectangular pit shaft tombs with rounded corners, irregular rectangular pit shaft tombs, and rectangular pit shaft tomb with second tier platform. The largest tomb pit is 3.2m by 1.25m, while the smallest 1.26m by 0.44m. A few tombs contain charcoal ashes. Single extended supine position was the most popular burial custom, followed by single secondary burials. Tomb (M95) contains an adult and a child (in burial urn). About one third of the tombs were free of funeral objects. The most popular funeral objects were pottery containers featuring a great number of long-necked jars. The tomb with the most funeral objects contained 43 pieces of pottery, without stoneware and production tools. Only one tomb yielded some shards of lacquer ware. The most typical pottery in funeral objects is long-necked jars. One set of funeral objects was usually composed of *ding*-vessels, bowls and cups, or the combination may be long-necked jars, bowls and cups, usually placed on the second tier at the end of the feet or by the side of the feet. Children were buried in burial urns, the funeral objects usually being *fu*-pots (or jars) topped with bowls.

　　Remains of Qujialing Culture can be categorized into potteries and stoneware. The potteries are numerous and may be grouped under three headings: containers, tools and others.

Most of containers were made of fine clay, often mixed with fine sand. Most of the potteries were gray or red, although they vary greatly in color. The most common decorations include string pattern, embossed decoration, open work, basket pattern and incised pattern. Imprints and checker are rare. Painted potteries were usually decorated with black and red strips or fishing-net design against red ground. And most of them stand on a hollow base, a ring foot or a tripod. Only a handful have flat bases. Shallow vessels such as *dou* and bowls are often double-bellied. The most typical potteries include small *ding*-vessels in shape of jar, compressed globular *hu*-pots, double-bellied bowls, double-bellied *dou*, long-necked jars with round shoulders, cylindrical pieces and spinning wheels made of painted pottery. Also typical are eggshell pottery cups with slanting walls and *zeng*-vessels with ring foot. Stoneware, not so numerous, includes axes, adzes, chisels, knives, chopping tools, pebble tools and stone balls.

The ten groups of pits, tombs and unearthed potteries of Qujialing Culture, stratigraphically interrelated to each other, may be divided into three phases in two stages, according to the evolution of potteries including *ding*-vessels, jars, bowls, cups and *pen*-vessels.

Survivals of Shijiahe Culture include 3 religious remains, 63 ash pits, 1 ash pitch, 1 ancient swamp, 43 pit tombs and 23 tombs with burial urn. The remains of religious activities are constituted with sacrificial sites and congeries of jars and pottery statues. Both of the two sacrificial sites have been seriously damaged. Sacrificial site no. 2, occupying a large area, seems to be where sacrificial services were held. Sets of pottery jars and bowl-shaped lids were seen in the area, two surviving sets of jars were revealed from the SE of the site, together with numerous pottery statues and terra-cotta cups with thick biscuits from the eastern, western and southern fringes. The shape of the ash pits may be round, oval, roughly rectangular or irregular. The walls of these ash pits are usually uneven, except for the roughly rectangular ones. A great number of pottery statues were unearthed from these ash pits, particularly from H63, H67, H69, and H116 where thousands were revealed. The swamp situated in the SE of the excavation area (also the SE of the sacrificial site), 1.6 meters or more in depth, contained piles of pottery statues. Tombs are mostly located in the SW and NW of the excavation area. The pit tombs are of a shaft structure. There are more tombs with a targer width, whose second tier platform is found either at one end or at one side of the pit, or at each of the four sides. The largest tomb pit is 3.35m by 1.3m. Many tombs contained a single occupant buried in extended position, occasionally with wooden funerary objects. The most common pattery form is the long-necked jars. A set may include *ding*-

vessels, jars, bowls and cups, sometimes with *gui*-vessels and *bo*-vessels, or *gui*-vessels and *dou*-vessels. The *ding*-vessels, small jars and cups were usually placed at the head or feet of the tomb occupant, while long-necked jars and bowls at one side of the tomb occupant's feet, or on the second tier platform at one side of his /her feet. Occasionally, funerary objects may include tools for production, such as spinning wheels and stoneware. Some tombs even yielded jaws of swine.

From the Shijiahe Culture deposits were unearthed artifacts including a large number of potteries, stoneware and a bronze plate. The pottery containers were mainly made of fine clay. There are a few sandy wares, but carbon wares are rare. The number of gray and black pottery increased. Terracotta was mainly used to make cups. The most common decorations applied to the potteries, including *ding*-vessels, covers, jars, jugs, urns, *dou*-vessels, bowls, *pen*-vessels, ring-footed *pan*-plates, *bo*-vessels, cups, *hu*-pots, *gui*-pitchers, *gui*-vessels, *zeng*-vessels and *lei-bo*, are basket patterns, checkers, cord patterns, embossed patterns and string patterns. The most typical wares include jar-shaped *ding* with flat legs, *pen*-shaped *ding* with flat legs, long-necked jar with globular belly, cylindrical jug, bowl with curved walls, ring-footed *pan*, shallow *dou* with tall ring foot, terracotta cup with thick biscuit, *hu*-pot with angular belly, *gui*-pitcher with spout, V-shaped *lei-bo*, and so on. Pottery statues, numbered nearly 10 thousand and all unpainted, were made of terracotta. There are figurines and animals. The figurines were made in various postures, some are standing with separated legs, some are standing with one leg raised, some are sitting and some are kneeling. Some figurines are waving their hands and legs, some taking a fish or other things in their arms, still some others are carrying things on their backs or having a dog in their arms. Almost all figurines are wearing a gown that contracts in the waist, with a hair bun at the back of their head and a hat on their head. Animals were grouped as domestic animals, wild animals, fowls and aquatic animals. Domestic animals include dogs, swine, sheep and goats, rabbits and a cat. Dogs rank first in number and posture; but there were no cattle and horse. Wild animals include monkeys, elephants, tapirs and foxes. Elephants took a larger proportion; but there was no deer. Fowls include roosters, hens, chickens, stylized chickens and birds - birds with short tails, birds with long tails, conjoined birds, birds with things in their beaks, and owls. The aquatic animals include fish and tortoises. Besides these, there are other potteries such as stands, spinning wheels, pottery molds and ornaments, with a great number of red-painted spinning wheels decorated with the Great Monad. Stoneware includes axes, adzes, spades, chisels, knives, arrowheads, perforated flakes, awls and pebbles.

14 carved symbols were discovered on the potteries of Shijiahe Culture. One of them was carved on a long-necked jar with globular belly unearthed from M32; the others were seen on the cylindrical jug set with angular lips. The symbols, each one standing for a meaning, may be classified into 6 types. The most complicated symbol has a dozen strokes. Believed to expressing meanings related to religious activities, they were carved neatly and clearly on the upper part of the belly of the jugs.

Shijiahe Culture may be divided into three stages, according to 14 groups of unearthed articles with obvious stratigraphic relationships. During these three stages, we see a clear and regular line of evolution of potteries such as *ding*-vessels, bowls, *dou*-vessels and cups.

Dengjiawan where Qujialing and Shijiahe Cultures were revealed is situated in the NW corner of the *in situ* city of Shijiahe. The two cultures were obviously inter-related to each other, judging from their stratigraphic relationships, the deposits and survivals, and the characteristics in sacrificial and burial customs. Based on these we may conclude that both co-existed with the ancient city itself. A large number of tombs and remains of religious activities were revealed at Dengjiawan, yet with few survivals of residence or production activities, suggesting that it was once a cemetery and a quarter for religious activities.

Large in scale, the settlement in Shijiahe might be the heartland of the Three Miaos, the most powerful ethnic group in south China during the legend times. The *in situ* city of Shijiahe was in itself a result of expansion of the settlement, reflecting the level of settlement economy. The great city walls cut the settlement into inner city and outer city, from which corresponding institutions may arise. These institutions may in turn intrigue changes in settlement patterns, making the NW corner of the city, that is, Dengjiawan, an area specially for religious and sacrificial activities. Aside from a great number of remains of religious activities and large tombs, unearthed from Dengjiawan were a great number of terracotta cups, carved symbols, as well as ore and bronze plate. All these provide important clues on the changing society of the Three Miaos.

屈家岭文化宗教遗迹 AT607④筒形器出土情况（由北向南）

1.AT301 筒形器出土情况（由东北向西南）

2.AT301 筒形器细部（由东北向西南）

屈家岭文化宗教遗迹

1. B 型 Ⅱ 式壶形器 H11:69

2. Aa 型 Ⅰ 式杯 H11:2

屈家岭文化彩陶杯和壶形器

屈家岭文化 Ａ 型陶筒形器 H28：10

屈家岭文化 B 型陶筒形器 AT301④F：11

屈家岭文化 C 型陶筒形器 AT301④F：7

屈家岭文化 C 型陶筒形器 H28：3

屈家岭文化 M52 墓底残迹及随葬器物（由东向西）

石家河文化宗教遗迹套缸 1 出土情况（由东北向西南）

石家河文化宗教遗迹套缸 2 出土情况 （由东向西）

1. 由西向东

2. 由北向南

石家河文化宗教遗迹套缸 2 出土情况

1. T35④:59

2. H2:5

石家河文化 Aa 型陶缸

1. 套缸 1:17

2. 套缸 2:25

石家河文化宗教遗物套缸（Aa 型陶缸）

石家河文化陶偶

1. 单偶 T3③：1

2. 单偶 T4③：3

3. 抱鱼偶 H67：58

石家河文化陶单偶、抱鱼偶

石家河文化陶狗

1. 立狗 H4:4

2. 卧狗 AT201①:17

石家河文化陶立狗、卧狗

1. 含物狗 H116：36

2. 抱物狗 AT201①：8

石家河文化陶含物狗、抱物狗

1.H106∶24

2.H116∶24

石家河文化陶驮物狗

1. 猪采集:30

2. 羊 H67:46

3. 兔 H116:31

石家河文化陶猪、羊、兔

石家河文化陶象

1. 象 T35②:7

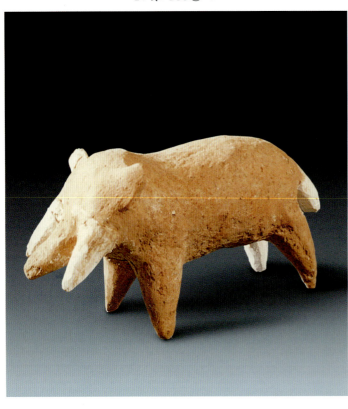

3. 动物 H63:27

2. 象 T37②:2

石家河文化陶象、动物

石家河文化陶鸡

1．雄鸡 H69：65

2．雌鸡 H69：64

石家河文化陶雄鸡、雌鸡

1. 分叉长尾鸟 H115：12

2. 连体鸟 H67：47

3. 猫头鹰 H67：53

石家河文化陶分叉长尾鸟、连体鸟、猫头鹰

1. 龟鳖 H67:51

2. 鱼 T28②:3

石家河文化陶龟鳖、鱼

1. 套缸 2:23

2. 套缸 1:17

3. H2:5

石家河文化刻划符号

1. 套缸 2:25

2. H18:1

3. T35④:59

石家河文化刻划符号

1．H63：5

2．AT306②：15

3．AT9③：12

石家河文化刻划符号

1. AT109②孔雀石出土情况（由南向北）

2. W4瓮棺（由东向西）

石家河文化孔雀石和瓮棺

1. 铜片 T2④:11   2. Ab 型 Ⅳ 式陶罐 M32:6

3. 陶罐 M32:6 上的刻划符号

石家河文化铜片、陶罐和刻划符号

1．M40（由西向东）

2．M32（由西向东）

石家河文化墓葬

1. 遗址全景（由北向南）

2.1987 年发掘探方（由南向北）

邓家湾遗址全景及发掘探方

1.F3 房基（由北向南）

2.AT301 筒形器出土情况（由北向南）

屈家岭文化遗迹

1.Ab 型 I 式 H23:2

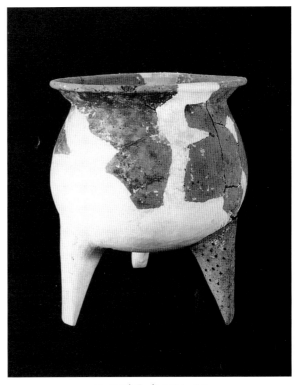

2.C 型 I 式 H11:86

3.D 型 I 式 T26④:1

屈家岭文化陶鼎

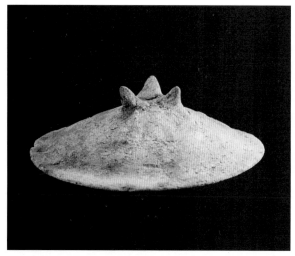

1.Ac 型器盖 H11:64

2.F 型器盖 H11:31

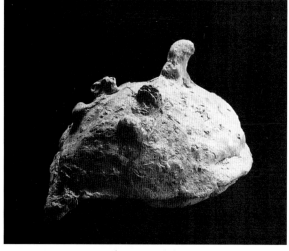

3.H 型器盖 H90③:11

4.Ⅰ型器盖 T30④:4

5.Ⅰ式釜 AT307⑥:26

屈家岭文化陶器盖、釜

1．Aa 型 I 式 H94：12

2．Aa 型 II 式 H11：63

3．B 型 I 式 H11：40

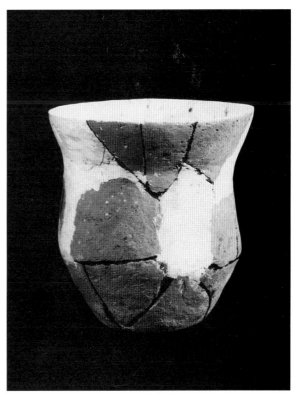

4．G 型 I 式 H86：1

屈家岭文化陶罐

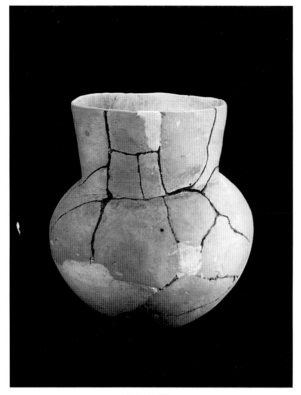

1.H型Ⅰ式罐 H61:5

2.A型Ⅳ式壶形器 H47:11

3.B型Ⅰ式壶形器 H11:71

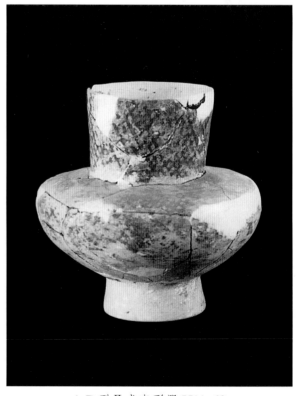

4.B型Ⅱ式壶形器 H11:69

屈家岭文化陶罐、壶形器

1.Aa 型 I 式 H11:16

2.Aa 型 I 式 H11:2

3.Aa 型 II 式 H9:17

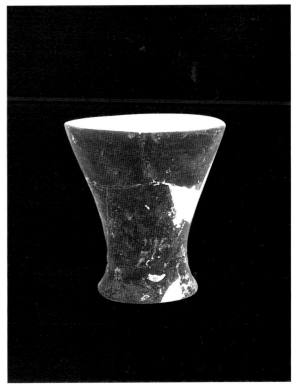

4.B 型 II 式 AT404⑥:5

屈家岭文化陶杯

1.B 型Ⅱ式 T26⑤:3

2.B 型Ⅲ式 T33⑤:1

3.Ca 型Ⅱ式 T33⑨:1

4.Ca 型Ⅲ式 T6④:20

屈家岭文化陶杯

1.Cc 型 AT606③:10

2.D 型 I 式 H11:24

3.D 型 II 式 T26⑤:4

4.E 型 H11:68

屈家岭文化陶杯

1.E 型杯 H11:67

2.Aa 型 I 式碗 H23:1

3.Aa 型 I 式碗 H72:3

4.Aa 型 II 式碗 H11:48

5.Aa 型 III 式碗 T26⑤:1

6.Ab 型 II 式碗 H11:28

屈家岭文化陶杯、碗

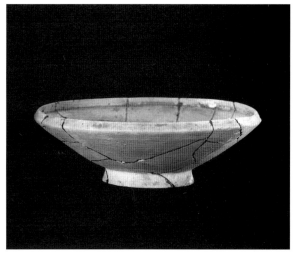

2.C型Ⅱ式 H66:1

1.C型Ⅰ式 H112:19

3.D型Ⅰ式 H9:19

5.D型Ⅱ式 H47:5

4.D型Ⅰ式 H22:12

屈家岭文化陶碗

1.A型Ⅰ式 H94:1

2.A型Ⅱ式 AT508④:2

3.B型 H22:2

4.D型 H47:8

屈家岭文化陶豆

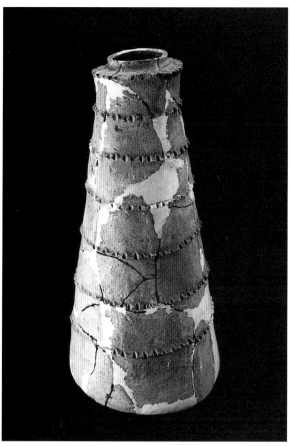

1.C型筒形器 AT301④F:7

2.C型筒形器 H28:3

3.不明器 AT6⑬:15

4.Ⅰ式甑 H89:1

屈家岭文化陶筒形器、不明器、甑

1. A 型 H96:14

2. Ba 型 H47:1

屈家岭文化陶缸

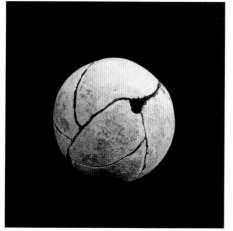

1. 陶球 AT508④:12

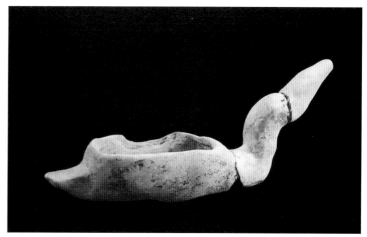

2. 陶舟形器 AT203⑥:59

3. 陶模 H22:4

4. 陶铃 H109:44

7. A 型石锛 T27③:21

5. 陶锤形器 H25:3

6. A 型石锛 H23:6

8. 石凿 AT506⑤:54

屈家岭文化陶球、舟形器、模、铃、锤形器，石锛、凿

1.M45 人骨及随葬器物（由北向南）

2.M84、M86 墓坑和人骨（由西南向东北）

屈家岭文化墓葬

1.W30（由南向北）

2.W31（由东向西）

3.W32（由北向南）

屈家岭文化瓮棺葬

1.M88 墓坑及随葬器物(由西向东)

2.M94、M95、W33、W34 坑位和人骨架(由南向北)

屈家岭文化墓葬

1.M52 墓底残迹及随葬器物(由东向西)

2.M55 人骨架及随葬器物(由西向东)

屈家岭文化墓葬

1.W29（由南向北）

2.W34（由南向北）

屈家岭文化瓮棺葬

1.Aa 型 Ⅰ 式鼎 M104:1

2.Aa 型 Ⅱ 式鼎 M72:8

3.Ab 型 Ⅲ 式鼎 M7:3

4.Ac 型器盖 M104:2

屈家岭文化陶鼎、器盖

1. Ⅰ式釜 M4:3

2. Ⅱ式釜 W36:2

3. 盂 M70:2

4. Aa型Ⅱ式罐 M61:5

屈家岭文化陶釜、盂、罐

1. E 型 II 式 M26:19

2. E 型 III 式 M72:12

3. F 型 M70:4

4. G 型 I 式 M45:4

屈家岭文化陶罐

1.Ab 型 Ⅱ 式杯 M103:4

2.Ab 型 Ⅰ 式碗 M4:7

3.D 型 Ⅱ 式碗 M38:2

4.D 型 Ⅱ 式碗 M51:8

屈家岭文化陶杯、碗

1.D 型Ⅱ式碗 W34:1

2.F 型Ⅱ式碗 M38:3

3.Ab 型Ⅰ式盆 M4:1

4.D 型盆 M41:2

屈家岭文化陶碗、盆

1.B 型钵 M62：2

2.C 型钵 M72：6

3.A 型Ⅲ式豆 M7：4

4.E 型豆 W33：1

屈家岭文化陶钵、豆

1. 祭2覆盖层（由西南向东北）

2. 套缸2出土情况（由西向东）

石家河文化遗迹

1.A 型 II 式 H54:61

2.B 型 I 式 H41:4

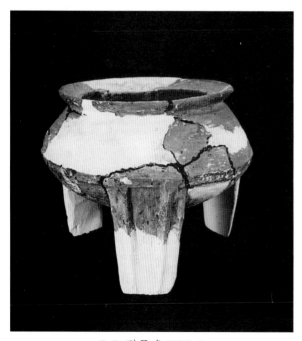

3.B 型 II 式 H20:1

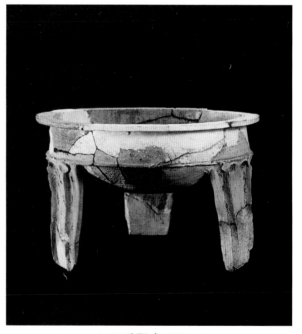

4.B 型 IV 式 H54:4

石家河文化陶鼎

1.B 型器盖 H21:7

2.Ac 型罐 H54:45

3.Ac 型罐 H44:8

4.Ac 型罐 H44:4

石家河文化陶器盖、罐

1.Db 型罐 H118：14

2.E 型罐 H19：11

3.F 型罐 H44：1

4.Aa 型缸套缸 2：23

石家河文化陶罐、缸

1.Aa 型 T35④:59

2.Aa 型 H2:5

3.Aa 型套缸 2:25（局部）

4.Aa 型套缸 1:17

石家河文化陶缸

1.Aa 型套缸 1:18

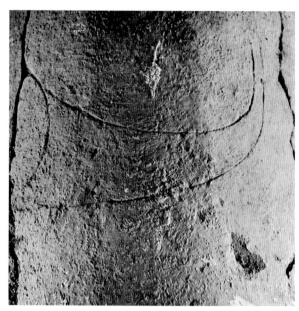

2.Aa 型套缸 1:21（局部）

3.C 型 T28②:2

4.D 型 H2:1

石家河文化陶缸

1.D 型碗 H37:2

2.A 型圈足盘 H34:1

3.B 型圈足盘 H31:4

4.C 型圈足盘 H118:15

5.B 型钵 H54:3

石家河文化陶碗、圈足盘、钵

1.A 型 Ⅳ 式杯 H54:49

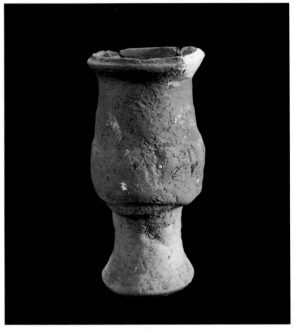

2.Ca 型杯 T30 ③b:2

4.B 型 Ⅱ 式壶形器 H48:1

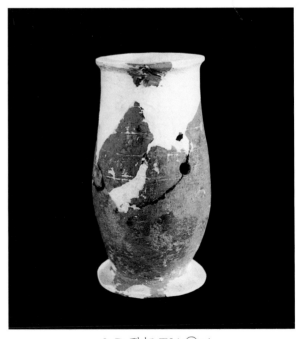

3.D 型杯 T31 ③b:1

5.B 型 Ⅱ 式壶形器 H21:9

石家河文化陶杯、壶形器

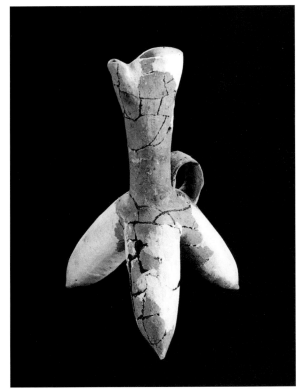

1. Ⅰ式鬶 H30∶3

2. Ⅱ式鬶 H21∶13

3. 鸡形壶 T28②∶41

4. 鸭形壶 H16∶51

石家河文化陶鬶、鸡形壶、鸭形壶

1. 鸟形器盖 T5②:12

2. 单偶 T3③:1

3. 单偶 T4③:30

4. 单偶 H116:33

石家河文化陶鸟形器盖、单偶

1. 单偶 T4③:3

2. 单偶 T4③:26

3. 单偶 T2③:27

4. 抱鱼偶 H67:58

石家河文化陶单偶、抱鱼偶

1. 抱鱼偶 H67:2

2. 抱鱼偶 H67:4

3. 抱鱼偶 H67:7

4. 背物偶 T4②:14

石家河文化陶抱鱼偶、背物偶

1. 抱物偶 T2③:28

2. 抱物偶 T4③:31

3. 残偶头 H118:13

4. 残偶头 H67:61

5. 残偶头 T4③:27

6. 残偶身 H106:27

石家河文化陶抱物偶、残偶

1. H4：4

2. H4：8

石家河文化陶立狗

1. AT10③:3

2. H67:50

石家河文化陶立狗

1.H1:8

2.H1:19

3.T34②:2

4.T34②:1

石家河文化陶立狗

1. 卧狗 AT201①:17

2. 卧狗 H69:63

3. 吠狗 H3:1

石家河文化陶卧狗、吠狗

1. H67：45

2. H67：46

3. H116：36

石家河文化陶含物狗

1. 抱物狗 H67∶49

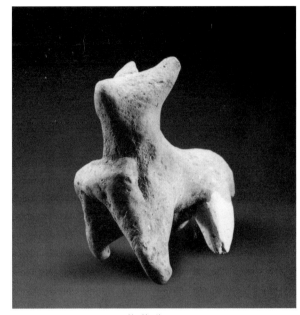

2. 抱物狗 H1∶8

3. 驮物狗 H106∶24

4. 驮物狗 H116∶24

石家河文化陶抱物狗、驮物狗

1. 采集：30

2. H4：3

3. H116：25

石家河文化陶猪

1. 羊 H67:51

2. 兔 H116:31

3. 兔 H1:2

4. 兔 H1:48

石家河文化陶羊、兔

1. 抱肢猴 H33:2

2. 猴 H106:25

3. 猴 H106:26

4. 抱物猴 H33:1

石家河文化陶抱肢猴、猴、抱物猴

1. 坐猴采集:3

2. 象 H69:66

3. 象 T35②:7

石家河文化陶坐猴、象

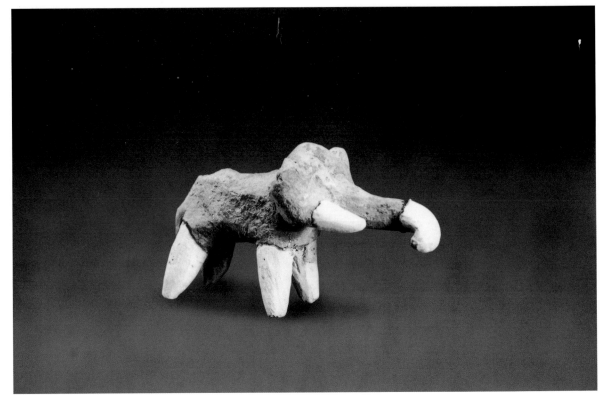

1. H67:1

2. T31②:3

石家河文化陶象

1. H63:27

2. H116:23

石家河文化陶塑动物

1. H4：11

2. H4：6

石家河文化陶雄鸡

1. H4:13

2. H4:2

石家河文化陶雄鸡

1.H4:5

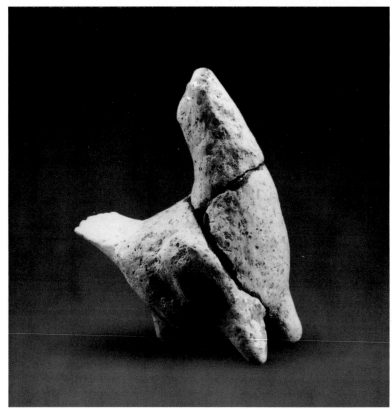

2.AT10③:2

石家河文化陶雄鸡

1. H4:17

2. T37②:4

石家河文化陶雄鸡

1.H4:4

2.H67:52

石家河文化陶雄鸡

1. AT203 ②a : 1

2. H16 : 4

石家河文化陶雌鸡

1. 雌鸡 H16：1

2. 异形鸡 H1：32

3. 异形鸡 H1：2

石家河文化陶雌鸡、异形鸡

1.H116:28

2.H116:37

3.H34:22

4.T3②:56

石家河文化陶短尾鸟

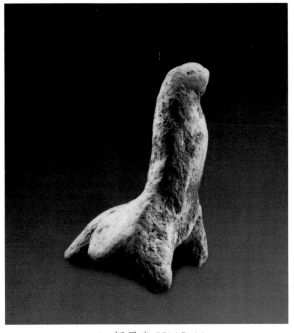

1. 短尾鸟 H115:11

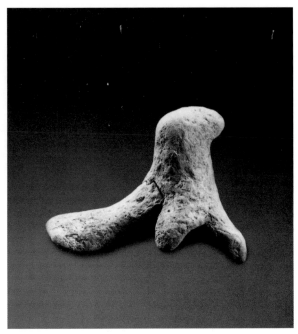

2. 宽长尾鸟 AT102②:18

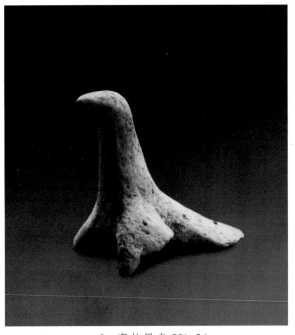

3. 宽长尾鸟 H1:21

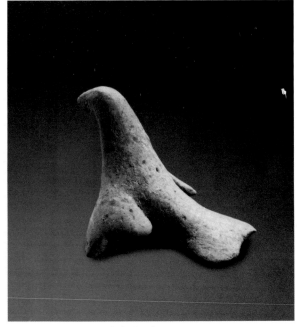

4. 宽长尾鸟 H1:53

石家河文化陶短尾鸟、宽长尾鸟

1. 窄长尾鸟 H1:37

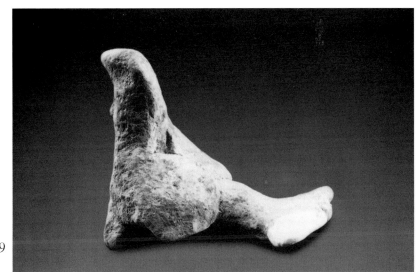

2. 分叉长尾鸟 H67:29

3. 分叉长尾鸟 H67:31

石家河文化陶窄长尾鸟、分叉长尾鸟

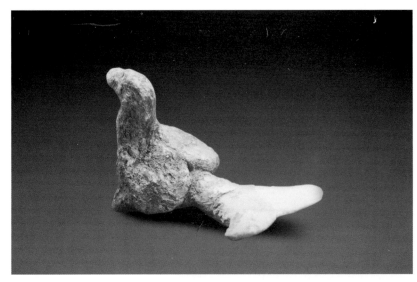

1．H67：30

2．H67：32

3．H67：26

石家河文化陶分叉长尾鸟

1．H67：9

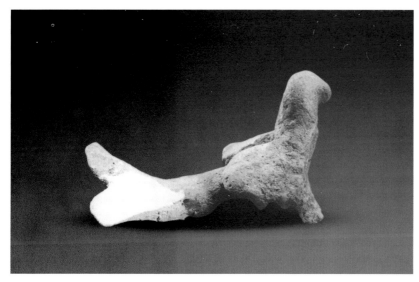

2．H67：11

3．H67：5

石家河文化陶分叉长尾鸟

1. 分叉长尾鸟 H67：33

2. 分叉长尾鸟 H115：12

3. 连体鸟 H67：47

石家河文化陶分叉长尾鸟、连体鸟

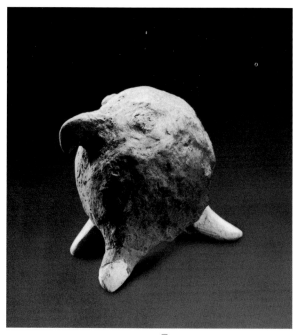

1.AT304①:1

2.H67:53

3.T4③:4

4.T2③:31

石家河文化陶猫头鹰

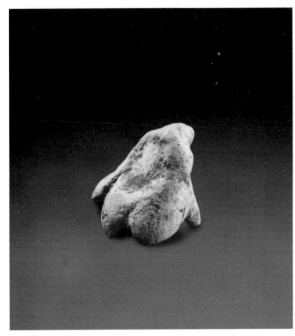

1. 猫头鹰 T3③:18

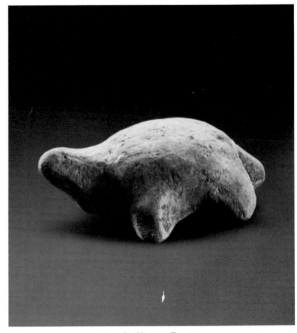

2. 龟鳖 T5③:23

3. 龟鳖 T2③:30

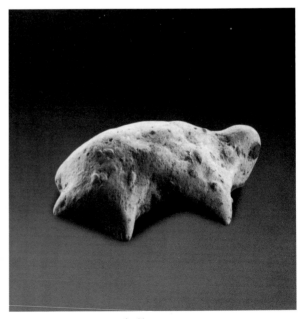

4. 龟鳖 H1:51

石家河文化陶猫头鹰、龟鳖

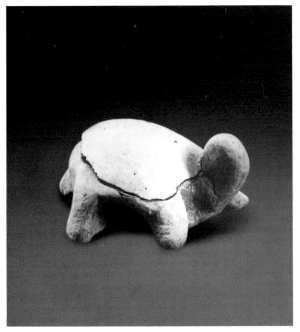

1. H67：54

2. H1：6

3. H1：8

4. H67：51

石家河文化陶龟鳖

1．陶器座 H53：2

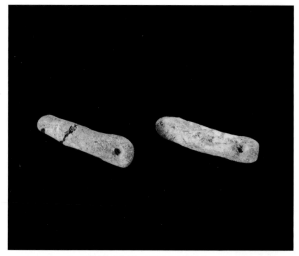

2．陶坠形器 AT307④：8、9

3．A 型石斧 T27②：7

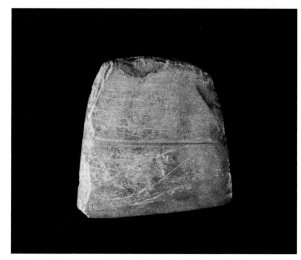

4．D 型石斧 T37②：16

5．A 型石锛 T31②：11

6．B 型石锛 T27②：6

石家河文化陶器座、坠形器，石斧、锛

1. 钺 H19:8

2. 铲 T34②:3

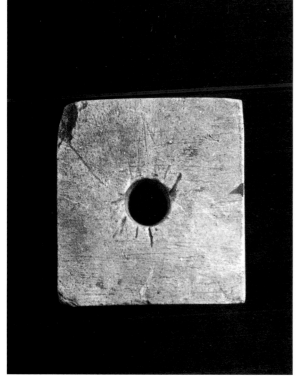

3. 穿孔片 H19:7

4. 锥状器 T35③:12

石家河文化石钺、铲、穿孔片、锥状器

1.M82 人骨架（由东南向西北）

2.M91~M93、M82 坑位及随葬品（由南向北）

石家河文化墓葬

1.M40 人骨架及随葬器物（由东南向西北）

2.M48 人骨架及随葬器物（由东南向西北）

石家河文化墓葬

1. M57 人骨架及随葬器物（由西北向东南）

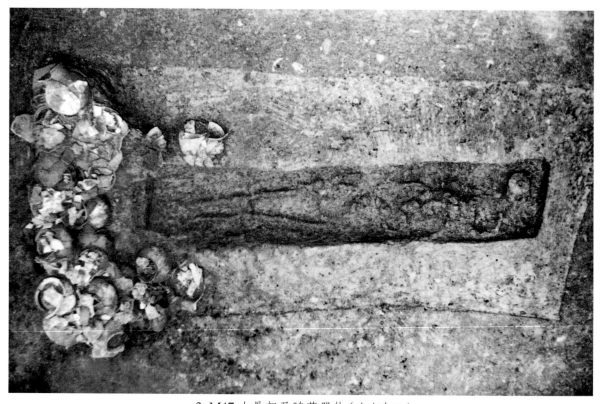

2. M47 人骨架及随葬器物（由东向西）

石家河文化墓葬

1. W12、W13（由东南向西北）

2. W16（由南向北）

3. W17（由南向北）

石家河文化瓮棺葬

1. C 型 II 式鼎 M40:7

2. C 型 III 式鼎 M32:37

3. Aa 型 I 式罐 M77:19

4. Aa 型 II 式罐 M91:15

石家河文化陶鼎、罐

1.Aa 型 Ⅱ 式 M91:14

2.Ab 型 Ⅱ 式 M81:5

3.Ab 型 Ⅲ 式 M18:29

4.Ab 型 Ⅲ 式 M18:1

石家河文化陶罐

1. M32：32

2. M32：38

3. M32：28

4. M32：6

石家河文化 Ab 型 Ⅳ 式陶罐

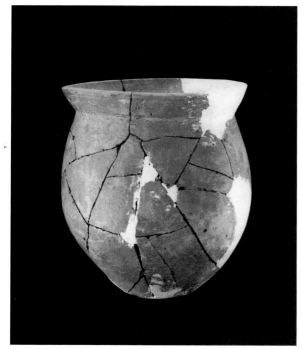

1.Ca 型罐 M11:7

2.G 型 II 式罐 M9:2

3.A 型 II 式碗 M32:2

4.B 型 I 式碗 M46:3

石家河文化陶罐、碗

1.C型Ⅱ式碗 M71:6

2. 盆 M40:9

3.A型Ⅴ式杯 M18:33

4.B型Ⅱ式杯 M40:6

石家河文化陶碗、盆、杯

1.A 型簋 M40：4

2.F 型器盖 M40：1

3.B 型簋 M32：1

石家河文化陶簋、器盖